集人文社科之思　刊专业学术之声

集 刊 名：家庭与性别评论
主办单位：中国社会科学院社会学研究所
主　　编：马春华

Family and Gender Review（Vol.11）

第11辑

集刊序列号：PIJ-2008-015
集刊全文数据库：www.jikan.com.cn
投稿平台：www.iedol.cn

扫码阅读电子全文

服务部门：社会科学文献出版社 集刊分社
服务邮箱：jikan@ssap.cn
服务热线：010-59366533/59366593

关注“集刊”公众号　　购买纸书 优惠订阅
请用微信扫描二维码　请用微信扫描二维码

Family and Gender Revi

第 11 辑（Vol.11）

家 庭 与 性 别 评 论

主编：马春华

家庭社会学研究的
历　史　视　野

THE HISTORICAL PERSPECTIVE OF
SOCIOLOGY OF THE FAMILY

＊中国社会科学院社会学研究所＊
主　办

杭苏红◎本辑执行主编

社会科学文献出版社
SOCIAL SCIENCES ACADEMIC PRESS (CHINA)

目　录

《家庭与性别评论》第 11 辑
第 1~6 页
© SSAP，2021

家庭社会学研究的历史视野

（代序）

杭苏红

　　"社会学与历史学两门学科的互相借鉴与吸收""社会学的历史维度"等提法，在理论标签不断翻新的今天，似乎已经不是什么新颖的讲法了。可是，在具体的社会学研究中，能够看到多少扎实的研究工作，着力于历史与当下的融通，以求寻找对于中国问题更为整全、深刻的理解呢？鉴于各方面的原因与限制，该问题的答案显然是让人颇感失望的。对于家庭社会学这门分支学科来说，也存在这样的状况。对于中国家庭问题的研究，离不开现实经验、国际比较与借鉴，同时，更离不开历史的视野。近代以来，不论是作为现实问题，还是作为理解中华文明总体性形态的关键环节，"家"的重要性都受到比较充分的认识。五四时期打破封建家制背后，潜藏着对于中国新式家庭的想象与向往。"家"，以及与之相关的人际关系、亲属制度、道德伦理，构成了安顿现代个体的重要基石，同时也构成了重建社会秩序的基础性力量。这意味着，需要对中国家庭的现状、历史和理论有着更为通盘的理解，需要在现实问题与历史变迁之间、在结构机制与行动观念之间，对"家"展开更为深入的探讨。

　　近年来，从历史社会学视角进行的家庭研究不断增多。其中的一些代表性作品，从不同的研究层面推进了对于中国家庭制度及其精神的认识，并以此为基础，进一步推进了对于中国社会与文化的理解。将历史视野纳入家庭社会学研究，既是研究方法的一次拓展，也是家庭社会学学科的一次"再出发"。国内历史社会学近几年的发展，显现出相当的坚守与抱负。它试图在中国经验中，通过重新处理时间和叙事，克服现代社会学本身所具有的非历史化趋向，重新激发社会学的想象力（米尔斯，2017：199）。它坚持将社会学的历史维度作为一种总体性、本源性的研究趋向，而非对美国比较历史社会学这一分支学科的亦步亦趋（应星，2018：19；渠敬东，2015）。在这一学术氛围的影响下，以历史社会学视角开展的家庭研究，也应该具备一定的总体性关怀和对行动与个体的关注。因而，在研究议题上，既要勇于回应一些重要的宏大命题，尝试一些长时段的分析，也要从时间、过程-事件等维度扩展学科的经典命题。本辑从"历史人口学视野下的家庭""传统家庭伦理与实践""近现代以来的家庭与个人"三个主题，对近些年的相关文献进行了选编。需要说明的是，由于篇幅所限，很多优秀的论文无法完全收录。同时，为了尽可能呈现不同类型研究的丰富面貌，本辑选取了一些在选题、内容和具体方法上都颇具典型性的研究。当然，更为可惜的是，有一些与本辑主题颇为契合的研究（陈映芳，2015；麻国庆，1999；王向贤，2017），因为曾被选录于本系列往期集刊，故此次没有纳入本辑。

　　家庭研究的历史视野中，历史人口学研究有着颇为显著的优势。它可以通过历史数据的统计，进行长时段家庭发展趋势的研究，以及进行比较研究。这方面，李中清和王丰的著作《人类的四分之一：马尔萨斯的神话与中国的现实（1700~2000）》，对三百年间中国的人口、婚姻、生育等情况进行了整体趋势的勾勒。并且，该研究还进一步对趋势背后的个体行为与心理有所揭示。比如，指出中国历史上已婚生育率明显低于欧洲同期水平。而这一现象的出现，源于三种人口机制的结果：晚生、早停以及生育间隔长。这些婚姻内抑制行为的出现，归因于中国文化对于家庭秩序、生活安排的关注。这在一定程度上印证了中国社会过早地呈现出理性化特质的论断。在历史人口学研究领域，王跃生也是一位成果丰硕、颇有建树的学者。他有多本专著探讨历史上的中国家庭，比如，使用乾隆朝刑科题本婚姻家庭类档案，对清代中期的婚姻、生育、家庭结构、婚姻冲突等问题的讨论；通过社会调查方法，对冀南农村 20 世纪 30~90 年代的婚姻家庭变动的讨论（王跃生，2006）；更有多篇论文探讨历史上的分家、立嗣、家庭结构、家户组织、婚姻行为等问题。本辑编选了他的两篇文章，第一篇通过乾隆朝刑科档案中的 2000 多个个案，分析了社会中下层家庭出身者的家庭结构。由于史料的特殊性，该研究得出的结论是核心家庭占比最高，其次为直系家庭，复合家庭比例很低。这对之前学者提出的该时期复合家庭还占较大比例的结论（许檀，1987）提出了商榷。第二篇是对民国时期家庭研究的"再研究"。通过分析 20 世纪 30 年代及其前后期农村社会调查数据，他指出当时的中国农村家庭结构具有较明显的南北分野。华北地区核心家庭、直系家庭和复合家庭并存，东南、华南地区则以核心家庭和直系家庭为主，复合家庭所占比例很小，并对其进行了相应的解释分析。这对于探讨中国家庭形态的区域差异，具有非常重要的意义。

对于传统家庭伦理与实践的探究，是中国家庭社会学创始以来就颇为坚持的传统之一。以燕京学派为例，约 1934 年起燕京大学社会学系在由雷洁琼开设"中国家庭问题"的同时，一直坚持开设"家族制度"一课。前期由系主任吴文藻讲授，约 1937 年后由杨堃讲授。"家族制度"是对中西历史上家族机制及其演化变迁的探究。吴文藻的课程大纲中涉及家族的结构、功能、经济、演化与形态、家族关系与解组、家族礼教与人格发展等各个层面的内容（无名氏，1936：328）。在燕京学人看来，只有深入理解中国传统社会中的"家"，才能为解决当时社会上普遍存在的诸种家庭问题提供更为通盘、深入的建议，以及赋予更多的"同情心"。经过社会学重建以来几十年的发展，社会学界对中国传统家庭伦理与实践的关注和研究热情逐渐回温。特别是近年来对于丧服制度的研究，有了一些新的成果与进展（吴飞，2011；周飞舟，2018）。一直以来，对传统家族伦理，特别是对于其中人伦关系、行动伦理的研究，因为缺乏相应的史料，难以深入。这方面，《丧服》经传提供了一个适宜的切入口。本辑收录的周飞舟、安文研的两篇文章是这方面的代表作品。周飞舟运用丧服材料，解读了父子关系——差序格局核心层——在服制安排上复杂、充满情理的动态考量。由此分析了父子关系中"慈孝一体"的特征：父对子之"慈"，即是对自己父亲之"孝"的体现。这构成了费孝通先生所提出的"反馈模式"的重要基础。当代家庭研究很少再将父子关系进行单独探讨，而是将研究重心放在亲子关系上。这似乎意味着父亲和母亲在与子女的关系上变得更加无差别了。但是现实情况呢？不论在农村还是城市，对于不同身份的家庭人伦关系，都需要更多缜密的解读与探讨。安文研的研究从"从服"的制服过程与社会功能出发，探讨了中国传统亲属关系与人伦原理。通过讨论"子为母之党""妻为夫之党""夫为妻之党"的从服服制安排，文章强调传统家庭伦理绝不是封闭于核心家庭，而是要进一步把"亲亲"之情延伸出去，在孙与祖父母之间、外孙与外祖父母之间、夫妻与对方亲属之间建立关系纽带与情感连接。沈毅、肖瑛的两篇文章，从各自不同的路径寻求对中国传统家庭伦理与实践的认识，进一步拓宽了此类研究的思路。沈毅的论文试图将"家国关系"这一家庭研究与政治研究的经典命题，与真实的历史实践相结合。具体考察在不同的历史时期，"家国同构"的理念是否可能，以及如何才能达成。他认为，"家""国"关联的实质内涵应当是族权与王权（即皇权）之间的连带。他重点考察了宋之前族权与皇权间的紧张关系，以及宋之后通过平民的诸子均分制、皇家嫡长子继承制对"家国"紧张关系的缓解。肖瑛则从韦伯的中国研究入手，阐述了韦伯对于中国"家"之诸面向的分析与见解。他认为，"家"构成了韦伯比较历史社会学的核心命题，即回答不同文明如何理解、摆脱或者安置家，以及对家的具体处置如何塑造该文明形态。因而，他梳理了韦伯围绕中国"家"的实体和拟制所进行的探讨，对于其中家产官僚制、士人团体、孝道等问题进行了具体的分析。

关于近现代史上家庭问题的研究，主要关注家庭结构与观念的变迁、个体与家庭的关系等命题，本辑收录了相关 4 篇文章。其中，尤以口述史研究最为突出，使用口述史研究讨论近现代家庭议题的研究也颇为多见。这既是对当下家庭问题与困惑的历史追溯，也是运用更多史料呈现"家"之于中国社会与中国人心的诸多重要功能与心理寄托。口述史研究作为一种研究传统，在社会学领域有着相当的积累（孟庆延，2018）。王天夫等人通过山西和河南两个村庄老年人的口述史材料，分析了 20 世纪 50 年代中期土地集体化之前、50～70 年代土地集体化时期以及家庭联产承包责任制时期三个历史时期的家庭结构变化。齐腾飞等考察了云南麻风患者利用家庭文化策略——通过原有家庭、拟制家庭和组建家庭三个维度——构筑自身秩序的过程。该研究从他者的视角，揭示了"家庭制度与实践"对于中国人生命史的重要意义。与口述史更偏重社会调查的方法不同，对档案、期刊这些传统史料的利用，也是历史社会学颇为重视的研究方式。在这方面，近年来对于历史上家庭政策的研究较为突出。王向贤通过梳理民国时期劳动法的母职和父职建构，考察了现代母职和父职的分化与性别差异在产生之初的具体形态。同时，她还研究了男性护理假实行以来，"缺席父职"模式仍旧占据主导地位的成因及其背后的实践困境。王颖探讨了抗日战争时期中共在陕甘宁边区，有关妇女解放与家庭问题的处理方案。向我们展现了当时如何在提倡妇女加入生产劳动促使妇女"走出家庭"的同时，通过严格把控离婚、宣扬家庭和睦以期实现"巩固家庭"的目标。这一对颇为辩证的家庭观念之间，既存在张力，同时又被统合在抗日救亡的革命形势之下。

　　当前的家庭社会学正呈现出加速发展的态势。历史视野的引入，一定会促使中国家庭研究呈现更为丰富的面向，以及更为深刻的洞察与解读能力。对中国家庭与中国社会自身特质和实践逻辑的历史梳理与考察，能够促使家庭社会学从全新的视角重新理解当代经验、反思西方理论与实践。如果说家庭社会学要不断在古今中外的对照与融通中，理解"家"作为中国社会与中华文明总体性的问题与关键环节，那么历史学视野正是其中重要的一个层面。希望在今后的家庭社会学研究中，能够引入更多的历史视野与历史意识，从而更好地理解中国经验。

参考文献

安文研，2018，《服制与中国传统社会的人伦原理——从服服制的社会学考察》，《社会学研究》第 1 期。

陈映芳，2015，《社会生活正常化——历史转折中的"家庭化"》，《社会学研究》第 5 期。

C. 赖特·米尔斯，2017，《社会学的想象力》，北京师范大学出版社。

李中清、王丰，2000，《人类的四分之一：马尔萨斯的神话与中国的现实》，生活·读书·新知三联书店。

麻国庆，1999，《分家：分中有继也有合——中国分家制度研究》，《中国社会科学》第 1 期。

孟庆延，2018，《从"微观机制"到"制度源流"：学术史视野下口述史研究传统的力量、局限与转向》，《学海》第 3 期。

齐腾飞、高良敏、景军，2020，《家的执着与社会身份的建构——云南麻风患者的主体性研究》，《开放时代》第 5 期。

渠敬东，2015，《返回历史视野，重塑社会学的想象力：中国近世变迁及经史研究的新传统》，《社会》第 1 期。

沈毅，2008，《"家""国"关联的历史社会学分析——兼论"差序格局"的宏观建构》，《社会学研究》第 6 期。

王天夫、王飞、唐有财等，2015，《土地集体化与农村传统大家庭的结构转型》，《中国社会科学》第 2 期。

王向贤，2017，《承前启后：1929~1933 年间劳动法对现代母职和父职的建构》，《社会学研究》第 6 期。

王向贤，2020，"The Difficult Transition to the 'New' Caring Fatherhood: An Examination of Paternity Leave"（关爱父职的艰难转向：基于对男性护理假的考察），*Social Sciences in China*（中国社会科学英文版）第 1 期。

王颖，2018，《走出家庭与巩固家庭：抗日战争时期陕甘宁边区的妇女解放（1937~1945）》，《开放时代》第 4 期。

王跃生，2006，《社会变革与婚姻家庭变动——1930~1990 年代的冀南农村》，生活·读书·新知三联书店。

王跃生，2000，《十八世纪中后期的中国家庭结构》，《中国社会科学》第 2 期。

王跃生，2019，《20 世纪 30 年代前后中国农村家庭结构分析》，《社会科学》第 1 期。

无名氏，1936，《附录一：燕京大学社会学系及社会服务系一九三四至一九三六年度概况》，《社会学界》第 9 卷。

吴飞，2011，《从丧服制度看"差序格局"——对一个经典概念的再反思》，《开放时代》第 1 期。

肖瑛，2020，《家与韦伯的比较历史社会学——以〈中国的宗教〉为例》，《社会学评论》第 3 期。

许檀，1987，《清代山东的家庭规模和结构》，《清史研究通讯》第 4 期。

应星，2018，《略述历史社会学在中国的初兴》，《学海》第 3 期。

周飞舟，2018，《行动伦理和"关系社会"：社会学中国化的路径》，《社会学研究》第 1 期。

第一部分

历史人口学视野下的家庭

《家庭与性别评论》第 11 辑

第 9~28 页

© SSAP，2021

生 育

李中清　王　丰

在预防性抑制中，把那种对婚姻进行限制，而又不用不正当的手段满足情欲的方式，称之为道德抑制是适当的……性乱交、非自然的情欲、婚前性生活，以及用不恰当的方法来掩盖不正当性接触的后果等，都可归之为罪恶性的预防性抑制。

——马尔萨斯《人口原理》（1803/1992）

马尔萨斯的遗产

马尔萨斯认为，在多数社会里，婚内性行为基本上都是一致的，对生育控制的极少的例外情况往往是贫困导致的非意愿性的结果，尽管他承认继发性不育在某些社会比其他社会来得早。① 马尔萨斯认为道德抑制是一种可行的选择，而婚姻抑制却不是。

---

① 按马尔萨斯的说法，"两性间的情欲几乎在每个年龄上都表现一致，因此用代数的语言讲可以被认为一个常数"（1803/1992，40；1826/1986，312）。最突出的例外是美国印第安人的低婚姻生育率。"众所周知，美国印第安妇女远远不是多产的妇女。某些人把这种低生育率归因于男人对他们女人的性需求的程度——一种美国印第安人特有的野蛮个性。但是这种特征并不仅限于这一个民族，在很大程度上，可能存在于所有未开化民族中，他们的食物劣而不足，并且一直生活在一种对饥饿和敌人的恐惧中。"（马尔萨斯，1826/1986，29）因此，在解释中国的庞大人口时，他写道："在说明这一人口时，似乎没有必要重新提及孟德斯鸠的假设，即中国有一种特殊的偏爱生育的文化，同时中国妇女比世界上其他国家的妇女生育率更高。"（马尔萨斯，1826/1986，126）

当代人口学家基本上接受了下面的观点，即：在生育率转变之前几乎不存在对婚内生育的主动控制。而且，他们同意情欲在不同社会中的任何变化都只是时间性而非阶段性问题。换言之，夫妇们每个月的性生活频率可能会不同，但他们不会改变一年中进行性生活的月数（或一个年代中进行性生活的年数）。其结果，人口学家们把无控制的已婚生育率形式化为一种通用模式，该模式在曲线的幅度上会有变化，而基本形状不会变。这样，他们确认了一种生育率的年龄模式，并把它称作"自然"生育率，① 之所以称作"自然的"，是因为该模式与所观察到的妇女生育能力的年龄模式非常接近。年龄较轻，生育力高时，生育率保持高水平，随着年龄增大，受孕的生理能力削弱，生育率才会随之下降。② 许多研究也都证实，所有欧洲历史人口在转变前的生育率都是"自然的"，从而验证了马尔萨斯的模型（Coale and Watkins, 1986）。

西方对生育率转变过程的研究表明，生育率转变便是从这种"自然"生育率体系向另一种被称作"家庭限制"的、有控制的生育率年龄模式的转变。③ 这种年龄模式具有胎次性控制的特征，即个人或夫妇达到某一期望的子女数后便停止生育。因而这种生育率年龄模式曲线的特征是，年

---

① 尽管路易斯·亨利（Louis Henry）不是第一个做这种观察的人，但人们普遍认为，他（1961）最早记录和确认了那些缺乏任何有意识的生育控制的人口的生育率模式。他研究的人口，例如当代加拿大的休特利茨人，不仅具有很高的生育率（每个已婚妇女生育10 个以上孩子），而且还拥有一种极具活力的婚姻关系，这种婚姻关系没有避孕，也没有人工流产和短期母乳哺育的阶段（Henry, 1961；Bongaarts and Potter, 1983）。

② 这种怀孕的能力也被称作"每次月经周期受孕概率"（fecundability），它有时与另一术语"生育能力"（fecundity）相互混用。不过，人类的生育受许多因素最直接的影响。人口学家把这些因素列为生育率的"直接决定因素"。最主要的因素包括：（妇女的）已婚比例；避孕的使用及其效果；人工流产的应用；哺乳期长短；性交的频率；自然流产和自然不育。人们认为在自然生育体系下，这些直接决定因素（特别是前三项）对抑制生育的影响是非常小的。"直接决定因素"的概念为戴维斯和布莱克（Davis and Blake, 1956）首次提出，作为生育率的中间变量，而后邦加茨（Bongaarts, 1978）与波特（Bongaarts and Potter, 1983）做了进一步发展。

③ 最精密的、最具有影响力的模型是寇尔和特拉塞尔（Coale and Trussell, 1974, 1975, 1978）的模型。利用一系列人口的生育率年龄模式，他们提出了两个指数来描述人口是属于自然生育模式，还是家庭限制的模式。具体地说，"M"指的是与 20~24 岁年龄组所记录的最高自然生育率相比的综合生育水平。"m"指的是胎次别生育率控制程度。尽管这两个指数在全世界范围内广泛被运用于生育率转变的研究，但它们的有效性也受到了挑战（Wilson, 1985）。见谢禹（Xie Yu, 1990）的一个有力辩护。

轻时生育率较高，但是随着年龄增长生育率很快就下降。而且，这种生育率的胎次控制只有在避孕、绝育和流产等避孕技术出现之后才有可能。[①]

　　然而，这种"从自然生育率到家庭限制"的生育率转变模型，并不十分符合非西方的经验，无论是历史人口还是当代人口。在日本和中国，如我们在下面详细考察的，转变前的已婚生育率明显低于欧洲人口转变前的已婚生育率。虽然一系列描述性的人种学和历史学研究记载了这些非西方社会中存在生育控制，[②] 但由于这些研究基本上是非定量的，因此这些生育控制便被当作趣闻轶事忽略了、遗忘了，或者被视为非意愿性的因而是不合格的。同样，虽然众所周知在一些当代人口中大量应用避孕方法以延长生育间隔，但这些生育体系仍然被认为是"自然的"，因为它们不使用避孕方法终止生育。对于一些非洲人口来说尤其如此。[③] 这种流行的生育率转变模型并不将调节生育间隔视为生育控制的方式。

中国的现实　低已婚生育率

　　与马尔萨斯及其同时代学者的观点相反，中国的总体生育率并不比欧洲生育率高多少，而已婚生育率却要低得多。最近的历史人口学研究根据回顾性的中国家谱资料，将生育率指标追溯到早至 13 世纪。[④] 根据 17 世

---

① 大量有关欧洲生育率转变的文献，证实了从自然生育率到家庭控制模式的转变。实例参见寇尔和特拉塞尔（Coale and Trussell, 1974）、诺德尔（Knodel, 1983, 1988）、寇尔和沃特金斯（Coale and Watkins, 1986）。最近，范德沃尔（Van de Walle, 1992）和桑托（Santow, 1995）提出性交中断法之类传统技术是早期生育率下降的原因。换句话说，文化观念上的改变比技术更新更为重要。

② 费孝通（Fei, 1939）是这种人类学研究的一个范例。何（Ho, 1959）是这类历史研究的一个范例。见李（B. Lee, 1981）对这些例子及其他研究的简要介绍。

③ 见考德威尔和 P. 考德威尔（Caldwell and Pat Caldwell, 1977, 1981）、佩奇和莱撒格（Page and Lesthaeghe, 1981）、莱撒格（Lesthaeghe, 1989），特别是布莱索（Bledsoe, 1994）对延长生育间隔的研究和对非洲人口模型的解释。尤其值得注意的是，布莱索对用欧洲家庭限制模式来解释当代非洲人口生育动态的可行性提出的质疑。

④ 刘翠溶（Liu Ts'ui-jung, 1978, 1981, 1985, 1992, 1995a, 1995b）最早进行了这些估算，她在过去的 20 年中，分析 50 多种家谱，大约涵盖中国 12 个省份的 26 万多人。但这些数据仍旧极不完整。尽管这些家谱的记录可以追溯到 13 世纪，但生死日期记录只能够追溯到 15 世纪和 16 世纪。而且，由于许多数据似乎都是在 19 世纪末和 20 世纪初回顾整理的，许多人可能被遗漏掉了。一般说来，日期越早，记录不完整的可能性越大。另外，这些家谱一般更多代表上层社会的人口，但由于上层社会人口的比重在不同家族中大不一样，数据偏差的程度也不会均衡。见特尔福德（Telford, 1990b）。

纪开始的清皇室贵族的档案和 18 世纪普通百姓的户口登记，可以得到更为准确的指标值。表 1 概括了从最早能够较为准确地估算生育率以来所有的研究。总和已婚生育率（TMFR）是根据分年龄的婚内生育率计算的一个综合指标，表明一个已婚妇女如果遵守这一分年龄生育率模式能够生育的孩子总数。总和生育率（TFR）也是一个综合性指标，表示的是任何妇女的终身生育率，包括那些没有结婚的妇女。平均说来，20 岁结婚，其婚姻状态一直保持到 50 岁的中国妇女，很少有 6 个以上的孩子；而与她们同样条件的欧洲妇女平均有 7.5 ~ 9 个孩子（Flinn，1981；Wilson，1984；Wrigley et al.，1997）。

表 1　中国不同时期和地区的已婚生育率

时期（年）	地点	生育率水平		样本规模
		TMFR（人）	TFR（人）	
1296 ~ 1864	湖南	6.0	—	2670
1462 ~ 1864	安徽	6.1	—	1654
1517 ~ 1877	江苏	5.8	—	1784
1520 ~ 1660	安徽	5.4 ~ 8.2	—	11804
1700 ~ 1890	北京	5.3	—	3178
1774 ~ 1873	辽宁	6.3	—	3000
1929 ~ 1931	22 省	6.2	5.5	50000
1950	全国	5.8	5.3	300000
1955	全国	6.2	6.0	300000
1960	全国	4.1	4.0	300000
1965	全国	6.3	6.0	300000
1970	全国	6.2	5.8	300000
1975	全国	4.4	3.6	300000
1980	全国	3.2	2.3	300000

时期（年）	地点	生育率水平		样本规模
		TMFR（人）	TFR（人）	
1985	全国	—	2.2	500000
1990	全国	—	2.3	70000
1992	全国	—	2.0	—

资料来源：湖南、安徽（1462~1864）及江苏：刘翠溶（Liu Ts'ui-jung，1995b：99）。TMFR（总和已婚生育率）年龄为15~49岁。刘认为实际的TMFR要略高一些，因为在分母中的最年轻年龄组里，并不是所有妇女都已结婚。但20岁以下组别的生育率非常低，差异也不可能很大。

安徽（1520~1660）：Telford（1992b）。样本规模为10512名男性所娶的妻妾。Telford发现每个已婚妇女所记录的平均生育男孩数为2.77个，这意味着在假定出生性别比为105的条件下，TMFR为5.4。他认为考虑到男婴出生漏登，实际的TMFR应该高一些。Telford（1995）提出了TMFR的一个估计值8.2，他排除了一些生育率很低的记录，将其余的男婴出生数上调了50%。而他对这一过程没有提供任何解释和说明。

北京：Wang，Lee and Campbell（1995：395），TMFR的计算方法是按估计各年龄组的已婚比例，对分年龄生育率进行调整。这有可能高估实际的TMFR，因为在最初的计算中，分母只包括了生育过至少一个孩子的男性。结了婚但没有生育过的男性也就无人数可言。另外调整时所使用的男性已婚比例是根据分年龄是否生育过的男性人数计算的，因而相应地会低估已婚男性的实际比例。

辽宁：Lee and Campbell（1997：90）。生育率的计算基于包含12466例个人记录和3000多例婚姻的人口登记。这里所给的是TMFR，要高于TFR（注意，并不是在所有年龄上所有的人都已结婚）。这一数字经过33%的死亡率和漏登率的调整。

22省：Barclay等（1976：614）。TMFR据15~49岁妇女的分年龄已婚生育率计算。计算根据的一项调查，覆盖191个地区，包含46000多个家庭中的200000个中国农民。我们所给的样本规模为50000，假定每户的育龄妇女略高于1。

全国：1950~1980的TFR来自Coale and Chen（1987）；1950~1980的TMFR是根据Lavely（1986：432-433）对20~44岁妇女的统计计算的；1985~1992的TFR来自姚新武和尹华（1994）。这些数据主要根据一些大规模的生育率调查。

这种低已婚生育率是中国人口体系最明显的特征之一。图1显示了6组东亚和6组西欧历史人口分年龄已婚生育率的差异。1800年以前，欧洲的已婚生育率要高得多，特别是在年轻年龄组，下降也更慢。东亚已婚生育率不仅在峰值上要低于欧洲，而且曲线形状也存在根本的不同。

低生育率是上层社会婚姻的特征，包括一夫多妻制的婚姻。计算出的1700~1840年间清皇室贵族中一夫一妻制父亲的生育人数只有4~5.5。甚至这一上层人口中一夫多妻制的父亲，生育人数只有6~10，仅相当于西方一夫一妻制的男性生育人数。而西方一夫多妻制男性所生育的孩子数高达 15~25。①

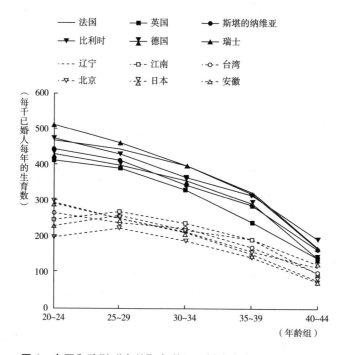

图 1　东亚和欧洲"自然"年龄组已婚生育率（1600~1800）
　资料来源：欧洲人口：Finn（1981）；日本：Kito（1991）；辽宁：Lee and Campbell（1997）；江南：刘翠溶（1992）；安徽：Telford（1992b）；台湾：Wolf（1985b）。北京的数字是一夫一妻的男性分年龄生育率，但应该大致接近女性分年龄生育率。安徽和江南的数据是由儿子数乘以 1.97 得到。另外，我们对安徽、江南和日本的数据上调 20%以弥补可能的漏登。

　　20 世纪初进行的一些调查，报告了类似的低已婚生育率水平。1930年左右一项覆盖中国大部分地区的大规模调查显示，妇女的生育率水平为5.5。这不仅与一些更早的已婚妇女的生育率极为一致，而且迫使人口学

---

① 中国的一夫多妻的生育率来自王、李和康（Wang, Lee and Campbell, 1995：387）。西方的生育率来自比恩和迈尼奥（Bean and Mineau, 1986），根据比恩和迈尼奥，摩门教一夫多妻的丈夫在 1820 年以前，平均每人有 3.9 个妻子；1820~1839 年，平均每人有 2.9 个妻子；1840~1859 年，平均每人有 2.4 个妻子，每个妻子生育的孩子分别为 6.3、7.3 和 7.6。这意味着一夫多妻的丈夫如果活到 45 岁，在 1820 年以前平均会拥有 24.6个孩子，在 1820~1839 会拥有 21.2 个孩子，在 1840~1850 年，会拥有 18.2 个孩子。

家们承认，在这一被认为是自然生育率体系里的生育率是很低的。[①] 尽管另一些学者对这种低生育率水平提出质疑，但他们提出的生育率估计值也没有多大的不同。

当代的人口普查和抽样调查资料进一步证实，中国转变前的生育率水平要低于高生育率国家的水平。20 世纪中期，尽管中国那时没有实行普遍的避孕，还可能出现过战后生育高峰，但生育率水平一直较低。从 1982 年的回顾性调查得到的全国总和生育率，在 20 世纪 40 年代末略低于 5.0，50 年代为 5.3。[②] 在土地改革和传统的家庭集体计划生育体系打破以后，生育率稍有回升，但也很少超过 6.0。[③] 这与同期其他发展中国家相比要低得多。[④]

婚姻内抑制

中国的低生育率是三种人口机制的结果：晚生、早停以及生育间隔长。与转变前的西方夫妇相反，中国的夫妇结婚后并不是马上开始生育。中国人口行为的这一特征也可以追溯到很多世纪前。根据清皇室贵族这一有最完整记录的历史人口，1800 年父亲的初婚年龄（21 岁）和初育年龄（24 岁）相差 3 岁。[⑤] 对于其他记载不太完整的中国历史人口，这一年龄差甚至更大。[⑥] 转变前欧洲人口初婚和初育的间隔时间只有 15 个月左

---

① 巴克利等（Barclay et al., 1976：615, 625）观察到，中国转变前生育率水平"要比其他可以认为是自然生育的人低 35%，比其他任何可靠记录的生育率低 20%左右"。他们评论说，一个人口能够维持这样低的生育率，而其年龄模式"没有暗示出任何依胎次控制生育的迹象，构成了一个人口学上的困惑"。他们还注意到，"人口学家只有在同时使用避孕与流产的人口中，才能期望见到像中国那样低的已婚生育率（只有最高已记录生育率的 51%）"。

② 这一数据来自寇尔和陈（Coale and Chen, 1987）。1982 年的调查只能提供 1964 年以后的年龄别生育率的完整数据。在此之前的总和生育率是按照生育年龄模式相同的假设估算的。

③ 唯一的明显例外是 1963 年不寻常的高生育率，达到 7.4，这是"大跃进"引起的饥荒之后的反弹，"大跃进"引起的饥荒使生育率在 1961 年下降到只有 3.3。

④ 例如，1950 年的生育率水平是：今孟加拉国 6.66、印度 5.97、埃及 6.56、印度尼西亚 5.49、伊朗 7.13、秘鲁 6.85、泰国 6.26（联合国，1993）。

⑤ 李、王和阮（Lee, Wang and Ruan, 2001）总结了 900 多名男子的初婚年龄。1840 年以前结婚者，平均初婚年龄为 20.3 岁，在 1840 年以后结婚者，为 21.2 岁。第一胎生育的平均年龄在 18 世纪末约为 23 岁，19 世纪初为 24 岁。

⑥ 例如，在辽宁农村，从结婚到第一胎生育的平均间隔大约为 4 年（Lee and Campbell, 1997：92-94）。

右①，而即使是在 20 世纪 50 年代初，中国初婚和初育的间隔全国平均也有 34 个月，某些农村人口更高达 40 个月。而且，不同于欧洲历史上某些时期普遍存在的未婚先孕和非婚生育（Flinn，1981），中国几乎不存在私生子现象。②

尽管中国夫妇较晚开始生育，他们停止生育的时间却要比西方转变前的夫妇早得多。例如，在皇室贵族中，一夫一妻制的妻子最后一次生育的平均年龄只有 33.8 岁，一夫多妻制的妻子为 34.1 岁（Wang，Lee and Campbell，1995：390）。农民妻子停止生育的年龄也几乎相同：33.5 岁（Lee and Campbell，1997：93）。对比而言，历史上欧洲人口最后一次生育的平均年龄普遍接近 40 岁（Coale，1986：11）。欧洲母亲从生育第一个孩子到生育最后一个孩子的生育全距平均为 14 年，而中国母亲的生育全距平均只有 11 年。

这样，在每个年龄上停止生育的夫妇的比例，中国要大大高于任何已知的历史欧洲人口（Leridon，1977：101-102）。图 2 将清皇室家族和一组中国农民人口中一夫一妻制夫妇分年龄停止生育的累计比例与欧洲人口进行了对比。除了 45 岁以上组外，中国与欧洲的差别非常大。到 45 岁时，4/5 以上的中国夫妇停止了生育，而欧洲夫妇只有一半停止生育。

中国和欧洲停止生育的年龄模式有着根本的不同。欧洲人口中有少数较早停止生育者，然后是一个指数式的增长模式，在 35 岁后出现快速增长；中国人口中有许多较早停止生育者，随后是一个数理逻辑增长模式，表现为缓慢减速的增长。这些曲线清楚地反映了两种不同的生育率模式，它们不能简单地通过移动或压缩来进行转换。

此外，直到 20 世纪 70 年代以前，中国的生育间隔要比欧洲长得

---

① 根据弗林（Flinn，1981：33）的概算，1750 年以前，从结婚到第一胎生育的平均间隔在英国是 14 个月，而在法国是 16 个月。

② 1780~1820 年的非婚生出生率是，英国每 100 名新生婴儿中有 6 个；斯堪的纳维亚和西班牙为 7 个，德国有 12 个。未婚先孕的比例在英国高达 35%，法国为 14%，而在德国是 24%（Flinn，1981：82）。在中国婚前非法私生的比例极小，也许只是因为在中国 20 岁以上没有结婚的妇女非常少。唯一的例外是 20 世纪初期的台湾地区，当时台湾地区在日本人的控制之下，同居受到鼓励，至少寡妇是如此（Barrett，1980）。在中国大陆，即使在 20 世纪 70 年代和 80 年代，估计未婚先孕的比例也是非常低的，不会超过 5%（Wang and Yang，1996）。

多——平均3年或更长。① 例如，在中国农村，1944~1946年，一胎和二胎的平均生育间隔为39个月，二胎和三胎为37个月。1951~1953年，分别为36个月和38个月。1963~1965年，分别为32和34个月。② 相反，转变前欧洲人口的生育间隔要短20%~40%，基本上在20~30个月。③

由于生育开始晚、结束早、间隔长，过去一对中国夫妇要比西方的已婚夫妇至少少生两三个孩子。欧洲夫妇在过去实行道德抑制而很少婚后生育控制，而中国夫妇不实行道德抑制，但却有强大的婚姻抑制。

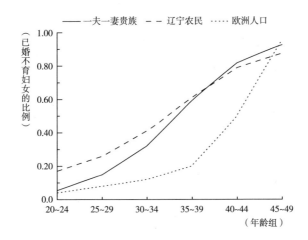

图2 中国和欧洲分年龄不育妇女的比例，1730~1900
资料来源：Wang, Lee and Campbell (1995)。

① 清皇室贵族中，一夫一妻制父亲的非最后一个孩子的出生平均间隔，在19世纪第一个10年中期以前不到3年，那以后大约为3.5年至将近4年（Wang, Lee and Campbell, 1995：389）。刘翠溶（1992：113）通过对家族人口的研究表明，从第一个儿子出生到第二个儿子出生的平均间隔为5.5年，从第二个儿子到第三个儿子的平均间隔时间为5年，第三个儿子到第四个儿子的平均间隔为4年。假设在男孩子出生间隔之间有相同数量的女孩子出生，那么，所有孩子出生的平均间隔时间则为2~2.5年。在辽宁农民中平均生育间隔似乎还要更长一点（Lee and Campbell, 1997：93~94）。

② 由寇尔、李少民和韩京清（Coale, Li and Han, 1988：15）计算得到。这个计算结果只包括存活至幼年的儿童的平均生育间隔。因为一个新生儿死亡，怀孕期就会缩短，所以，总的平均生育间隔要略短一点。

③ 非最后出生婴儿的平均生育间隔在法国是30个月，在德国是33个月，在瑞士是27个月。第一胎和第二胎的平均生育间隔在英国是28个月，在法国是23个月，在德国是21个月（Flinn, 1981：33）。

健康文化与生殖文化

中国的婚姻抑制来源于一种更悠久的禁欲文化传统。两千多年前，老子和孟子就提倡为了"心"和"神"的发展，为了"养身"，必须节制欲望。① 这种心神与欲望的对立以及克制行为的理念，自那以来便一直成为中国哲学和宗教——包括道教、儒学和佛教在内的中心信条（Wile，1992）。②

性欲是这类欲望中最重要的一种。限制性活动的必要性的详细论述可以追溯到公元前 1000 年（Wile，1992）。中国人特别相信精子中含有一种被称作"气"的生命力要素；过多的射精会导致体虚。③ 因而，为了增进健康和延年益寿，必须限制性活动。④ 到 18 世纪，在医学文献中长期形成的共识认为，青壮年男性的性交频率每月不能超过 3 次，中年人每月不超过 2 次，老年人每月最多 1 次。⑤ 频繁的性交可能损害健康，甚至危及生命。过去中国夫妇生育率低和生育间隔长，至少部分是由于他们控制性交频率的能力和意愿。

一种不同的婚姻目的观也可以解释夫妇限制性交频率从而控制生育率的能力。性交频率在中国和在亚洲大部分地区一样可能相当低，⑥ 部分还

---

① 例如，老子倡导"清心寡欲"。孟子主张"养心莫善于寡欲"。

② 感谢威廉·雷伟力使我们注意到这本书。

③ 李约瑟作为第一位讨论这些思想的西方学者，发现这些信念在 20 世纪中叶的中国仍然非常普遍（Needham，1962：146-152）。另见弗斯（Furth，1994）。

④ 熊秉真（Hsiung Ping-chen）提供了对封建社会晚期生殖文化的详细讨论。

⑤ 这个模式来源于董仲舒（公元前 179~前 104），他在其著名的儒家著作《春秋繁露》中提出："君子治身不敢违天，是故新牡十日而一游房，中年者倍新牡，始衰者倍中年，中衰者倍始衰……大衰者以月当新牡之日。"许多中国人把这个意见奉若神明。例如顾炎武（1613~1682）也许是清朝最著名的学者，在给一位打算续妻的密友的信中引用了这段话。我们要感谢高若海（音译）使我们注意董的著作，也要感谢尤荣（音译）给我们带来顾的引文的复印件。

⑥ 生育率调查的结果显示，直至现在，在夫妻采取避孕措施后，亚洲地区的夫妻仍然沿袭一种传统的性交模式，性交频率要远远低于其他地区。例如，在泰国，1987 年人口和健康调查表明，所有在婚妇女在调查日期前 4 个星期中的平均性交频率为 3.2 次。新婚夫妻一般每月也仅性交 6 次，结婚一年后每月性交减少到 4.2 次，结婚 4 年后减为 3.7 次（Chayovan and Knodel，1991）。相比之下，在美国，1975 年所有在婚妇女每月平均性交次数为 8.9 次，在结婚头 5 年里，每月 10.4 次（Trussell and Westoff，1980）。

由于一种直至不久前还在很多地区流行的包办婚姻的传统。① 基本的家庭关系不是夫妻关系，而是父母与子女的关系。② 孝顺要比生育更为重要，因而东亚的父母们限制纵欲而鼓励节制。③ 生育本身不是婚姻的唯一目的，而是社会流动的一种策略。④ 欧洲的婚姻在传统上需要圆婚后结合才生效，⑤ 而在中国圆婚不是必需的，而且直到不久前还常常被推迟。

中国的母亲还实行长期哺乳，延长了产后闭经期，从而有助于拉长生育间隔和降低生育率（Hsiung，1995a）。⑥ 中国人出于对母婴健康的考虑对哺乳越来越关注。他们认为母乳不仅是一种至关重要的营养来源，而且也反映了母亲的生理和心理状况。结果，母亲的营养、体温、健康状况，甚至情绪变化都成为备受关注的事情。尽管人们认为婴儿很小时就应该增

① 林弗斯（Rindfuss）、摩根（Morgan，1983），以及王与杨（Wang and Yang，1996）讨论了亚洲和中国的包办婚姻对第一胎生育间隔较长的影响。他们意识到性交频率低对亚洲婚内生育率的影响，同时，他们假设由于包办婚姻，新婚夫妻之间缺乏激情，从而导致性交的减少。沃尔夫（Wolf，1980）关于台湾的开创性的著作也显示出，不同的婚姻形式导致不同的生育率水平，主婚制中的妇女的总和已婚生育率比入赘婚高10%，比次婚制高30%。

② 配偶之间的性亲密不仅在包办婚姻中很难开始，而且在复合家庭中也很难发展起来。中国社会学家费孝通对20世纪初中国农村配偶间关系的特征描述如下："在孩子出生前，她的丈夫，至少在公开场合下，对她表示不感兴趣。他在交谈中不会谈及妻子。甚至在家里，无论当着任何人的面，如果他对他的妻子表现出任何亲密感情，都会被认为是不适当的，会成为话柄。丈夫和妻子不会亲密地坐在一起，而且很少相互交谈。他们只是通过第三方来交谈，而且他们没有自己的共同话题。但是当一个孩子降生后，丈夫便可以把他的妻子作为他孩子的母亲来谈论。"（Fei，1939：47）

③ 邝（Kwon，1993）描绘了当代韩国类似的行为。根据邝的描述，韩国的母亲们以关注她们儿子的身体健康为借口证明这类行为是正当的。

④ 生育率是中国人口社会流动的一种手段的观念已经在文献中被明确阐述。见葛苏珊（Greenhalgh，1988）。

⑤ 例如麦克法兰（Macfarlane，1986）对英国婚姻的讨论。

⑥ 但是，延长哺乳期并不能完全解释这种长生育间隔和低生育率。王、李和康（Wang，Lee and Campbell，1995）根据新生婴儿是否在第一个月内死亡，比较了清皇室中母亲的生育间隔，发现两者并无差异。如果哺乳期的延长是生育间隔长的主要原因，那么第一个月内新生婴儿的死亡本应该使随后的生育间隔大大缩短，因为母亲不再需要哺乳，便会很快恢复月经。虽然有很多地区的例子说明哺乳期延长，闭经时间也会延长，直至哺乳结束（Bongaarts and Potter，1983：26），但20世纪60年代台湾地区的一项回顾性生育率调查表明，哺乳期超过24个月的妇女平均只在14个月后就恢复月经（Jain et al.，1970；Jain，Hermalin and Sun，1979）。这说明在台湾虽然哺乳期延长了，但在后几个月里它不足以起到避孕的效果。在某种程度上，台湾的哺乳模式及相应的闭经持续时间与清皇室和其他中国人口十分类似，但这并不能解释在这些人口中观察到的长达三四年的生育间隔。

加非流质食物，但哺乳还是得到延长和加强。断奶通常在小孩两岁时进行。而且，晚断奶既不被认为是不正常的，也不被认为是不合适的。

一系列传统的生殖技术也有助于婚姻抑制。传统中医学的一个特点就是保护妇女的生殖健康，包括发明一些可以使一个"坏"胎流产的方法。这些技术包括用各种中草药避孕，以及一系列流产技术，包括一些马尔萨斯所提到的方法。[①] 这些药物，如果有效的话，当然也会被用作终止非意愿性妊娠。[②] 到清代晚期，这些避孕和流产药物在一些城镇里广为销售。根据中国著名人类学家费孝通的研究，到 20 世纪初，流产不仅在一些地方广为流传和使用，而且一个不知道如何用流产来终止生育的妇女，会被同村的人嘲笑为"傻婆娘"（费，1947/1998：108）。[③]

中国的生育率转变

中国的生育率转变，就像中国的死亡率转变一样，起源于传统悠久的有意识控制，它促进了自 20 世纪中期以来全国计划生育政策的形成与贯彻。尽管毛泽东最初否认早期的马尔萨斯忧虑，[④] 但是 1953 年（人口普查）显示中国人口接近 6 亿，使得他和其他的中国领导人确信有必要控制生育。[⑤] 然而这一新生的计划生育项目，不久便卷入了 1957～1959 年

---

① 李伯重通过历史文献追溯到早在汉朝流产药物便已开始使用。刘静贞（1995b）对宋朝的溺婴和流产进行了分析。

② 熊秉真对这些技术进行了详细叙述。李伯重也证明了明清时期长江下游地区避孕、绝育和流产技术的使用。例如，最著名的医学著作《本草纲目》，列举了不少于 30 种可以用来打胎的草本或木本药物。见布雷对这些药物使用的讨论，特别是弗斯关于中国早期妇科传统进行创新的历史。

③ 费还报道说，在他所研究的广西和江苏两省的农村，他观察到，当控制生育失败时，人们有意识地疏忽儿童。在一个案例中，父母将一个患有严重疾病的婴儿让一个未成年人去照顾，而在另一个案例中，父母放任一个蹒跚学步的孩子走来走去而没有成人看管，结果孩子淹死在一条水沟里。

④ 毛泽东谴责西方将中国革命归因于人口众多的看法，他在 1949 年说："中国拥有这么庞大的人口是一件非常伟大的事情。哪怕人口比现在多几倍，我们仍有解决的办法，这个办法就是生产。"（孙沐寒，1987：66）

⑤ 当几位中国主要领导人积极主张控制人口时，毛泽东的支持却较为矛盾。刘少奇在 1954 年 12 月公开说过，中国共产党赞成计划生育，周恩来在 1956 年同意这一立场，毛泽东在 1957 年也只得同意："中国有这么多的人口，既是好事，又是坏事。好事是中国有这么多人，坏事也是中国有这么多的人。"不过，毛泽东的确同意"人口必须要有计划地增长"。（孙沐寒，1987：62~68）

"反右运动"的意识形态斗争中而夭折。① 直到 20 世纪 60 年代，中国政府才开始在城市和人口稠密的农村地区认真推广计划生育，而到 70 年代末，强大的政府控制人口政策才得以制定并在全国范围得到贯彻。②

上海是中国最大的城市，也是最早实行生育控制的地方，上海的生育率至迟从 1955 年就开始下降（Guo，1996）。图 3 把上海早期总和生育率的下降和后来全国范围的下降进行了比较。尽管有"大跃进"时期饥荒造成的严重干扰和反复，总和生育率从 1955 年的 6 以上，降至 1959 年的 3，接着又迅速下降至 1964 年的 2.4，1967 年已达到了 2.1 的更替水平。达到这种下降幅度，早期是依赖流产，后来转向避孕。上海市于 1964 年就建立了政府的计划生育项目，据报告，符合条件的夫妇的避孕在几年内就达到了饱和。

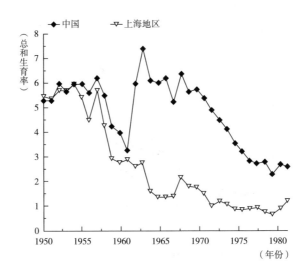

图 3　上海与全国生育率，1950~1982

资料来源：Coal and Chen（1987）。

---

① 1958 年 3 月 23 日，毛泽东说："宣传人口众多的悲观气氛是错误的。我们应该始终明白，人口众多是一件好事。"甚至刘少奇后来也改变了他以前的立场，同意毛泽东的看法："人口的消费与生产都应该加以考虑。"（孙沐寒，1987：103）

② 见陈必照和克尔斯（Chen and Kols，1982）、雷伟力和弗里德曼（Lavely and Freedman，1990）以及孙沐寒（1987）关于中国计划生育初期发展情况的详细论述。1975 年，毛泽东重新同意必须制定人口政策（孙沐寒，1987：165）。1978 年第五届全国人民代表大会通过的宪法第 53 条明确规定："国家提倡和推行计划生育。"1979 年，一对夫妻只生一个孩子的政策开始贯彻实行。（孙沐寒，1987：185~188）

全国范围现代节育方法的使用可以追溯到 20 世纪 50 年代初，当时全国的夫妇都可以使用流产来达到家庭限制的目的。① 图 4 显示了 1960～1987 年全中国避孕和流产比例的上升。1960 年，即在中国严厉的计划生育政策远未形成之前，城市妇女中已有 10% 以上在使用某种现代避孕措施，5% 的妇女至少做过一次人工流产。到 1970 年，即首次在全国范围内广泛推行计划生育的前夕，城市地区避孕和流产的比例分别上升到约35% 和 20%。即使在农村，35 岁的妇女中也有 15% 以上已经在使用现代避孕方法，7% 做过一次流产。尽管全国的总和生育率仍然高达 5.7，但城市已降到 3.8。

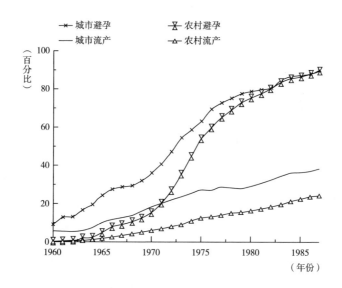

图 4　中国 30～34 岁妇女避孕或怀孕头 3 个月进行流产的比例，1960～1987

1970 年以后，随着政府"晚、稀、少"计划生育政策的执行，中国的生育率转变大大加速。到 20 世纪 70 年代后期，80% 的中国妇女到 35岁时已采取避孕措施。接近 1/3 的城市妇女和 1/5 的农村妇女至少做过一次人工流产，中国成为世界上避孕使用率最高的国家之一。② 全国生育率

---

① 在 1952 年，中国政府允许 35 岁以上的妇女流产和绝育，条件是如果继续生育会影响母亲的健康，或者她已经有了 6 个孩子，而其中一个已经 10 岁或更大。

② 实际上，与其他所谓流产社会的对比令人吃惊。在 1990 年，俄国已婚妇女中的避孕用具使用率为 15%，而在中国超过 90%。

水平因而急剧下降，从 1970 年的 5.7 降至 1979 年的 2.8，这是一个人类历史上任何人口大国都无法相比的纪录。城市人口的生育率下降特别急速，几乎降到更替水平，在那些具有控制生育传统的农村地区，生育率下降也相当迅速。①

尽管生育控制取得了成功，中国领导人还是在 1979 年提高了政策目标，号召一对夫妇只生一个孩子，以便尽可能快地使生育率达到更替水平。这一号召成为如同 20 世纪 50 年代土地改革和 80 年代经济改革一样声势浩大的群众运动的基础。由于中国领导人要使中国的生活水平赶上西方工业国家的坚强决心，他们把计划生育提高到了与经济计划一样重要的国策地位。这样一来，他们就在世界史上第一次使人口政策成为不仅是国家议程，而且是国家意识形态的一个中心组成部分。

其结果，中国国家计划生育项目的执行比任何其他国家的计划生育项目都更坚持不懈，更具有强制性。国家不仅规定结婚年龄和生育子女数，甚至为了实现人口政策还采取强制性的流产、放环和绝育措施（Banister，1987）。当时干部利用和动员群众来强制许多人进行流产和绝育（Hardee-Cleveland and Banister，1988）。② 虽然近年来计划生育运动变得不那么明显，干部们在其权限内继续负责执行计划生育，一旦不能完成计划生育目标就要面临罚款、降级之类处分，从 1991 年起甚至还会被免职。结果，尽管国家计划生育强调教育与自愿相结合，地方干部仍然利用强制性措施以满足国家设定的目标要求。③

正如另一些国家经济项目在中国不同时间、不同地点有着不同的效果一样，目前的计划生育项目在某些地区和某些时期要比其他地区和其他时

---

① 早在 1973 年，吉林农村的总和生育率就只有 2.8，江苏农村 2.82，浙江农村 3.46，辽宁农村 4.16。相反，贵州农村则高达 7.4，甘肃农村 6.48，广东农村 5.35，海南农村 5.17（Coale and Chen，1987）。

② 根据中国官方统计，每年男性绝育数字随之翻了一番，从 1982 年的 649476 增至 1983 年的 1230967，而女性绝育数字则翻了两番，从 1982 年的 3925927 增至 1983 年的 16398378（CPIC，1988：245）。

③ 这样的强制措施是不合法的，而且在中国和西方的媒体中都被公开报道过。实际上，西方媒体所"首发"的一些强制性计划生育的报道，都是最先由中国政府披露，并且受到中国政府的批判。见尼古拉斯·克里斯托夫的文章（Nicholas Kristof，1993）。

期更有效。① 特别是在中国农村，对家庭劳动力和养老的需求导致农民与干部和政府官员之间的冲突。② 其结果，除了少数地区外，独生子女政策有所放松，并在 1984 年和 1988 年进行了调整。中国大部分农村地区一直实行至少两个孩子的政策。这与城市地区在过去 20 年里，90%以上的夫妇都只有一个孩子形成鲜明的对照。城市地区这种统一而快速的效果，起初至少是由于城市居民依靠国家提供就业、住房、教育以及其他福利的结果（Wang，1996）。在中国农村，不存在这种依赖性，也就没有这种效果。

人们通常认为，中国实行全国一致的独生子女政策，其实对占总人口 70% 的中国农村家庭来说并非如此。图 5 展示了农村分时期胎次递进比，即，每一胎次的农村妇女继续生育下一胎次的比例。生第二个孩子的妇女比例 P_{1-2} 在整个 20 世纪 80 年代受独生子女政策的影响很小。P_{1-2} 从 1979 年的 100% 下降到 1985 年的 90% 和 1991 年的 77%。相反，生第三个孩子的比例 P_{2-3} 出现了大幅度下降，从 1979 年的 81% 下降到 1985 年的 49% 和 1991 年的 30%；而生四个及以上孩子的比例 P_{3-4}，则从 1979 年的 48% 降至 1991 年的 18%。

中国生育率从总和生育率 5.7 到 2.8 再到 2.1 的快速下降中，政府干预起了主要作用。无论如何，中国的生育率转变在根本上是一种集体组织和集体目标的结果，而非观念革新的结果。西方生育率转变要求个人决策从婚姻到生育发生革命性的扩展，中国的生育率转变与此不同，只要求集体控制从家庭到国家的扩展。对于中国人来说，有意识的生育控制早已在"有意识选择的计算"之内。中国非同寻常的快速生育率转变因而可以归因于这样一个事实，即中国人不需要态度的转变，而只需要建立新的目标和制度，以及有效技术的传播。

---

① 关于 20 世纪 80 年代中国计划生育政策的主要变化，参见葛苏珊（Greenhalgh，1986）、哈迪-克利夫兰和班久蒂（Hardee-Cleveland and Banister，1988）、曾毅（Zeng，1989）、卢瑟（Luther）、菲尼和张为民（Feeney and Zhang，1990）、菲尼和王（Feeney and Wang，1993）。

② 葛苏珊（Greenhalgh，1986，1993）详细记录了独生子女政策在中国农村特别是陕西省贯彻执行的演变。自 20 世纪 80 年代农村改革以来，来自农民的抵制和国家权力的减弱，使得许多农村干部抵制或拖延计划生育政策的贯彻实施或要求对计划生育政策进行某些调整。于是中央政府着手从两方面来解决这一问题：一方面从形式上对政策进行放松，另一方面省政府或下级政府自主权，制定符合本地情况的政策，使某些家庭不受独生子女政策的限制。农民的抵制和谈判导致独生子女政策的"农民化"。

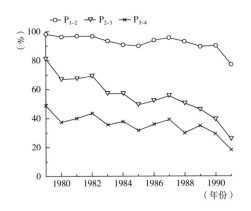

图 5　中国农村分时期胎次递进比，1979~1991

资料来源：Feeney and Yuan（1994）。

集体和个人策略

正如中国的父母对其孩子的生存和结婚进行计划那样，他们也有意识地计划他们的生育。婚内抑制的多种方法——传统的方法、结婚以后及两次生育间隔之间的禁欲——使得中国人能够根据社会经济条件的变化来调整其生育率。其结果，不仅个人有儿子的比例不同，而且孩子数也不同，即使在相同的社会地位和婚姻类型之内也是如此。

这种行为特别在清朝贵族中得到了较好的记载。比如，即使确定婚姻类型相同，贵族级别较低的父亲也要比级别较高的父亲平均少生 2.5 个孩子。[①] 此外，富有的一夫多妻贵族可以根据经济状况通过少娶妻子来调节其生育率，而贫穷的一夫一妻贵族则通过少生孩子来调节其生育率。其结果，贫穷的贵族在 18 世纪后期除了增加溺女婴以外，也将总和生育率从 18 世纪初的 5 或 5 以上降到 18 世纪末和 19 世纪初的 4（Wang，Lee and Campbell，1995）。

---

① 王、李和康（Wang，Lee and Campbell，1995：393）比较了存活到 45 岁的父亲在不同时期的曾生子女数。在控制了不同婚姻类型的影响之后，在 1681~1720 年，下层贵族中的父亲比上层贵族中的父亲要少生 2.7 个孩子；1721~1750 年少生 2.9 个孩子；1751~1780 年少生 1 个孩子，而在 1781~1820 年，少生 2.3 个孩子。

　　这种婚姻抑制在平民百姓中甚至更为普遍。① 例如在辽宁农村，男性登记的出生数的升降与粮食价格呈反比例变化，即粮价低的年份里出生人数多，而粮价高的年份里出生人数少。家庭结构作为一种财富的标志和夫妇社会地位的一个重要决定因素，在生育决策中起着关键作用。与小家庭和简单家庭相比，大家庭和复合家庭在收成不好的年份里生育率的降幅会小一些，而在收成好的年份里生育率的增幅会大一些。② 个人在家庭中的地位和职业对生育子女数也有重大影响。士兵、手艺人和官员生育的孩子要比平民多得多（Lee and Campbell, 1997：180-183）。虽然在对一夫多妻记载明显不足的家谱人口资料中，这种模式不太明显，但一项对浙江 1550～1850 年三个家族人口的研究表明，那些有更多头衔的家族分支比其他分支生育的孩子要多得多（Harrell, 1985）。

　　处于社会阶层两极的中国父母，都不仅根据社会经济状况来控制其生育率，也根据现有孩子的数量和性别来计划他们的生育。无论清朝贵族还是辽宁农民，没有儿子的父亲的生育间隔都比有儿子的父亲要短（Wang, Lee and Campbell, 1995：397）。而且有一个儿子的辽宁农民完全停止生育的可能性要大得多。这种性别选择性地停止生育模式导致最后一个孩子的性别比高达 500∶100（Lee and Campbell, 1997：96）。这种停止生育行为在当前的计划生育项目中重新出现。其结果，例如，第三和第四胎的性别比从 1976～1980 年的 109∶100 上升到 1985～1989 年的 123∶100（Coale and Banister, 1994：468）。

　　一个全国性的样本——包含近 3 万名出生于 1914～1930 年，没有受过教育的中国农村妇女——也显示出这种有意识的已婚生育率控制模式，这些妇女的生育行为不受政府计划生育的影响，也不受现代避

---

① 这些抑制有时是由社区施加的。例如，1947 年，费孝通注意到在广西的瑶族人中，"每对夫妇都只能有两个孩子，不管他们的性别如何。如果他们已经有了两个孩子，再怀孕后就必须流产。那些没有流产，最终分娩而又没有人收养的婴儿，难逃溺死的命运"（费，1947/1998：248）。

② 李和康（Lee and Campbell, 1997：99-101）认为，在这两个由经济萧条导致的低生育率时期，生活条件较好的复合家庭中的父母，其女婴出生率分别减少了 28% 和 51%。而简单家庭中的父母的女婴出生率减少得更多，分别为 42% 与 71%。与此同时，在生育率上升时，复合家庭中的父母的女婴出生率提高了 1/2，而简单家庭中的父母的女婴出生率仅提高了 1/5。

孕方法的影响。儿女双全的妇女与只有女儿或只有儿子的妇女相比，表现出持续一贯的控制模式。在每个胎次上，这些妇女不仅继续生育的比例要低得多，而且她们的生育间隔也较长，结束生育的年龄也更早（Zhao，1998）。

或许并不奇怪的是，即使在当代的中国生育率转变中，这种具有社会差异性的行为也一直存在。个人受教育程度、居住地以及职业，是解释 20 世纪 50 年代至 70 年代初生育率及避孕手段应用状况的重要因素。[①] 从 60 年代起，城里人和受过教育的人使用避孕和流产都要早得多也频繁得多，因而生育率也较低。例如，在 20 世纪 60 年代和 70 年代初，推行全国性计划生育之前，受过高等教育的城市妇女和没有受过教育的农村妇女之间使用流产方法的差别是 10∶1。

由于中国人对于传宗接代的关注，学者们经常错误地认为，在中国，婚姻的唯一目的是生育。事实上，所有参与者首先关注的是如何使配偶融入家庭，从而有助于消费和生产，而非生育。[②] 由于家庭秩序比个人放纵更为重要，因而明显和过度的亲密往往受到强烈的限制。而且生育孩子的数量和时间取决于各种条件，生育必须根据集体的目标和限制与同住的亲属进行协商。结果，夫妇们经常不得不进行婚姻抑制，而一旦婚姻抑制失败就采取溺婴措施。

换言之，无论在封建社会晚期还是当代中国，生育控制都是可能的，因为这种决策几乎从来就不是个人的权利。相反，它一直是一种家庭或社区的决策，甚至是一项国家政策。在这一意义上，目前的计划生育项目仅仅是家庭生育方式向地方社区甚或更大范围的一种延伸。

下一步分析中，我们将探讨中国人口行为对我们认识比较人口过程和比较社会组织的更大意义。为此，我们不仅要分析中国人口体系的历史背景，而且要将西方的个人主义和中国的集体主义的遗产进行

[①] 雷伟力和弗里德曼（Lavely and Freedman，1990）、波斯坦和顾宝昌（Poston and Gu，1987）展示了 20 世纪 80 年代初，在省级水平上，社会经济发展水平与生育率呈负相关关系。伯索尔和贾米森（Birdsall and Jamison，1983）、田心源（Tian H. Yuan，1983）和彭希哲（Peng Xizhe，1989）都得出了类似的结论。

[②] 沃尔夫和黄（Wolf and Huang，1980）详细讨论了这样的家庭所关注的问题，另见 M. 沃尔夫（M. Wolf，1968）。

对比。

　　（原载《人类的四分之一：马尔萨斯的神话与中国的现实 1700—2000》
　　　　一书的第六章，北京：生活·读书·新知三联书店，2000 年。
　　收入本辑时，文字有调整。另，书中出现的参考文献具体信息从略。）

《家庭与性别评论》第 11 辑

第 29~45 页

© SSAP，2021

十八世纪中后期的中国家庭结构

王跃生

摘　要　本研究利用从中国第一历史档案馆所藏乾隆朝刑科题本婚姻家庭类档案中获得的个案资料，对 18 世纪中后期的中国家庭结构进行了考察。研究结果表明，在 18 世纪中后期的中国社会，核心家庭所占比例超过 50%，直系家庭约为 30%，复合家庭不足 10%。这说明核心家庭已成为当时社会的主流家庭形态。文章还对影响家庭结构的因素进行了分析，笔者认为，家庭结构受到社会和自然两种因素的制约。社会性因素对家庭结构的横向扩展或收缩作用比较明显，自然性因素则表现为约束或促进家庭的纵向延伸。

关键词　家庭结构　核心家庭　直系家庭　复合家庭

中国传统社会家庭结构的定量研究一直存在缺乏资料的困难。1987年，许檀利用清人王梦泉的《咸丰十一年九月被难大小男丁妇女节义纪实》中所提供的资料，对山东宁海州的家庭结构做过统计分析，具有一定的开创性。[①] 然而，由于这些被难者出身士绅和富裕家庭的较多，该比例能否反映更大范围的家庭结构状态尚有疑问。因而，怎样发掘新的资料就成为这方面研究得以突破的关键。1998 年，笔者在中国第一历史档案馆查阅了该馆所藏从乾隆四十六年至乾隆五十六年（公元 1781~1791 年）

[①]　该项研究的结果是：核心家庭约占总户数的 35.5%，直系家庭占 29.4%，复合家庭占 33.0%。参见许檀，1987。

共 11 年的刑科题本"婚姻家庭类"档案。这类档案所涉及的主要为因家庭纠纷、婚姻冲突和强奸、通奸而引发的命案。因当事人的供词中有涉及家庭结构的内容，从而构成了本研究的资料来源。笔者从中收集了家庭结构信息相对完整的个案 2000 余个，范围涵盖了当时全国各个省份，具备一定规模。值得注意的是，这些档案中当事人以平民家庭，特别是社会中下层家庭出身者为主，因而具有相当的认识价值。

一　男性当事人的年龄构成

刑科题本作为一种命案档案，当事人以成年男性为多，而传统社会又以夫方居住婚为主，以男性为中心计算家庭谱系。所以，本研究只将男性当事人作为研究对象。先请看他们的年龄结构。

表 1　男性当事人的年龄结构

单位：人

地区	14 岁及以下	15~19 岁	20~24 岁	25~29 岁	30~34 岁	35~39 岁	40~44 岁	45~49 岁	50~59 岁	60 岁及以上	合计
直隶	1	8	23	18	22	14	12	7	5	2	112
山东	0	7	28	34	35	17	19	11	9	3	163
河南	0	10	22	38	29	21	22	7	9	0	158
山西	1	6	15	14	26	23	19	6	4	2	116
陕西	0	3	15	30	16	25	10	9	2	0	110
甘肃	0	0	8	10	6	8	1	5	1	0	39
安徽	0	3	8	18	21	21	14	8	5	3	101
江苏	0	1	18	27	29	19	22	9	4	0	129
江西	0	2	6	9	21	12	13	9	4	0	76
浙江	0	1	8	18	17	11	12	5	5	0	77
福建	1	1	3	14	13	14	8	2	3	0	59
湖北	0	0	14	30	34	24	10	7	8	0	127
湖南	0	4	10	17	17	21	14	8	10	0	101
四川	0	11	33	42	45	28	13	4	8	2	186
云南	0	0	7	13	10	6	8	1	0	0	45
贵州	0	2	6	8	14	6	3	1	2	0	42

地区	14 岁及以下	15~19 岁	20~24 岁	25~29 岁	30~34 岁	35~39 岁	40~44 岁	45~49 岁	50~59 岁	60 岁及以上	合计
广东	0	2	17	12	15	8	3	0	2	0	59
广西	0	2	6	9	4	8	2	2	2	0	35
奉天	0	2	6	1	5	4	7	1	1	0	27
吉林	0	0	1	1	1	3	1	1	1	0	9
京师	0	0	0	2	2	0	3	0	1	0	11
合计	3	65	254	365	382	296	216	103	86	12	1782

资料来源：本表数据均由笔者根据中国第一历史档案馆获得的个案资料汇总所得。以下表格数据来源同此。

由表 1 可知，44 岁及以下中青年是当事人的主体。具体地说，当事人为 15~44 岁者有 1578 人，占总数的 88.55%；14 岁及以下和 60 岁及以上者为极少数，有 15 人，所占比例只有 0.84%；45~59 岁者有一部分，为 189 人，比例也不高（10.61%）。前已述及，这些命案发生的时间上限为乾隆四十六年（1781 年），下限为乾隆五十六年（1791 年）。即使从上限逆溯，也可见绝大部分当事人（至少不低于 90%）出生于乾隆年间。所以，可以认为，本文资料所涵盖的时间跨度约有 50 年。也就是说，这些资料基本上能够反映 18 世纪中后期中国传统社会的家庭面貌。乾隆时代是清王朝政局相对稳定的历史时期，人口稳定发展是该时期的主要表现形式。揭示这一背景下的家庭结构有助于我们认识我国传统社会晚期的家庭结构特征。

同时还应看到，在对家庭结构进行分析时，主要着眼点是成年人口。在当时社会环境下，20 岁人的平均预期寿命为 30 余岁，本项个案调查中 25 岁及以上的当事人是所有当事人的主体，因而他们实际生活的时间范围是 30 年左右，而非 50 年。所以要做出比较准确的时间划分的话，我们观察的家庭结构时期范围就是 18 世纪 60 年代到 18 世纪 80 年代。

二 男性当事人的弟兄数量

笔者之所以关注男性当事人的弟兄数量，是因为他直接关系着家庭结构。根据一般家庭结构理论，只有一对夫妇及其子女构成的家庭为核心家庭，一对夫妇和一对已婚子女及其孙子女构成的家庭为直系家庭，一对夫妇和两对及以上已婚子女及其孙子女构成的家庭为直系复合家庭，两对及以上已婚兄弟及其配偶、子女组成的家庭为一般复合家庭。可见，对于复合家庭而言，家庭成年儿子数量的多少是一个决定性的前提。因为，若只有一个成年儿子，就不可能组成复合家庭。

传统社会高生育率、高死亡率的人口特征使一个家庭难以拥有较多活至成年并进入婚配状态的儿子。这一点在我们所收集的个案中有充分的反映（见表 2）。

表 2　当事人家庭弟兄数量构成

单位：个

地区	1	2	3	4	5	6	7	8	合计
直隶	14	14	2	1	0	0	0	0	31
山东	32	40	13	4	1	0	0	0	90
河南	38	44	3	4	1	0	0	0	90
山西	21	28	10	2	2	0	0	0	63
陕西	27	32	14	8	1	3	0	0	85
甘肃	13	9	6	1	1	0	0	0	30
安徽	24	23	8	4	0	1	0	0	60
江苏	44	28	6	5	2	0	0	0	85
江西	16	27	18	7	2	2	1	0	73
浙江	19	23	9	5	3	0	0	0	59
福建	15	12	6	7	0	0	0	0	40
湖北	21	36	16	8	2	1	0	0	84
湖南	18	25	15	5	3	0	1	0	67
四川	20	36	22	3	4	5	0	1	91
云南	14	6	7	1	1	1	1	0	31
贵州	12	10	7	5	0	1	0	0	35
广东	8	6	5	4	0	0	0	0	23
广西	9	4	4	5	0	0	0	0	22
奉天	4	10	1	3	0	0	0	0	18
吉林	2	3	1	2	1	1	0	0	10
京师	2	3	1	1	0	0	0	0	7
合计	373	419	174	85	24	15	3	1	1094

表 2 是当事人对弟兄数量有明确说明的个案汇总。当事人在供词中表达弟兄数量的方式一般为："父母只生小的一人""并无兄弟""小的弟兄二人""小的弟兄三人"等。可以说这些是弟兄数量信息完整的个案。有些当事人虽于供词中提及一两个兄弟的状况，因没有"兄弟几人"这种归纳性说明，难以确定其弟兄数量，就未予收入。

需要指出，当事人于供词中所说"兄弟二人""兄弟三人"……绝大部分是指当时存活兄弟的数量，或者活到成年的兄弟的数量。可以认为，这些家庭的弟兄数量实际是能直接进入家庭代际传递和更替的人口。

我们可以依据表 2 进一步计算出全国水平的当事人家庭弟兄数量构成比例（见表 3）。

由表 3 可以看出，在 18 世纪中后期，个案所显示的弟兄数量特征是独子和两兄弟家庭占绝大多数，1/3 以上的家庭只有一个成年儿子。各方面的文献资料都表明，在清代中期，当一个人进入成年之时，由其父亲和已婚叔伯组成复合家庭是比较少见的，这方面的情况可以忽略不计。所以，仅从子女数量上看，1/3 以上的家庭失去了建立复合家庭的基本条件。进一步看，有两个成年儿子的当事人家庭所占比例最高，接近总数的40%（38.30%）。它与独子家庭合计，所占比例在 70% 以上（72.40%）。三个兄弟家庭位列第三，其比例已大大下降；四子也有一些，不足 1/10；五子及以上则非常少见（准确地说，能将所生五个及以上儿子都抚养成人的家庭不多）。

表 3 当事人家庭弟兄数量构成比例

类型	1	2	3	4	5	6	7	8	合计
数量（个）	373	419	174	85	24	15	3	1	1094
比例（%）	34.10	38.30	15.90	7.77	2.19	1.37	0.27	0.09	100.00

三 兄弟分爨状况

档案资料对 18 世纪中后期社会条件下兄弟分爨状况有较普遍的反映。在供词中，那些兄弟两个及以上的当事人常常要说明其与父母、兄弟，特别是与兄弟同居（在传统社会，"同居"是指在一个院内居住）还是分居（"分居"指另立门户）。在档案供词中，当事人对"同居"的表达有两种情形：一是同居共爨，二是同居另爨。从经济关系和生活单位上看，"同居另爨"与"分居"有共同的含义，即意味着兄弟各自组成独立的经济单位，从而构成若干独立的家庭。为了方便表述，本文将"同居共爨"作为一类，简称"同爨"；"同居另爨"与"分居"作为一类，简称"分爨"。关于这方面的情况，请看表 4。

我们可对表 4 进行如下处理（见表 5）。

表 5 给人的突出印象是，兄弟分爨具有一定的普遍性，总比例超过 50%。由于尚有 20% 的当事人在提及其父母兄弟时没有明确说明是分爨还是同爨，所以将其列入"不详"一类。这在一定程度上影响了我们对当时社会分爨与同爨现象认识的准确程度。

虽然兄弟同爨类别有 172 人，占 23.99%，可它并不意味着这些同爨者所组成的都是复合家庭。因为他们中间有 142 人并非兄弟都已婚配。有 66 人为兄弟均未婚，他们所组成的是与父母同爨的核心家庭。还有 76 人为兄弟中有已婚者，也有未婚者。这 76 个个案中有相当部分是一个已婚者与其未婚兄弟同父母组成直系家庭；或者父母已故，已婚者同未婚兄弟组成扩大的核心家庭。当然也有一些兄弟三人及以上的家庭，两个或两个以上已婚兄弟同一个或一个以上未婚兄弟组成复合家庭。总的来看，兄弟二人及以上均已结婚而又同爨者所占比例并不高，仅有 30 人，占同爨类别的 17.44%。

分爨类型的分析也是很有意义的。首先看分爨与父母存亡的关系。在传统社会中，父母在世与否对子女同爨还是分爨有重要作用。唐以后、明以前的政府律令对父母在世情况下的兄弟分爨持反对态度。不仅如此，一些宗族对此也加以限制。不过，在实际生活中，这些政策究竟起到多大作用，尚不得而知。明清以来，这些限制逐渐放宽，但原则上仍不准父母在世时兄弟分爨，而子女经与父母协商，得到同意，分爨是允许的。按照个案，父母尚存而兄弟分爨并非个别现象。表 5 的 407 个兄弟分爨的案例中，有 51 个是在父母均在世时进行的，占 12.53%；父存母亡类型的分爨为 27 个，占 6.63%；父亡母存类型的分爨为 108 个，占 26.54%；父母去世类型的分爨为 221 个，占总数的 54.30%。这些比例关系给人的直观感受是：父母在世或父亲在世时兄弟分爨的比例较低，两者合计为 78 个，占 19.16%。

表 4　兄弟二人及以上同爨与分爨类型比较

单位：个

类型地区	同爨				其中		分爨				其中		不详	合计
	父母俱存	父母俱亡	父存母亡	父亡母存	非均婚	均未婚	父母俱存	父母俱亡	父存母亡	父亡母存	非均婚	均未婚		
直隶	1	1		2	(2)		1	7	1	2	(2)		6	21
山东	5	2	3	6	(7)	(6)	2	15	3	7	(2)		8	51
河南	0	1	0	5	(3)	(1)	2	19	2	6	(2)		10	45
山西	5	3	1	6	(8)	(3)	5	17	1	4	(0)		10	52
陕西	2	5	3	5	(8)	(4)	0	11	1	4	(3)		13	44
甘肃	2	1	0	1	(1)	(1)	1	3	1	3	(3)		4	16
安徽	2	0	1	2	(2)	(3)	3	10	1	4	(1)	(2)	8	31
江苏	3	4	1	4	(5)	(4)	2	11	3	10	(5)		6	44
江西	4	4	3	2	(4)	(7)	2	17	1	8	(3)		16	57
浙江	1	2	0	4	(4)	(3)	7	8	2	6	(7)		7	37
福建	2	1	0	2	(1)	(4)	1	9	0	2			3	20
湖北	3	8	1	4	(9)	(4)	7	18	1	11	(1)	(1)	15	68
湖南	6	3	0	6	(5)	(7)	4	13	4	6	(2)	(1)	9	51
四川	7	6	0	3	(7)	(9)	7	23	5	17	(5)		8	76
云南	2	0	0	1	(0)	(3)	2	6	0	2	(0)		6	19
贵州	3	0	1	0	(2)	(2)	0	13	1	7	(4)		1	26
广东	1	0	2	0	(3)	(1)	0	6	0	2	(1)		4	15
广西	1	1	0	1	(2)	(0)	1	4	0	4	0		2	14
奉天	2	1	0	0	(1)	(2)	3	8	0	2	(1)		1	19
吉林	1	3	0	0	(1)	(2)	0	3	0	0			0	8
京师	0	0	0	1	(1)		1			0			1	3
合计	53	46	16	57	(76)	(66)	51	221	27	108	(44)	(4)	138	717

说明：1. 括号中的数字不再计入各省和全国数字之中。

2. 按照表 2 统计，独子以外的其他个案数应为 721 个，而本表所收兄弟二人及以上个案数为 717 个，相差 4 个。而在各省的两个数字之间也有明显不同。这是由于两项统计的要求有差异所造成。表 2 所收为确切的弟兄数量，一些当事人虽有弟兄，却没讲明具体弟兄数量，故未收入。本表重在了解兄弟二人及以上者的居住状况，各个当事人对同爨分爨的说明是不同的。一些当事人有弟兄数量说明，却没有交代同爨还是分爨，我们将其列为"不详"类；另一些虽没讲清兄弟的具体数量，却有与一个兄弟同爨或分爨的说明，因而将其收入这项统计中。

表5 兄弟二人及以上同爨与分爨类型比例

单位：个

同爨				分爨				不详	合计
172（23.99%）				407（56.76%）				138（19.25%）	717
父母俱存	父母俱亡	父存母亡	父亡母存	父母俱存	父母俱亡	父存母亡	父亡母存		
53	46	16	57	51	221	27	108		
非均婚		均未婚		非均婚		均未婚			
76		66		44		4			

由此似乎可以说明父母在世或父亲在世的情况对兄弟分爨会起到一定的抑制作用。而父亡母存的分爨超过1/4，达26.5%，表明母亲对儿子分财另爨的约束力小于父亲；父母俱亡类型的分爨则没有了长辈的干预，比例超过50%。不过仔细观察，后两类情形，特别是父母俱亡类型也有一些具体问题需要注意。那就是，我们只知道案发时当事人父母已故，并且兄弟已处于分爨状态，而不清楚具体的分爨究竟发生在父母去世前还是去世后。

那么，父母在世或父母一方在世时的兄弟分爨会构成什么样的家庭结构呢？按照个案有以下几种类型。1. 父母只与一个儿子共爨，而将其他一个或几个儿子分出，由此形成一个直系家庭和一个及以上的核心家庭。这种情形是比较普遍的。2. 父母将一个已婚儿子分出，而与其他一个或几个未婚儿子生活在一起，因此至少有两个核心家庭。3. 诸子分爨，轮流赡养父母，在安徽、江苏、四川、湖南和山西等省，都有这类个案，尤以安徽居多。这实际是多个核心家庭。

需指出，在分爨类型个案中，有一定数量是在兄弟并非均婚情况下进行的，并且这又多发生在父母去世之后。按照一般的看法，父母去世后，已婚兄长有责任为未婚兄弟完成婚姻大事，而这些个案所反映的是已婚兄长或弟弟与未婚弟弟或兄长各自生活，独立谋生，形成一个单人家庭和一个或几个核心家庭的结构。更有甚者，还有4例是兄弟均未婚配而分爨的类型，他们各自组成单人家庭。兄弟分爨异居意识之强由此可见一斑。

四　家庭同爨代数

家庭同爨代数的考察是认识家庭结构的重要内容。本研究的结果先请看表6。

可将表6简化为表7。

由表7可知，在家庭同爨代数中，两代所占比重最大，一代次之，三代又次之，四代则属个别情况。三代类型中，直系三代是标准的直系家庭，他们占总数的12.74%。另外还有8个为四代直系家庭，占0.61%。然而，这不是直系家庭的全部。二代同爨家庭类型中也有相当部分为直系家庭。其中已婚与父母同爨类型（不含已婚兄弟）实际是二代直系家庭，数量为207个，所占比例为15.69%。二代、三代和四代直系家庭合计占29.04%。核心家庭主要由二代和一代同爨家庭构成。二代中，未婚与父母同爨者和自身与未婚子女同爨者为核心家庭的标准类型，其数量为562个，占总数的42.61%。一代中的夫妇同爨类型也是核心家庭，总数为197个，所占比例为14.94%。由此，核心家庭的总比例为57.54%。复合家庭中一种是三代复合家庭，有69个，占5.23%；一种是父母已故、已婚兄弟构成二代复合家庭，有14个，占1.06%；还有一种是已婚和父母及已婚兄弟同爨的二代复合家庭，有3个，占0.23%。三者合计占6.52%。残缺家庭有19个，占1.44%。单人家庭有72个，占5.46%。

那么，家庭同爨代数在地区之间有无区别呢？

依据表8，就样本量超过50个的省份而言，三代同爨类型中，北方省份除河南之外，均在全国平均水平之上，南方省份普遍较低，只有江西、湖北、云南和广西在全国水平之上。北方的山东最高，为30.09%；南方的广东和福建最低，分别只有7.14%和7.89%。这表明地区之间的差别是显著的。值得注意的是，三代同爨家庭与二代同爨家庭的比例有很大关系。三代同爨比例高的省份，其二代同爨比例相应降低。如二代同爨比例超过60%的省份，三代同爨比例也偏低。当然，也有例外，如江西的二代同爨家庭处于高水平，而其三代同爨比例也在平均水平之上，原因是该省一代户处于低位，一代户的地区分野并不明显。不过，一代户超过30%的省份主要分布于南方地区。总的来看，二代户在各省均是比例最大的类别，即使比例最低的省份，也接近50%。一代户的构成形式很复杂，它可以是夫妇核心家庭，也可以是未婚兄弟姐妹组成的残缺家庭，还可以是寡居、鳏居的单人家庭。然而，其所占比例较高的直接影响是减少了有关省份直系和复合家庭的份额。

表6　家庭同暴代数基本数据

单位：个

类型地区	一代					二代						三代		四代	合计
	夫妻一代		未婚兄弟姐妹一代	单人		已婚与父母		未婚与父母	自身与子女			直系三代	复合三代	直系四代	
	父母已故	父母未故		丧偶者	一般单人	不含已婚兄弟	含已婚兄弟		父母已故		父母未故				
									不含已婚兄弟	含已婚兄弟					
直隶	14	1	0	0	0	12	0	6	12	2	1	11	2	0	61
山东	12	0	3	1	5	21	0	11	20	2	2	27	7	2	113
河南	15	5	1	2	6	27	0	17	28	0	4	16	2	0	123
山西	10	3	0	1	3	25	0	9	33	1	5	13	8	0	111
陕西	6	10	1	0	4	11	1	15	17	1	2	6	12	0	86
甘肃	4	2	0	1	1	3	0	3	8	0	2	6	2	0	32
安徽	9	1	2	0	6	11	2	9	17	0	6	11	3	3	80
江苏	6	3	3	1	7	16	0	6	23	1	5	6	5	1	83
江西	5	1	1	0	2	4	0	12	17	3	3	11	1	0	60
浙江	5	4	3	0	4	9	0	5	8	1	3	5	3	0	50
福建	2	1	0	0	6	2	0	11	12	0	1	2	1	0	38
湖北	12	2	1	0	5	8	0	12	30	0	8	17	6	0	101
湖南	13	3	1	2	4	5	0	12	18	1	8	4	4	0	75
四川	18	4	1	0	2	21	0	16	37	1	8	12	3	1	124
云南	2	0	1	0	3	7	0	8	4	0	0	6	1	0	32
贵州	4	5	1	0	3	4	0	4	13	0	3	4	1	0	42
广东	5	2	0	0	1	9	0	3	6	0	0	1	1	0	28

续表

类型\地区	一代 夫妻一代 父母已故	一代 夫妻一代 父母未故	一代 未婚兄弟姐妹一代	单人 丧偶者	单人 一般单人	已婚与父母 不含已婚兄弟	已婚与父母 含已婚兄弟	未婚与父母	二代 自身与子女 父母已故 不含已婚兄弟	二代 自身与子女 父母已故 含已婚兄弟	二代 自身与子女 父母未故	三代 直系三代	三代 复合三代	四代 直系四代	合计
广西	4	1	0	1	0	5	0	2	9	1	4	6	2	0	35
奉天	0	1	0	0	0	4	0	3	6	0	4	2	3	1	24
吉林	2	0	0	0	1	0	0	1	3	0	1	1	1	0	10
京师	0	0	0	0	0	3	0	1	4	0	1	1	1	0	11
合计	148	49	19	9	63	207	3	166	325	14	71	168	69	8	1319

说明：表内类型中的"父母未故"包括了只有父母一方尚在的情形。

表 7　家庭同暴代数类型比较

类型	一代 288 (21.83%)					二代 786 (59.59%)						三代 237 (17.97%)		四代 8 (0.61%)	合计 1319 (100%)
	夫妻一代 父母已故	夫妻一代 父母未故	未婚兄弟姐妹一代	单人一代 丧偶独居	单人一代 未婚单人	已婚与父母 不含已婚兄弟	已婚与父母 含已婚兄弟	未婚与父母	自身与子女 父母已故 不含已婚兄弟	自身与子女 父母已故 含已婚兄弟	自身与子女 父母未故	直系三代	复合三代	直系四代	合计
合计（个）	148	49	19	9	63	207	3	166	325	14	71	168	69	8	1319

表 8 家庭同爨代数的地区差异

单位：（个）

地区	一代	比例（%）	二代	比例（%）	三代	比例（%）	四代	比例（%）	合计
直隶	15	24.59	33	54.10	13	21.31	0	0	61
山东	21	18.58	56	49.56	34	30.09	2	1.77	113
河南	29	23.58	76	61.79	18	14.63	0	0	123
山西	17	15.32	73	65.77	21	18.92	0	0	111
陕西	21	24.42	47	54.65	18	20.93	0	0	86
甘肃	8	25.00	16	50.00	8	25.00	0	0	32
安徽	18	22.50	45	56.25	14	17.50	3	3.75	80
江苏	20	24.10	51	61.45	11	13.25	1	1.20	83
江西	9	15.00	39	65.00	12	20.00	0	0	60
浙江	16	32.00	26	52.00	8	16.00	0	0	50
福建	9	23.68	26	68.42	3	7.89	0	0	38
湖北	20	19.80	58	57.43	23	22.77	0	0	101
湖南	23	30.67	44	58.67	8	10.67	0	0	75
四川	25	20.16	83	66.94	15	12.10	1	0.81	124
云南	6	18.75	19	59.38	7	21.88	0	0	32
贵州	13	30.95	24	57.14	5	11.90	0	0	42
广东	8	28.57	18	64.29	2	7.14	0	0	28
广西	6	17.14	21	60.00	8	22.86	0	0	35
奉天	4	11.76	22	64.71	7	20.59	1	2.94	34
吉林	0	0	0	0	0	0	0	0	0
京师	0	0	9	81.81	2	18.18	0	0	11
合计	288	21.83	786	59.59	237	17.97	8	0.61	1319

五 父母存亡与家庭结构的关系

父母存亡与家庭结构的关系在当代社会中渐趋弱化，但在传统社会中这种关系是不可忽视的。一方面，父母存亡对兄弟分爨具有一定的影响力。另一方面，父母的存在直接增加家庭的同爨代数，从而增加直系家庭的比例构成；否则，家庭代数将减少，家庭结构会简化。

表 9 资料对于我们了解直系家庭和直系复合家庭的比例具有重要意义。

根据个案资料，当事人在 40 岁以下年龄段虽已结婚生子，大多不会见到孙辈子女。要想构成直系家庭，就必须同其父母居住在一起。依据表 9，不少人由于父母的过早亡故已不具有这个条件。具体来看，在 39 岁及以下，父母俱亡类型有 355 个，占总数的 26.03%；父亡母存类型为 325 个，占总数的 23.83%；父存母亡类型有 118 个，占总数的 8.65%；父亡母嫁类型有 25 个，占总数的 1.83%。根据上述比例，若以 39 岁为界（当事人不能直接与孙辈组成直系家庭，而依赖同父母居住在一起来构成直系家庭），在总数 1364 个当事人中有 1/4 的人不能组成直系家庭。

表 9　子女年龄与父母存亡个案汇总

单位：（个）

子女年龄（岁）	父母存亡分类					合计
	父母俱存	父母俱亡	父亡母存	父存母亡	父亡母嫁	
14 岁及以下	2	0	3	0	0	5
15~19	23	7	15	11	2	58
20~24	55	40	50	32	5	182
25~29	63	84	91	31	8	277
30~34	54	111	97	22	6	290
35~39	26	113	69	22	4	234
40~44	13	98	30	2	2	145
45~49	5	65	24	2	2	98
50~54	0	34	9	4	0	47
55~59	0	19	2	0	0	21
60 岁及以上	0	7	0	0	0	7
合计	241	578	390	126	29	1364

我们在对个案当事人的婚姻行为进行分析时发现，18 世纪中后期全国女性平均初婚年龄为 17.41 岁，男性为 22.15 岁。至于初婚和初育的间隔，会因人而异。一般认为为 3 年（王丰、李中清，1994）。而初育儿子的间隔会有所延长，有学者认为为 3~5 年（刘素芬，1994）。若采用这些标准，那么可知，当时女性的初育年龄为 21~23 岁，男性为 25~27 岁；初育儿子的年龄，女性可能延至 24 岁左右，男性则在 28 岁左右。由此可将当事人见不到孙辈子女的年龄延至 40~44 岁。这样，在 44 岁及以下，

父母俱亡类型有 453 个，占总数的 33.21%；父亡母存类型为 355 个，占总数的 26.03%；父存母亡类型有 120 个，占总数的 8.80%；父亡母嫁类型有 27 个，占总数的 1.98%。所以，若以 44 岁为界，那么总数 1364 个当事人中有 1/3 在结婚后失去了组成直系家庭的客观条件。

前已述及，对兄弟分爨倾向有抑制能力的主要是父亲。若考虑到兄弟之间的年龄差距，当事人在 34 岁时本人及兄弟大多已婚配，那么这时其父亲存亡的比例是多少呢？由表 9 的数据可知，34 岁及以下与父亲亡故有关系的类型为"父母俱亡"类，有 242 个，占 17.74%；"父亡母存"类为 256 个，占 18.77%；"父亡母嫁"类为 21 个，占 1.54%。三者合计为 38.05%。然而应该看到，表 9 中儿辈年龄和父母存亡的对应数据只是说明相应年龄段的当事人案发时父母是在世还是去世。对于父母已亡故的当事人来讲，并不意味着其父母就是在研究所划分的年龄段去世的。如 30~34 岁的当事人的父母有可能是在当事人 20~24 岁的时候亡故。同样，在 35 岁及以上的当事人中，也肯定有一部分父母是在当事人 34 岁及以下的时候亡故。这样，当事人 34 岁及以下父亲亡故的比例要高于 38.05%。根据王丰、李中清对皇族人口所做的研究，在 18 世纪中后期，约有一半的父亲未活到 45 岁（王丰、李中清，1994）。按照上面初婚和初育年龄推算，父亲 45 岁时儿子年龄约为 20 岁，正是婚配或婚配不久的年龄。可见，由于父亲的过早去世，对兄弟两个及以上的当事人来讲，家庭分爨的内部约束程度已大大降低。这会直接影响到分爨的比例。对此，表 5 数据已有显示。

六　讨论

目前，中国传统社会的累世共居同爨的大家庭不占很大比例的认识已为多数研究者所接受，而在对家庭结构的具体分类研究中，人们得出的认识往往是直系家庭和复合家庭，特别是复合家庭还占有较大的比例（许檀，1987）。① 本研究的结果与现行认识却不尽相同。本研究的结果是：

---

① 许檀的研究前面已经提到。另外，美籍华人学者李中清在 1998 年于北京召开的欧亚人口与家庭历史国际学术研讨会（Eur Asian Project on population and family history International Meeting）提交的论文《欧亚社会组织和人口行为 1750~1900：多区域的重新评价》中指出：在中国，父母、孙子、叔叔、姑姑、侄子侄女等居住在一起的大家庭达到 60% 以上。从其列举的家庭成员来看，这显然是指直系以上家庭所占比例。

复合家庭为 6.52%，直系家庭为 29.04%，核心家庭为 57.54%，单人家庭为 5.46%，残缺家庭为 1.44%。这一比例和笔者此前对家庭结构的直接统计是接近或基本一致的（该研究的结果是：复合家庭占 6.75%，直系家庭占 30.47%，核心家庭占 57.02%，单人家庭占 4.53%，残缺家庭占 1.23%。[1] 两者的样本量有一定差距）。可见，依据本项个案汇总研究，核心家庭占有优势地位，直系家庭也占有一定比例，而复合家庭比重较低。

人们不禁要问，本研究在多大程度上接近客观实际呢？我们可以将其与现当代的有关调查作初步比较。根据费孝通先生对江村的调查，1936年，江村的不完整核心家庭为 27.6%，核心家庭为 23.7%，直系家庭（费先生称核心家庭之外还包括其他成员：大多是配偶死亡后和其已婚子女共同生活的鳏父或寡母，也有些是其他较远的亲属，甚至没有亲属关系的人。可见直系家庭为主要部分，其他可视为扩大核心家庭）为 38.4%，联合家庭（儿女成婚后继续和父母在一个单位里生活，还有兄弟成婚后都不独立成家，实际是直系家庭和直系复合家庭）占 10.3%（费孝通，1985）。由此不难看出，两项调查结果的比例是比较接近的。当然，因两项调查的观察范围不一样，对家庭结构类型的定义也有差异，这种比较只能是粗线条的。至于对现代家庭结构的调查结果与本项研究结果相较，有差异也有相似之处。马侠先生主持的对北京、福建、浙江、江苏、山东、陕西、四川七省市农村家庭结构的调查结果为，1980~1981 年核心家庭为 36.38%，直系家庭为 54.09%，直系联合家庭为 3.42%，其他占 6.09%（马侠，1985）。另外一些有代表性的小型调查的结果多反映了改革开放之初的家庭结构状况。比较普遍的结果是：核心家庭比例在 60% 以上，直系家庭在 30% 以下，联合家庭为 10% 以下（潘允康，1986）。可见这种状态与 200 年前有惊人的相似之处，当然其制约因素可能有所不同。预期寿命的延长将使当代人更容易组成直系以上家庭，而其比例没有多大变化，或许说明家庭的裂变频率提高了。

本研究表明，在 18 世纪中后期的中国社会，成年独子家庭占家庭总数的 34%，二子及以上家庭达到 66%，组成高比例的复合家庭是可能的，但事实上复合家庭仅占 6.52%，核心家庭却超过了半数。那么，在中国

---

[1] 见王跃生，2000b。该项研究的样本量为 1303 件。

传统社会中，为什么核心家庭的比例最高，直系家庭和复合家庭的比例又不如人们推测的那么高呢？哪些因素发生了较大作用？总体来看，其影响因素大体可分为两类：一类是社会性因素，一类是自然性因素。至于它们的作用方式，大致说来，社会性因素对家庭结构的横向扩展或收缩作用比较明显，自然性因素则表现为约束或促进家庭的纵向延伸。

从社会性因素来看，家庭的经济状况是影响家庭结构的重要方面。一般来说，在富裕家庭中，子弟婚配及时，易于形成直系以上的大家庭；而贫穷家庭子弟婚配不及时则会产生相反的结果。同时，富裕家庭成员生活相对稳定，婚后向外迁移流动的概率要小于迫切谋生的贫穷家庭，从而使家庭有着不同的分化速度，而且没有土地等不动产家庭的分爨要比富裕家庭容易得多。我们的个案显示，在 18 世纪中后期的中国社会中，贫困家庭比例较高。具体来说，个案中来自自耕农及以上家庭（包括地主、举贡生监、店主和自耕农）者约占 43%，其他相对贫困家庭（包括佃农、佣工、工匠、小商贩、脚夫、船工、渔夫、剃头匠等）占 57%（王跃生，2000b）。这与清人对 18 世纪土地占有状况的估计（有产并可借此维持生计者在 40% 左右，而靠租佃土地和做各种形式的佣工为生者占 60%）很接近。他表明，当时社会分化突出，佃农和雇农占总人口的大多数。由于经济条件的限制，他们很难组成和维系直系以上这样的大家庭。

兄弟分爨行为普遍、分家动力较强也是重要的社会性因素。从个案中可以看出，在 18 世纪中后期的中国社会中，父母兄弟的分爨在普通百姓家庭中占有较高比重。婚后同妻子、儿女组成核心家庭成为广泛的居住方式。当然，父母在世的情况下，多子家庭采用的是父母同一个已婚子女或未婚子女居住，而将其他子女分离出去的方式，形成一个直系家庭和多个核心家庭的家庭居制。两个及以上已婚兄弟以横向扩展方式组成复合家庭则降至次要地位。而独子家庭在父母在世之时，基本上保持直系家庭的生活方式。从逻辑上说，分爨的动力是始终存在的。这里把它提出来，是因为本研究的 2000 余个案例使笔者对此有强烈的感受，尽管目前尚无法确证这是否与明以来官方放宽对分家的限制有关。

从自然性因素上看，父母特别是父亲预期寿命普遍较低是导致直系和复合家庭结构比例构成并不如想象的那么高的重要原因。这是因为父母的亡故，特别是早故不仅直接减少了一般直系和直系复合家庭的存在比例，而且使已婚甚至未婚子女所受外部约束减轻，从而加速了兄弟分爨的步伐。可见，在 18 世纪，父母平均寿命不高成为家庭代际延伸的重要障碍，或许这也是中国传统社会影响家庭代际延伸的重要因素。因此，在 18 世纪家庭结构中核心家庭所占比例最高、直系家庭居于第二位、复合家庭比例较低是当时多种因素作用的结果。

参考文献

费孝通，1985，《论中国家庭结构的变动》，载《费孝通社会学文集》，天津人民出版社。

姜涛，1993，《中国近代人口史》，浙江人民出版社。

刘翠溶，1992，《明清时期家族人口与社会经济变迁》，"台北中研院"经济研究所。

刘素芬，1994，《清代皇族婚姻与宗法制度》，载李中清、郭松义主编《清代皇族人口行为和社会环境》，北京大学出版社。

马侠，1985，《中国人口家庭规模和结构》，载中国社会科学院人口研究所编《中国人口年鉴》，中国社会科学出版社。

潘允康，1986，《家庭社会学》，重庆出版社。

王丰、李中清，1994，《两种不同的节制性限制机制：皇族人口对婚内生育率的控制》，载李中清、郭松义主编《清代皇族人口行为和社会环境》，北京大学出版社。

王跃生，2000a，《清代中期婚姻行为分析》，《历史研究》第 6 期。

王跃生，2000b，《十八世纪中国家庭结构分析——立足于 1782~1791 年的考察》，载李中清、郭松义主编《婚姻家庭与人口行为》，北京大学出版社。

杨子慧，1996，《中国历代人口统计资料研究》，改革出版社。

许檀，1987，《清代山东的家庭规模和结构》，载《清史研究通讯》第 4 期。

（原载《中国社会科学》2000 年第 2 期）

《家庭与性别评论》第 11 辑

第 46~69 页

© SSAP，2021

20 世纪 30 年代前后中国农村家庭结构分析

——以社会调查数据为基础

王跃生

摘　要　本文基于 20 世纪 30 年代及其前后农村社会调查数据，分析这一时期的家庭结构。根据本项研究，当时中国农村家庭结构具有较明显的南北分野。华北地区核心家庭、直系家庭和复合家庭并存，东南、华南地区则以核心家庭和直系家庭为主，复合家庭所占比例很小。华北农村家庭结构与近代之前的传统模式具有承继关系，多代同居、兄弟合爨做法在父家长约束之下得以存在和维系；父家长去世后，兄弟多分家，大家庭解体。东南、华南农村以核心家庭和直系家庭为主有传统因素的作用，但是当地佃农经济相对发达，乡居地主较少，农村大家庭生成和维系困难；而在工商业比较发达的城镇附近，农村劳动力非农流动增多对大家庭的存在基础有瓦解作用，小家庭因此进一步增长。通过本项研究，我们得以建立近代之前—民国—现代农村家庭结构及其变迁的认识逻辑。

关键词　20 世纪 30 年代前后　家庭结构　中国农村

家庭结构是对民众生活方式、居住偏好的直接反映，往往具有时代或时期特征。在当代，人口普查数据和大量中小型家庭调查数据是分析家庭结构及其变动的基本资料。而在近代之前，官方只有户、口汇总数据留存下来，借此只能计算户人口规模，难以认识家庭结构。这种情形到 20 世纪 20 年代中期之后开始有所改变，一批中外学者对中国各地农村进行调查，其中包含了家庭、家户成员及其关系信息，为家庭结构分析提供了可能。然而，无论当时的调查者还是后来人，对这些调查结果的探讨和解读还很不够，甚至说存在认识误区。本文将以这些调查数据为基础，并结合一些回溯性调查数据，试图对 20 世纪 30 年代前后中国农村的家庭结构状态、特征和形成原因进行探究。

一 研究说明

（一）20 世纪 30 年代前后农村家庭结构研究的意义

民众居住方式深受社会、经济制度和环境的影响，还与社会发展阶段及劳动力谋生方式有关。1911 年辛亥革命推翻了清王朝统治，中国延续数千年的帝制由此终结。20 世纪 20 年代之后至 30 年代，沿海、沿江地区具有近代意义的工商业城市在清末初步兴起的基础上获得进一步发展，并吸引相邻地区农业劳动力转移出去，民众以农耕为主的就业结构逐渐有所改变，这有可能对家庭结构产生影响。另外，民国以来，民主意识、男女平等观念对家长制、家系传承方式等传统家庭规范具有潜移默化的消解作用，这也有可能在居住方式上表现出来。不过，也应看到，当时的土地私有制度并没有受到触动，并且多数地区民众的谋生方式依然以农耕为基础。那么，这一社会经济背景之下，农村的家庭结构是以保持"传统"为主，还是呈现"现代"趋向。这是一个理论价值较高的问题，有必要进行专门探究。

无论是传统时代还是当代，家庭都是社会组成的最基本单位。中国近代之前，由于社会保障制度缺乏，政府和民间组织注意维护家庭的育幼、养老功能，鼓励亲子同爨、已婚兄弟共财。多世代血缘亲属在父家长的约束下共同生活，这使家庭成员，特别是老幼之人的基本生存具有保障，进而有利于家庭乃至社会秩序的维护。官、私文献中充满了对世代同居共爨大家庭表彰的内容，不同形式的社会规范将此视为楷模，大力倡导。它深刻影响了后世人们的观念和认识，使得官方所倡导、表彰的家庭形态具有普遍性。不同朝代的政府虽有户口编审之举，但这些汇总户口数据信息简单，人们据此难以认识当时家庭结构实态。就目前来看，从整体上复原传统时期的家庭形态有较大难度。这在很大程度上限制了人们对当时家庭结构状况的把握。

民国以后，特别是 20 世纪 20 年代中期以来，一批在欧美国家受过社会学、人类学和人口学训练的学者回国，在刚刚起步的大学创办社会学、人类学等研究或教学机构。农村考察、田野调查成为这些学者及其学生获取研究资料、数据的重要途径。其中多数调查为涉及农村政治、经济、社会、民俗的综合调查，而家庭问题是其中一个重要内容。比较著名的有李景汉的定县社会概况调查、乔启明等人组织的河北等 11 省 22 处调查、吴顾毓的山东邹平县调查、费孝通的江村调查、陈达的云南呈贡县调查等。此外，一些外国机构和学者 20 年代之后也介入对中国农村社会的调查。

我们认为，若将 20 世纪 30 年代前后农村调查中的家庭信息加以开发利用，或许能对依然保持传统生活方式、在部分地区出现经济变革时期的家庭结构状态有所把握。不仅如此，它还有助于人们以此为基础向上透视传统家庭结构，向下认识其新变动及其趋向。更重要的是，它对建立中国家庭结构在三个时期，即传统（近代之前）—半传统半现代（30 年代）—现代（新中国成立后）之间的逻辑关系将有直接帮助，进而提升对家庭结构的理论认识。或许可以说，30 年代中国农村家庭结构状况是我们认识传统与现代家庭结构的一个重要基点，借此可打通传统与现代家庭考察的时空阻隔，提高对历史时期中国家庭结构演变轨迹和特征的认识。

民国时期社会调查中的家庭资料已经成为当代人认识该时期家庭结构的重要资料，已有学者对此做过开发，如郑全红《中国家庭史》第五卷（民国时期）设专章分析家庭规模与家庭，即以这批资料为基础。她据此得出结论，当时核心家庭和主干家庭是家庭形态的主流形态（郑全红，2005）。乔志强主编的《近代华北农村社会变迁》（第三章，家庭：规模、结构、关系、功能），使用了李景汉的定县调查资料，认为当时小家庭规模中存在大量的大家庭，这正是华北农村家庭结构的特点所在（乔志强，1998）。马侠在进行当代家庭（20 世纪 80 年代初）与民国家庭比较时也以李景汉的定县调查作为参照，以此说明当代三代家庭（占比 18.79%）较李景汉定义调查的时期（三代及以上占 48.53%）明显降低（马侠，1984）。就现有文献看，对 20 世纪 30 年代前后调查资料的开发还很不够，特别是缺少论题集中、分析细致论文类成果，已有研究从中得出的认识既有中小家庭为主导的，也有多代大家庭占较高比例的，差异较大。

值得注意的是，当代家庭研究者试图通过回溯调查来认识民国特定地区家庭结构的状态，可追溯的源头最远为民国中后期。笔者利用 1964 年四清时期阶级成分档案复原了 1944 年冀南 5 个村庄的家庭结构，发现在平原、丘陵和山区存在差异，不同成分者之间也有不同。总体上当地农村具有大小家庭并存特征（王跃生，2003）。郑振满曾调查 20 世纪 30 年代前后结婚、90 年代尚健在的 50 个妇女初婚时的居住方式，发现她们多数在直系和复合家庭生活。当然，这只能说明一些个体在特定生命阶段的家庭结构，不能推断一个村庄具体时点家庭结构的总体状况（郑振满，2000）。这两个地区农村多兄弟家庭都流行兄弟均婚后才有可能分家的做法，甚至要等到父家长去世后才考虑分家。这使复合家庭得以存在并保持在一定水平。

我们认为，民国时期的家庭结构仍是一个需要进一步探讨的问题。特别是纯粹以家庭规模和代数为分析视角时，往往看不出不同代际成员中已婚者对数，对家庭类型的识别显得简单。即使特定时期和地区核心家庭、直系家庭成为多数，也不能将其混称为小家庭主导。两类家庭各自构成比例的高低往往有不同的家庭功能、代际关系含义。

我们将通过研读 20 世纪 30 年代前后社会调查中的家庭数据来进行尝试。

（二）数据及其优缺点

本文所使用社会调查数据的时间范围在 1928～1946 年，相对集中于 30 年代，故我们将其概称为 20 世纪 30 年代前后。这些调查的空间范围，既有以一个村庄为对象的考察，也有在一个县份乃至数个省份所进行的具有抽样性质的调查。我们认为，在对家庭结构分析时，基于村庄的调查更有价值。

需要指出的是，这些调查多为针对农村社会的综合调查，而非家庭专项调查，家庭信息只是其中一部分。多数调查收集了调查地区的家庭规模、家庭关系信息，但与家庭结构有关的类型识别或者较粗略，或者付之阙如。更重要的是，我们现在所见到的调查数据多属分类汇总，没有所调查家庭的户主与户内成员关系的信息，这为识别家庭类型带来了困难。还有，一些对家庭进行了初步分类的调查数据，与现代家庭结构分析方法难以对接。这都需要在利用中加以克服。

（三）民国时期家庭定义、类型识别方法及其不足

我们既然要以 20 世纪 30 年代前后的调查数据为基础分析家庭结构，那么首先应知道当时的调查者是如何对家庭进行定义和分类的，与当代的异同是什么？

1. 民国时期的家庭定义

民国时期研究者对家庭的定义不尽相同。但总体上，当时学者之间的分歧并不大。比较有代表性的观点为：

一是将家庭分为自然家庭与经济家庭，前者包括与家主同居之直系长亲属、平亲属及卑亲属和旁系的长亲属、平亲属及卑亲属，后者则在直系及旁系亲属外，尚有雇农及家庭佣工（张折桂，2005）。蒋旨昂在北京昌平卢家村调查中也采用这种分类。在我们看来，自然家庭实际为 Family，经济家庭为 Household。陈达则将亲属和非亲属成员混合组成的经济单位称之为"户"，而家则是由血缘、姻缘关系的成员所组成（陈达，1981）。总的来看，这一分类与当代多数研究者是基本一致的。

二是将有无经济关系视为是否属于家庭成员的关键条件。家庭成员包括一切共同生活的人，"凡与家庭经济有密切关系者，都算在家庭人口内，有的虽未在家居住，如在外谋生之人，或在外求学之学生，为保留本籍的原则，亦得算为一家。凡已脱离家庭经济关系者，虽仍在一家居住，亦不得算是一家"（李柳溪，2009）。20 世纪 30 年代初上海沪江大学教授 H. D. Lamson 在一项调查中指出家庭包括以下成员：1. 在农村生活中成为一经济单位者；2. 虽未同居于一家庭内，却常将他们的工资寄作家用者；3. 学生与学徒，他们不在农村中生活，但他们需要家庭的帮助（H. D. Lamson，2005）。在这些学者看来，是否属于同一家庭的成员，经济因素最为重要，血统关系则是次要原因。该分类兼顾了共同生活成员与没有共同生活但与户内成员存在密切经济关系者，可谓家庭成员和户成员分类的混合。它与当代人口普查中的家庭户成员定义是不同的。

值得注意的是，民国时期，一些农村保公所的户口册上如此定义家庭：一个自立门户，经济上收入与支出都是独立的一家人（赖才澄，2005）。这一家庭定义有三个关键词：自立门户、收入与支出独立和

一家人。这有助于理解亲子分爨、兄弟分家后各自形成的生活单位，只要收支上独立且单立户头，即属于一个家庭。这与当代的家庭定义基本相同。总之，民国时期的多数调查者将共同生活且有血缘、姻缘关系者视为家庭的基本成员，有血缘、姻缘关系而不在户内生活（一定时间内出外谋生）却与户内成员保持密切经济关系者也视为家庭成员。这与当代的家庭定义是一致的，但与家户定义不同，后者强调以共同生活为判定依据（配偶出外工作、子女出外上学超过一定时间如半年以上则不属于家户成员），佣工等非血缘成员也包括在内。不过，在民国时期的农村，家庭成员长期出外比例不高，多数家庭是以共同生活的血缘、姻缘及收养关系成员为组成基础的。

2. 家庭结构的分析方法

家庭结构研究的基础是对不同家庭共同生活成员进行分类，据此识别出核心家庭、直系家庭（主干家庭）、复合家庭（联合家庭）、单人户等及其构成比例。这是当代普遍采用的方法，但民国时期则有不同。其代表性的方法主要有两种。

（1）大、小家庭法

按照当时学者对家庭的分类，由夫妻子女组成的家庭叫小家庭，若把父亲或祖父以上及有直属血缘关系的人都算作一个生活单位的成员就算大家庭（赖才澄，2005）。不过，在我们看来，真正能称之为大家庭者，不仅直系代数多，而且还有偏系成员，特别是已婚兄弟尚未独立出去，大家同居共爨；而父母仅与一个已婚子女生活并非真正的大家庭。因而，我们认为，将当时的家庭分为大家庭（复合家庭为主）、中等家庭（直系家庭为主）和小家庭（核心家庭为主）三大类更有说明意义。

（2）行、代分析法

1929 年许仕廉在一项调查报告中提出，分析家庭组织的方法有两种：一种是直的方法，即问一家内的人口分几支，例如已婚的弟兄或堂兄弟；一种是横的方法，即问同一家内有几代仍合居。按照直的方法，凡家长的嫡系或家长父母的嫡系，均算一支，而未婚的兄弟姊妹则算作半支（许仕廉，2009）。有学者称这一方法是燕京大学教授杨开道发明，其计算代数的方法是，以已婚的男子或女子为一代，未婚者为半代；计算支数的方法是，以已婚的男子或女子为一支或行，未婚的男女为半行（武寿铭，

2009）。现在看来，在认识家户结构方面，这是一种很粗的方法，主要是所得数据未能将代和行或支结合起来，或进行交叉统计。比如两代的家庭可能只有一行，也可能为两行，若是一行则为直系家庭，两行则为复合家庭。有学者将家庭成员从纵横两个视角去认识，纵是为了认识代，横是为了把握支。蒋旨昂指出，所谓行系，指家庭中现存的家主及其父母、祖父母、子女、孙子女之间直的关系。凡属家主的这样直接亲属，都属同行；家主非直系亲属，就属异行（蒋旨昂，2005）。他强调行关系和数量以家主为本位。

可以说，20 世纪 30 年代前后的调查既为我们提供了认识当时家庭结构的资料，但相对较粗略的分类也使我们难以将其与现代分类直接接轨，影响对家庭结构的判定。我们在下面的分析中将努力克服这些不足。

二 20 世纪 30 年代前后不同调查中的家庭结构

20 世纪 30 年代前后的社会调查多以特定地区乃至村落为对象，这为考察同一时期不同区域家庭结构的异同状况提供了可能，由此也可认识社会经济发展水平及民俗、惯习因素对家庭结构的影响。需要说明的是，可资利用的调查数据在地区之间的分布并不理想，亦即并非全国主要区域均有可用做分析的资料。在此只能从大的区域分别说明。

（一）华北地区的家庭结构

此处的华北并非基于新中国成立后曾经出现的"华北局"所辖省市区为划定依据，而是以河北为中心及其周围省市，如山西、河南、山东和京津两地。在笔者看来，这一范围的民众生存方式、惯习等具有较多共性。

1. 农耕主导区的家庭结构

（1）山西太谷县贯家堡村

该村位于太谷县城南 5 里，属平原地区，交通便利，有 201 户人家，为本地人口规模较大的村庄。村民以农耕为主。1935 年，当地民间机构——农村服务委员会在太谷县 20 村进行了调查，贯家堡为其中之一。该村家庭代数和行数构成数据如表 1。

表 1　1935 年山西太谷县贯家堡家庭代数和行数构成

单位：个,%

代数类型	数量	百分比	行数类型	数量	百分比
0.5	29	14.4	0.5	29	14.4
1.0	24	11.9	1.0	108	53.7
1.5	83	41.3	1.5	30	14.9
2.0	25	12.4	2.0	14	7.0
2.5	38	18.9	2.5	11	5.5
3.5	2	1.0	3.0	5	2.5
			3.5	3	1.5
			4.5	1	0.5
合计	201	100.0		201	100.0

资料来源：武寿铭：《太谷县贯家堡村调查报告》。（见李文海主编《民国时期社会调查丛编》二编，乡村社会卷，福建教育出版社，2009 年，第 270~271 页。）

　　一般而言，家庭类型识别需将代数和行数结合起来，这项调查中我们只看到调查者将代数和行数分别统计的汇总数据。下面我们尝试以表 1 代数和行数信息为基础识别家庭类型，借以认识该村的家庭结构。

　　表 1 中，代数和行数均为 0.5 的家庭类型相对容易识别。从代数和行数看，其成员均属未婚者，他们所组成的家庭类型只有两类，一是单人户（未婚者一人所组成），一是残缺家庭（由两个及以上未婚兄弟姐妹所组成）。在贯家堡，这两类家庭比例为 14.4%，占比相对较高。

　　第二种比较容易判断的类型是复合家庭。根据表 1 中的"行数"信息，与户主并列有两个及以上已婚者（主要是户主与兄或弟）的家庭包括 2.0 行、2.5 行、3.0 行、3.5 行和 4.5 行五种，它们可被划入复合家庭中，其在总家庭数中所占比例为 17%。

　　剩余的 68.6% 为核心家庭和直系家庭。我们应从中进一步区分出核心家庭和直系家庭构成，这有一定难度。从行数上看，1 行和 1.5 行既可以是核心家庭，也可以是二代及以上直系家庭。结合家庭代数信息来分析，可知 1 代和 1.5 代家庭中的核心家庭所占比例最大，这两类家庭之和为 53.2%。一般来说，两个已婚兄弟生活在一代家庭的可能性比较小，由此我们认为，本村一代家庭中所包含的主要是夫妇家庭，也有少数已婚哥、嫂或弟、弟媳与未婚兄弟姐妹所组成的扩大核心家庭。这两种一代家庭均可纳入核心家庭之中。1.5 代家庭最有可能为父母和未婚子女组成的标准核心家庭，但也有一定比例为两个已婚兄弟组成的 1.5 代、2.0 行二代复合家庭。这样，我们从 1.5 代家户所占 41.3% 中减去 7.0%，则为 34.3。如此，核心家庭共计为 11.9%＋34.3% = 46.2%；其余部分所占比例为 68.6%－46.2% = 22.4%，属直系家庭。

由此可知，贯家堡村的基本家庭结构为，单人户和残缺家庭 14.4%，核心家庭占比 46.2%，直系家庭占比 22.4%，复合家庭占比 17.0%。可见，其小家庭（核心家庭、单人户、残缺家庭之和）达到 60%，是多数；但中等家庭、直系家庭和大家庭、复合家庭之和约占 40%，也属重要家庭类型。

（2）山东恩县后夏寨村

该村是 1942 年日本"南满洲铁道株式会社"（简称"满铁"）民情调查点之一。它距县城 5 里，有 128 户人家，村民以农耕为主。《满铁农村调查》惯行类第 4 卷中收入"山东省恩县后夏寨户籍调查表"（徐勇、邓大才，2017）。表中不仅有户主信息，还列出家庭成员及与户主关系，我们借此可按照现代家庭结构分类方法对其进行统计分析（见表 2）。

表 2　1942 年山东恩县后夏寨村家庭结构

单位：个,%

一级家庭类型	构成	数量	二级家庭类型	构成	数量
核心家庭	41.41	53	夫妇核心	6.25	8
			标准核心	23.44	30
			单亲核心	3.13	4
			扩大核心	8.59	11
直系家庭	32.81	42	二代直系	9.38	12
			三代直系	21.09	27
			四代直系	2.34	3
复合家庭	21.09	27	二代复合	7.81	10
			三代复合	11.72	15
			四代复合	1.56	2
单人户	4.69	6	单人	4.69	6
合计	100.00	128	合计	100.00	128

资料来源：根据《满铁农村调查》（见徐勇、邓大才主编《满铁农村调查》惯行类第 4 卷，中国社会科学出版社，2017 年，第 1160~1171 页）收入的"山东省恩县后夏寨户籍调查表"所提供的数据进行整理后得到。

根据这项调查,在一级家庭中,后夏寨村核心家庭所占比例最大,超过 40%,若将其与单人户合计,小家庭占 46.1%,中等家庭—直系家庭和大家庭—复合家庭之和占 53.9%。

(3) 其他调查

李景汉 1928 年曾对河北定县 62 个村进行过抽样调查,其方法是按小农、中农与大农等农户所占百分比在每个村分配应调查的户数,共调查了 515 户。这其中复合家庭占 26.21%,3 代及以上家庭占 48.54%,2 代和 1 代家庭分别占 48.93% 和 2.52%。我们据此可知,当地大家庭比例相对较高,特别是复合家庭高于山西的贯家堡村和山东的后夏寨村。李景汉指出,农村的家庭组织是大家庭制度,欧美的小家庭制度没有影响到中国农村社会。已婚子仍与父母共同生活,结婚的弟兄亦少有分家者(李景汉,2005)。但我们难以从该调查中进一步细分出核心家庭和直系家庭所占比例,不能把握小家庭的构成状况。另外,这一数据并非立足于一个村庄。

笔者 1999 年曾对冀南磁县农村的 5 个村庄 1944 年的家庭结构进行回溯性调查,复原出当时的家庭结构(见表 3)。

表 3　1944 年冀南农村家庭结构

单位:%

家庭类型	西大庄村 (N = 190)	双寺村 (N = 177)	庆有庄村 (N = 165)	曲河村 (N = 346)	上寨村 (N = 207)
核心家庭	42.6	45.8	52.7	46.7	48.3
直系家庭	33.2	27.1	26.1	31.3	29.0
复合家庭	15.8	19.8	12.1	14.5	13.0
单人家庭	7.9	7.3	8.5	7.2	9.7
残缺家庭	0.5		0.6	0.3	
合计	100.0	100.0	100.0	100.0	100.0

注:冀南农村中西大庄村、双寺村为平原村,曲河村为半平原村,庆有庄村为丘陵村,上寨村为山区。

当地村民绝大多数以农耕为主。从单个类型看,核心家庭的比例在 5 个村庄均为最大,多超过 45%;直系家庭位居第二位,均在 25% 以上;复合家庭处于第三位,所占比例在 15% 上下,其中两个平原村的复合家庭比例超过 15%。

2. 近城农村

20 世纪 30 年代前后，近城农村的劳动力从事非农职业的机会较多，家庭成员中有流迁行为者高于距城较远的农村，其家庭结构又有何种特征？

1933 年，蒋旨昂对北平昌平县卢家村进行了调查。该村位于北平城北 20 里。全村 55 家中，有 51 家务农为主，可见它属农耕为主的近城村庄。

表 4　1933 年北平昌平卢家村家户结构

单位：个，%

代数类型	数量	百分比	行数类型	数量	百分比
1.0	2	3.6	1.0	43	78.2
1.5	27	49.1	1.5	4	7.3
2.0	6	11.0	2.0	5	9.1
2.5	18	32.7	2.5	1	1.8
3.0	1	1.8	3.5	1	1.8
3.5	1	1.8	5.0	1	1.8
合计	55	100.0		55	100.0

资料来源：蒋旨昂：《卢家村》。（见李文海主编《民国时期社会调查丛编》，乡村社会卷，福建教育出版社，2005 年，第 192~200 页。）

根据表 4，从行数看，该村没有 0.5 行者，表明独立家户中的户主均为已婚者。与山西太谷县贯家堡村一样，在行数上，最容易区分者为复合家庭，共有 14.5%。根据本项调查，各家户人数构成上，最小为 2 人户。可见，它没有单人户。

那么，如何将直系家户和核心家户区别出来？按照调查者的说法，卢家村一般家庭并不大，只有一行和一代半，夫妇无同住兄弟，而与未婚子女同住最多。我们看到，在代数上，1.5 代的家庭占 49.1%，而行数上只有 1 行的家庭占 78.2%，后者中应以一代半的家庭为主。其余部分，即 78.2%-49.1% = 29.1% 则可能为直系家庭。只有 1 代者应以夫妇家庭为主，亦属核心家庭的组成部分，故应从 29.1% 中减去 3.6%，为 25.5%。由此该村核心家庭总数为 52.7%。而行数为 1.5 者也应主要是直系家庭，这样直系家庭为 25.5%+7.3% = 32.8%。该村三类主要家庭的比例分别为核心家庭 52.7%，直系家庭 32.8%，复合家庭 14.5%。

综合以上，若将民众居住方式分成小家庭、中大家庭两大类，后夏寨村的直系家庭和复合家庭之和超过 50%（53.9%），可见，它具有以中大家庭为主导的特征。北平昌平卢家村小家庭稍高，略微超过 50%，中大家庭接近 50%，可以说该村小家庭和中大家庭比例基本持平。山西太谷县贯家堡村小家庭、中大家庭分别为 60% 和 40%，小家庭主导地位比较明显。值得注意的是，贯家堡村有较高比例的单人户和残缺家庭，我们进一步分析发现，这与当地成年男性不婚比例高有一定关系。数据显示，调查实施之年，该村在村居住人口的性别比为 158.42，其中 20 岁以上人口性别比为 197.5（武寿铭，2009）。我们认为，当地性别比高，失婚男性相对较多，这成为单人户或残缺家庭的主要来源。另一个重要现象是，这三个村庄都有相对较高比例的复合家庭，后夏寨村超过 20%（21.09%），贯家堡村为 17.0%，卢家村占 14.5%。而这只有在两个及以上兄弟结婚或两个及以上儿子婚后仍然同居共爨的情况下才能实现。它表明，兄弟在婚后初期，特别是父母在世时，会维系一段时间的共同生活格局。

（二）东南和华南地区的家庭结构

这里的东南地区主要指江浙一带，华南则为长江以南的湖南、广东等。

1. 东南地区的苏沪一带

（1）农业为主村庄

费孝通 1936 年调查的苏南开弦弓村属水稻种植地，76% 的人家以农耕为主要职业，此外当地还有桑树种植，为蚕丝业中心（费孝通，1997）。1935 年当地的一项调查资料显示，其残缺家庭占 27.6%，核心家庭占 23.7%，直系家庭占 45.4%，复合家户占 3.3%（费孝通，1991）。这里的残缺家庭主要指单亲家庭，也包括少数父母双亡后未婚子女组成的家庭。其与华北地区的最大不同是复合家庭所占比例相对较低。

（2）近城农村

20 世纪 30 年代初上海沪江大学教授 H. D. Lamson 组织学生对上海近郊杨树浦一带四个村庄有劳动力进入工厂的家庭户进行了调查（因而它不是对特定村庄的普查，我们只能据此认识居住在农村、但有劳动力进入工厂就业家庭的成员构成），从家庭成员就业和家庭收入上看这些家庭是半农半工家庭。其共同生活成员所组成的家庭类型见表 5。

表 5　1933 年上海近郊杨树浦农村家庭结构

单位：个,%

一级家庭类型	数量	百分比	二级家庭类型	数量	百分比
核心家庭	21	42.0	夫妇家庭	2	4.0
			标准核心家庭	14	28.0
			单亲家庭	4	8.0
			扩大核心家庭	1	2.0
直系家庭	27	54.0	二代以上直系家庭	26	52.0
			隔代家庭	1	2.0
复合家庭	2	4.0	复合家庭	2	4.0
合计	50	100.0		50	100.0

资料来源：H. D. Lamson：《工业化对于农村生活之影响——上海杨树浦村苏村 50 农家之调查》，载李文海主编《民国时期社会调查丛编》乡村社会卷，福建教育出版社，2005年，第 239 页。

这些村庄的半工半农者所组成的生活单位以直系家庭为主，超过50%，核心家庭次之，最小的为复合家庭。亲代和已婚子代同爨、但已婚兄弟普遍分家是形成这种居住结构的主要原因。当然，本项调查并非以一个特定村庄为对象，并且又是针对特定家庭（务工与业农兼有），因而其对区域家庭结构的代表性相对较弱，不过它也是对当时大城市近郊农村民众家庭结构的一种反映。

2. 华南地区的广州

广州市近郊农村——凤凰村是伍瑞麟、黄恩怜 1933 年在广州市调查的一个以农业为辅、工商业为主的村庄。但与当代大城市城中村居民职业上完全脱离农业不同，该村还有一部分家庭的劳动力以农为生。当年该村居民的收入中，商业及其他占第一位，雇工收入居第二位，农产收入居第三位。200 个家庭中，自耕农 7 人，佃农 69 人，雇农 24 人，工商及其他职业者 163 人。居民虽以土著为主，但也有不少住户从外地迁入。鉴于该村宗族观念浓厚、传统婚嫁惯习依然保留等因素，调查者仍将其视为"中国一个旧式农村"（伍瑞麟、黄恩怜，2005）。

表 6　1933 年广州凤凰村家庭结构

单位：个，%

一级家庭类型	数量	百分比	二级家庭类型	数量	百分比
单人户	20	10.0	独居	20	10.0
			其中：女独	14	7.0
			男独	6	3.0
核心家庭	121	60.5	标准核心	71	35.5
			夫妇	36	18.0
			单亲	14	7.0
			其中：父与子女	2	1.0
			母与子女	12	6.0
直系家庭	49	24.5	二代直系	24	12.0
			三代直系	23	11.5
			四代直系	2	1.0
复合家庭	10	5.00	复合家庭	10	5.0
合计	200	100.0		200	100.0

资料来源：伍瑞麟、黄恩怜：《旧凤凰村调查报告》。见李文海主编《民国时期社会调查丛编》乡村社会卷，福建教育出版社，2005 年，第 296~297 页。

说明：本表中复合家庭被原调查者列入"大家庭"的"其他"类中，其含义是除了家中直系主要成员外还有其他亲属如姊母、叔伯、兄弟和姐妹等同居同食者。故此将其列入复合家庭，当然其中有的并非标准的复合家庭（某一代有两对已婚者），也可划入直系家庭中。

从表 6 数据可见，凤凰村民众所居小家庭的主导地位突出，已呈现家庭核心化的局面。但调查者同时指出，家族观念在中国旧式社会已深深地种下了根，一个无依的人，在不得已的时候，到他的亲戚的家里过活，是一件极普通的事情。在凤凰村找到不少这样的事情（伍瑞麟、黄恩怜，2005）。这说明，弱势者的生存保障主要由有亲缘关系的成员承担。不过这些人在家庭分类中的作用不大，因为家庭类型的识别最主要是看父母和已婚子女之间或已婚兄弟之间同居还是分居。

综合以上，江南和华南地区农村之间的家庭结构虽不尽相同，但有一个共同之处，即复合家庭占比水平较低，其在所列村庄中低于 5%。差异是，苏南开弦弓村和上海杨树浦村尚有较高比例的直系家庭，分别为 45.4% 和 54%，表明当地父母，特别是老年父母同一个已婚儿子共同生活的格局比较普遍，而两个及以上兄弟婚后共同生活的做法则比较少。广州凤凰村的家庭核心化状态已经显现。西南地区农村民众居住偏好表明，已婚兄弟分家、亲代和已婚成年子代分家现象具有普遍性。

若将华北与东南、华南农村调查中的家庭结构数据结合起来，不难看出，20世纪30年代前后，华北与江南、华南地区农村家庭结构的最大区别是，华北农村有相对较高比例的复合家庭，兄弟婚后同居共爨的做法多于江南、华南地区，或者说华北农村的大家庭比例明显较东南、华南地区高。

三 如何认识20世纪30年代前后中国家庭的大与小

（一）当时学者对20世纪30年代家庭调查数据的解读

20世纪30年代前后的农村社会调查提供给人们认识家庭结构状况的具体材料，且以数据为基础。它不同于历史文献中仅关注大家庭的记载，同一村落民众居住方式、家庭规模由此得到比较全面的呈现。在对这些数据的解读中，当时的调查或研究者出现两种具有代表性的认识。

1. 动摇乃至颠覆了人们所持农村社会以大家庭为主的观念

李景汉基于1929年定县515家调查得出这样的认识：当地仍保持着亲子同爨、兄弟不分家的习惯，但从家庭规模上看，又难将其视为大家庭。因为人们常想中国的旧式家庭既然为大家庭制度，其每家平均人数必然远超过西方小家庭制度之平均人数，实际并不如此。西方的农村家庭之平均人数多在4.5与5口之间，定县的平均家庭人数为5.8，较西方国家仅多一口上下。中国农村社会中大多数的家庭不满5口，而且有不少1口之家。这多半由于死亡率甚高所致（李景汉，2005）。即若着眼于家庭人口规模构成数据，很难将定县视为大家庭为主导的地区。

许仕廉1928年根据北平清河镇371家调查统计后发现，核心和直系家庭比例达到81.5%（这些家庭无已婚或未婚的兄弟姐妹与家长合居）。从横的方面看，最普通的世系数目为一代半，即父母与未婚子女同居，约占40%。19.4%的家庭包含两代，22.8%的包含两代半，15.6%的仅包含一代（许仕廉，2009）。据此，他指出：通常认为中国家庭包含有数代，及最长之男子绝对管理家务权之观念，于清河则不然（许仕廉，2009）。

山西太谷县贾家堡的调查者武寿铭指出，通常说中国是大家庭制度，

常有四五世而同居者。而他调查的村庄只有2户四代同居（三代半），占
1%。并且多数家庭不是已婚兄弟同居（武寿铭，2009）。这使其以往的
认识发生改变。

东南和华南的调查使研究者的大家庭观念受到更多触动。费孝通依据
苏南开弦弓村的调查分析道，尽管大部分中国的研究强调中国大家庭制度
的重要性，但非常奇怪，在这个村子里，大家庭很少。在家的总数中，我
们发现有一对以上已婚夫妇的家不到总数的十分之一（费孝通，1997）（或
许费孝通是从同一代有一对以上夫妇着眼，而非从直系的亲子之间进行考
量，因为从后者看，其比例超过40%）。他甚至认为，所谓大家庭，看来主
要存在于城镇之中，很明显，它们具有不同的经济基础（费孝通，1997）。
这意味着，在当地农村，兄弟不分家的大家庭存在的经济基础并不具备。

1946年孙本文在对湖南长沙崇礼堡的农村调查发现，486家中，5~8
口约占全部家庭之半数，5口以下约占三分之一，9口以上者约占7%。
为此他指出：中国素有大家庭制之称，尤其共认此制必盛行于农村，由上
所获材料证明，并非如一般想象之甚，而五口至八口之家既占半数，恰如
孟子所谓，"八口之家可以无饥"之情形相仿佛。可见一家数口为古今中
外之家庭通常之现象（孙本文、陈倚兴，1948）。他将从当时调查中所获
对民众居住方式的认识加以推广。

以上研究者基于实地考察，看到所调查农村的家庭结构并非原来所想
象的样子。尽管大家庭存在，但它并非主导类型。他们并不认为这一状态
是当时社会经济变迁、民众行为（居住方式）发生了改变的结果，甚至
在一定程度上意识到以往的认识不够准确，或对大家庭存在状态有夸大之
词。这实际上是对既有认识的矫正。

2. 当时小家庭占比高是新近社会变迁之下大家庭分解的结果

一些学者接受近代之前中国是大家庭为主导的观念。而现在（20世
纪30年代及其前后）的调查显示小家庭增多，它是近代以来，特别是民
国后社会变革之下大家庭崩溃所致，或者说大家庭存在的环境发生改变，
因而出现裂解。

言心哲在1935年的一项研究中综合了30年代前后的多项家庭调查显
示指出，中国各地每个家庭平均人口为5.50人，与其他国家相较，并不
为多，因为欧美及日本各国之农村家庭之平均人口，亦在5口上下。若仅
依上述之每家庭之平均人口，吾国之农村家庭制度，亦不算大，与普通一

般人所想象中国农村家庭大小，正好相反。因为通常大多以为中国农村是大家庭制度（言心哲，2005）。他也意识到，仅就每个家庭之平均人口，不足以推知家庭制度之大小，欲知家庭制度之大小，从每家之人口数目上及同居之亲属关系上观察，庶能知其梗概。他发现，当时各个调查中同居之亲属关系，虽有20余种，而其百分率仍以家主、妻、子及女占多，从此可知我国旧有之大家制度，亦逐渐崩溃（言心哲，2005）。不难看出，他将当时家主与妻子、儿女组成的核心类型小家庭占较大比例视为旧有大家制度逐渐崩溃的结果。山东邹平调查的组织者吴顾毓发现，当地的单人户占5.75%，2口之家占12.13%。这些2口之家，大多只有夫妻两人，有的是结婚后即分居的，可看出大家庭没有保存的积极性了。他进而认为，大家庭崩溃并不是无意识地模仿西洋的小家庭制度，这也是近百年来社会经济的遽变而必然要有的现象（吴顾毓，2005）。陈达于20世纪40年代初指出，目前大家庭有逐渐减少的趋势，亲属和戚属同居的情形目前也不如往日普遍了（陈达，1981）。应该说，持有中国当时家庭相较以往正处于解体状态这一观点的学者不在少数。

而对导致大家庭分解的具体原因的追寻和判断，不同调查和研究者认识的角度也有差异。

（1）多种因素导致大家庭存在基础受到削弱

有些学者从整体视角分析大家庭存在环境的变化，即导致大家庭分解的原因有多种，而非一种因素所促就。

张折桂对1930年定县大王耨村的调查发现，该村纵向1行的家庭占73.4%，横向1.5代最多，占47.5%，由此他认为结婚的兄弟，不是都居住在一块而是分开的，各系过各系的生活。他进一步分析道，农村家庭虽不能说渐趋崩破，却已入于缩减过程中。他将农村大家庭破坏、小家庭形成的原因概括为，第一为工业革命的影响，现在中国已走上工业革命路。这种迟缓的变化予大家以重大打击。以前父子兄弟因在一处生产，所以住在一起；现在父子兄弟，因谋生而分散四方，不复集居一处。第二为思想的反动，农村在外读书的学生，既饱尝大家庭之痛苦，又深受新思潮之熏陶，对大家庭的流弊有深刻认识，返乡之后其言论影响民众，并向其家庭提议分产另居。此外，农村小学新知识的灌输也在削弱大家庭维系的思想基础——礼仪道德，农村妇女受了都市社会妇女解放运动的间接影响，无自然感情的家庭集团，也就趋于破裂了（张折桂，2005）。这与同时期在同地进行调查的李景汉的观点有很大不同（后者认为当地大家庭存在的环境并无大的变化）。张折桂所言当时中国已走入工业革命路上，若将此推断限定在沿海、沿江发达地区尚无很大异议，但若基于定县这一农耕社会仍占主导的地区，其所得出的社会变革促使大家庭解体的认识与当地社会实际有较大距离，或者说夸大了其作用。

（2）经济环境变化导致小家庭成长

有学者强调经济条件的变化引起生存方式的变化，导致家庭分解频度提高。

生存条件恶化会促使分家行为发生。北平昌平卢家村 1933 年的调查者蒋旨昂对当地家庭调查后这样分析：每家平均人数很低，只有 4.6。其实趋势恐怕比这个数目还低，因为分家风气的盛行，八九口乃至十几口的家，将来是否仍能多见还是问题。而且如果现在晚婚因经济破产而较诸往年多的印象是正确的，则大家庭更是渐趋消灭了（蒋旨昂，2005）。这一认识的前提是，大家庭维系较小家庭所需经济水平更高，而当家庭经济水平下降，对家庭成员的生存支持能力也会随之降低。这一背景下，当地分家风气盛行，促使家庭出现小型化趋向。

对东南工商业发达城市近郊农村家庭考察的学者更倾向于就业方式由农业向工业转化这一变革对大家庭的维系具有冲击作用。前述 20 世纪 30 年代初上海沪江大学教授 H. D. Lamson 对上海近郊杨树浦一带农村进行调查后指出：由于工厂及其他工业林立，提供给了他们（农村劳动力）新的雇佣机会，其变动的情形极为显著。妇女们从工业方面获得新的生产能力，因之增高了她们独立的地位和生活情状。许多已婚及未婚的男工，离乡背井，群趋于邻近都市的区域。他们使住宅与工作场所接近。因都市具有吸引男女职工的势力，农民离村的运动日愈增剧，家庭中因袭的团结力量脆弱了，大家庭制崩溃，小家庭制起而代之（H. D. Lamson，2005）。

前述吴顾毓也认为邹平县大家庭分解、小家庭增多与经济变动大有关系（吴顾毓，2005）。不过，他没有指出当时农村经济发生了怎样的变动，从背景和调查资料上看当地并未发生民众向工商业城市大规模流动迁移这种经济性事件，或许是不断恶化的生存条件导致民众在不同村落辗转谋生，使安土重迁生存方式下的大家庭失去了组成和维系条件。

（二）20世纪30年代前后学者对当时家庭结构认识的不足

研究者在20世纪30年代前后的家庭调查中形成两种基本认识，一是调查结果使一些学者意识到以往的家庭结构认识存在偏颇，即多代同居的大家庭并非普遍现象，他们将其调查地区的家庭结构视为传统的延续；二是民国以来社会经济的变化改变了大家庭为主导的格局，其潜在词是近代之前为大家庭流行的时期。实际上，多数研究者是后一种认识的信奉者。

我们认为，这种认识存在两个误区。

1. 近代之前世代同居、已婚兄弟不分家的认识误区。

近代之前，多数家庭中已婚兄弟不分家往往是父母，特别是父家长控制的结果。然而，值得注意的是，由于当时社会，父母预期寿命水平低，也在很大程度上使父亲对成年子代的控制时长受到限制。我们对19世纪初清朝刑科题本中的信息进行了统计，得到不同年龄组子代与父母存活状况关系的数据（见表7）。

表7 中国19世纪初不同年龄组子代与父母存故构成关系

单位：%，个

年龄组	父母去世	父故母存	父存母故	父母健在	父故合计	样本量
15	8.70	30.43	13.04	47.83	39.13	23
20	14.29	36.97	13.45	35.29	51.26	119
25	23.04	34.56	13.36	29.03	57.60	217
30	27.39	34.35	12.17	26.09	61.74	230
35	35.17	35.17	12.29	17.37	70.34	236
40	44.94	32.91	9.49	12.66	77.85	158
45	59.81	26.17	5.61	8.41	85.98	107
50	73.91	20.29	2.90	2.90	94.20	69
55	79.25	15.09	3.77	1.89	94.34	53
60+	95.00	5.00	0	0	100.00	40
总体	38.42	31.31	10.38	19.89	69.73	1252

资料来源：笔者根据《清嘉庆朝刑科题本社会史料辑刊》中所收集的个案进行整理获得。

我们看到，在20岁、25岁子代婚育主要年龄组，50%的父亲已经去世。30、35岁组则分别超过60%和70%。这意味着，一半以上的父亲在子代成年立业的壮年阶段就因亡故而使子代丧失了外部约束,分家单过不可避免。在清朝中期的个案中我们看到,成年已婚男性若有多个兄弟多表达"早已分居""同居各爨"等(在父母,特别是父亲去世后尤其如此)。这在很大程度上限制了多代同居大家庭的形成和维系。

而另一个值得注意的问题是,复合型大家庭的形成须以多个已婚兄弟同居为基础,而在近代之前,高出生率、高死亡率模式下,有较高比例的夫妇难以实现拥有 2 个及以上成年儿子的目标。笔者根据对 19 世纪刑科题本中 1131 件个案当事人弟兄数量的统计显示,弟兄 1 个、2 个和 3 个所占比例分别为 33.42%、33.33% 和 33.25%。理论上,弟兄 1 个婚后若父母健在只能组成直系家庭,由此有子者中三分之一以上者失去组成复合家庭的条件。更进一步看,还有一定比例的夫妇没有生育子女;或虽生育但有女无子;或生有儿子,但未活至成年。一些基于家谱的研究显示,清代没有儿子的家庭约占 20% 上下(刘翠溶,1992)。无子者中有一部分会从兄弟等血缘近亲中过继侄、堂侄等昭穆相当的男性为嗣,这会使 2 子及以上家庭比例降低,组成复合型大家庭的可能性进一步减少。

除上述亲代预期寿命低、有较高比例父母只有一个儿子等因素限制复合家庭的形成外,大家庭的维系还受到家庭经济条件的制约。在农耕为主、土地私有的社会中,无地、少地家庭谋生不易,不得不佃耕他人土地,甚至出外佣工,大家庭长期维系的经济能力不足。根据笔者对 18 世纪中后期个案汇总数据所做分析,在社会中下层家庭中,核心家庭超过50%(王跃生,2000)。

我们认为,20 世纪 30 年代一些学者将近代之前视为兄弟同爨、多代同居大家庭为主的时代,更多的是基于官方文献中对大家庭表彰的记载或法律中要求亲子同爨的规则,由此推而广之,形成思维定式,将诸个已婚兄弟在父家长约束下特定阶段的同居行为视为长期做法,或将部分家庭多代同居、兄弟合爨作为当时普遍现象。

2. 过度依赖家庭规模认识家庭结构的误区

家庭规模是家庭同居人口数量的反映,然而,相同数量的家庭人口规模其所形成的家庭类型却不一样,家庭关系也有简单与复杂之别。民国的多项调查显示 30 年代前后家庭规模在 5.5 人水平。这与近代之前有相对完整记载的王朝家庭规模基本相同,甚至还要高一些。那么,为什么民国时期学者认为当时的家庭变小了?而对近代之前的家庭规模有所忽视呢?

这或许因为民国调查使研究者看到了家庭人口的规模结构，而不仅是平均水平。比如他们观察到当时农村4口以下的家庭占较大比例，进而推断夫妇和子女所组成的核心型小家庭是重要类型，这与他们已经形成的大家庭是主导的认识产生了矛盾。

实际上，在民国及之前的中国农村社会，由于婴幼儿死亡率高、成年人期望寿命低，这很大程度上会制约核心家庭的人口规模，进而对家庭人口整体规模的提高产生抑制。一般来说，家庭平均人口规模达到5口及以上的水平，往往是4口以下小家庭和5口以上大家庭混合的结果。在多数情况下，3~4口为核心家庭的代表，5~7口则多为直系家庭，一旦达到8口以上，复合家庭将占较大比例。我们可以平均家庭规模为5.24人的后夏寨村来说明这一点（见表8）。

表8 后夏寨村家庭结构与家庭规模的关系

家庭结构类型	百分比（%）	平均家庭规模（口）	不同家庭人口规模构成（%）				量（个）
			1口	2~4口	5~7口	8口及以上	
核心家庭	41.41	3.89	0	66.03	32.07	1.89	53
直系家庭	32.81	5.21	0	30.95	61.9	7.14	42
复合家庭	21.09	8.89	0	7.41	29.62	62.96	27
单人户	4.69	1.00	100	0	0	0	6
总体	100.00	5.24	4.69	39.07	39.84	16.4	128

资料来源：同表2。

后夏寨村的核心家庭、直系家庭和复合家庭人口规模分别集中于2~4口、5~7口和8口及以上。而在这个平均家庭规模只有5.24口的村落中，也会有较大比例的复合家庭。可以说，在当时高出生率、高死亡率、低增长人口发展阶段或模式下，复合型大家庭并非都由十几口、几十口人所组成，七八口人也能构成多代同居、兄弟合爨的家庭。只有将家庭人口规模与家庭类型结合起来考察，才会跳出单纯以家户人口数量来判断家庭大、小的误区。

（三）我们的基本判断

根据上面所述，我们认为，华北地区农村的家庭结构保持着近代之前的基本状态，或者说是近代之前家庭结构的延续。父母在世，特别是父亲在世、兄弟结婚仍然同居共爨，一旦父家长去世，外部约束减少，分家单过行为就会发生，由此农村社会有一定数量的复合家庭。兄弟分家后则多形成核心家庭。而在家庭养老为主的时代，老年父母，特别是母亲丧失劳动能力后，多依赖一个儿子生活，由此直系家庭也占一定比例。因而，近代之前传统社会的家庭模式为小（核心家庭）、中（直系家庭）和大家庭（复合家庭）并存，华北农村更是如此，这一格局延续到20世纪30年代前后。

而就东南、华南地区来看，前面数据显示，20世纪30年代前后其内部不同区域家庭结构存在差异，尽管各地均显示出这一广大区域复合家庭所占比例较低，但东南省份中则有相对高比例的直系家庭，广州近郊农村核心家庭比例高。那么这种状况是对传统的延续还是社会经济环境变迁下的分化。我们认为，即使在近代之前，特别是明清时期，东南、华南地区宗族公产所占比例较高，家庭自有土地面积相对较低，限制了大土地所有者的发展，租佃经济相对发达，这种环境更有利于核心家庭、直系家庭的成长。就如费孝通所调查的苏南开弦弓村那样。当然大城市周边的农村会有不同。我们的基本认识是，东南、华南地区复合家庭为代表的大家庭比例低于华北地区，应是近代之前，特别在明清时代即如此。20世纪30年代由于农村劳动力就业流动增强，削弱了大家庭的存在和维系基础，家庭形态出现进一步向中小型发展的趋向。

四 结语

本项研究通过对20世纪30年代农村社会调查数据进行整理加工，将中国华北、东南及华南地区农村的家庭结构和特征比较具体地呈现出来，总体来看，中国农村家庭结构具有较明显的南北分野。华北地区表现为核心家庭、直系家庭和复合家庭并存的局面，东南、华南地区则以核心家庭和直系家庭为主，复合家庭所占比例很小。

华北地区农村，特别是非近城农村的家庭结构与近代之前的传统模式具有承继关系，多代同居、兄弟合爨做法在父家长约束之下得以存在和维系，一旦父家长去世，兄弟分家难以抑制，这类大家庭则会解体，小家庭由此获得成长机会。东南、华南地区核心家庭和直系家庭为主既有传统因素的作用，也与当时社会经济的变迁有关，东南、华南地区农村佃农经济发达，大家庭生成和维系困难；而在工商业比较发达的城镇附近农村，劳动力非农流动增多对大家庭的存在基础有瓦解作用，小家庭数量由此进一步增长。

近代之前家庭数据的缺乏限制了对各朝代家庭结构的认识和把握，人们过多地依赖官、私制度性文献对当时家庭形态进行解读。20 世纪 30 年代前后的调查一定程度上弥补了不足，我们借此可以建立起近代之前—民国—现代农村家庭结构及其变迁的认识逻辑，至少在一些区域（如华北）能获得这样的认识。当然，本项研究是一项初步的尝试，很有必要对此继续探究。

应该指出，本项研究也有不足，主要是调查资料在区域之间分布不均，分析受到限制。客观上，当时的调查者多选择城市近郊农村和交通方便之地作为调查对象，这本身无可指责。但若以这些调查数据推论区域家庭结构则需谨慎。这有待感兴趣的研究者进一步从地方档案中寻找民国时期的原始户籍档案（包括户主和家庭成员信息），借此识别家庭类型，进行更深入的分析。

参考文献

陈达，1981，《现代中国人口》，天津人民出版社。

费孝通，1997，《江村农民生活及其变迁》，敦煌文艺出版社。

费孝通，1991，《三论中国家庭结构的变动》，载乔健主编《中国家庭及其变迁》，香港中文大学社会科学院暨香港亚太研究所。

Lamson，H. D.，2005，《工业化对于农村生活之影响——上海杨树浦村苏村 50 农家之调查》，载李文海主编《民国时期社会调查丛编》乡村社会卷，福建教育出版社。

蒋旨昂，2005，《卢家村》，载李文海主编《民国时期社会调查丛编》二编，乡村社会卷，福建教育出版社。

赖才澄，2005，《大普吉农村社会实况及其问题》，载李文海主编《民国时期社会调查丛编》二编，乡村社会卷，福建教育出版社。

李景汉，2005，《定县社会概况调查》，上海人民出版社。

李柳溪，2009，《赣县七鲤乡社会调查》，载李文海主编《民国时期社会调查丛编》二编，乡村社会卷，福建教育出版社。

刘翠溶，1992，《明清时期家族人口与社会经济变迁》，"台北中央研究院"经济研究所。

马侠，1984，《中国家庭户规模和家庭结构分析》，《人口研究》第 3 期。

乔志强编，1998，《近代华北农村社会变迁》，人民出版社。

孙本文、陈倚兴，1948，《湖南长沙崇礼堡农村调查》，国立中央大学社会学研究所丛刊。

王跃生，2003，《华北农村家庭结构变动研究——立足于冀南地区的分析》，《中国社会科学》第 4 期。

王跃生，2000，《十八世纪中后期的中国家庭结构》，《中国社会科学》第 2 期。

吴顾毓，2005，《邹平人口问题之分析》，载李文海主编《民国时期社会调查丛编》人口卷，福建教育出版社。

伍瑞麟、黄恩怜，2005，《旧凤凰村调查报告》，载李文海主编《民国时期社会调查丛编》乡村社会卷，福建教育出版社。

武寿铭，2009，《太谷县贯家堡村调查报告》，载李文海主编《民国时期社会调查丛编》乡村社会卷，福建教育出版社。

徐勇、邓大才，2017，《满铁农村调查》惯行类第 4 卷，中国社会科学出版社。

许仕廉，2009，《一个市镇调查的尝试》，载李文海主编《民国时期社会调查丛编》二编，乡村社会卷，福建教育出版社。

言心哲，2005，《农村家庭调查》，载李文海主编《民国时期社会调查丛编》二编，乡村社会卷，福建教育出版社。

张折桂，2005，《定县大王耨村人口调查》，载李文海主编《民国时期社会调查丛编》人口卷，福建教育出版社。

郑全红，2005，《中国家庭史》第五卷（民国时期），广东人民出版社。

郑振满，2000，《近百年闽东沿海的婚姻、家庭与生育率——连江县浦口镇官岭村调查报告》，载李中清等主编《婚姻家庭与人口行为》，北京大学出版社。

（原载《社会科学》2019 年第 1 期）

第二部分

传统家庭伦理与实践

《家庭与性别评论》第 11 辑
第 73~92 页
© SSAP，2021

慈孝一体：论差序格局的"核心层"*

周飞舟

摘　要　本文通过对丧服制度内"父子"关系的深入分析，指出了中国社会差序格局核心层的一个重要特征，即"慈孝一体"的特征。父对子之"慈"，即是对自己父亲之"孝"的体现，这表现为中国人在家庭关系中的行动伦理，也构成了费孝通先生所提"反馈模式"的重要基础。此行动伦理以亲亲、尊尊为基本要素，以"仁至义尽"为行动原则，既是中国传统社会人际关系的核心纽带，也在当代社会中发挥着重要的作用。

关键词　差序格局　家庭　孝　行动伦理　丧服制度

"差序格局"是费孝通先生在《乡土中国》一书中提出来的概念，用以概括中国社会的结构特征。差序格局在形式上是"水波纹"式的，用以指代以"己"为中心向外层层推开的血缘、地缘以及其他的社会关系形态。这个比喻容易引起一种常见的误解，即认为血缘、地缘关系的"圈层"形态在人类社会中是普遍存在的，"差序化"是一种基于人性自然的社会交往方式，无论中外，皆是如此（苏力，2017），所以这个概念并不能深入描绘中国社会的特征。"差序化"有其普遍性这一判断并没有问题，但费孝通先生强调的是"社会结构"特征，即人们在行动中以"差序"为重，以"差序"作为行动中的原则而不仅仅只是行动方式。一个人的社会交往当然是由近及远、层层展开的，在差序格局中如此，在团

---

*　感谢林鹄对本文提出的宝贵意见，也感谢余朋翰和吴柳财的辅助工作。文责自负。

体格局中也是如此。即使"爱无差等"，也往往须"施由亲始"，[①] 但是这个人是否将此远近差异视为与人交往的原则，甚至上升到伦理道德的层面，则各社会与文明间有着很大的结构差异，这正是差序格局这个概念在中国社会具有强大生命力的根本原因。

差序格局中的"爱有差等"即差别对待，不只是一种行动取向，而且是一种道德原则，费孝通先生将其称为"维系着私人的道德"，这是差序格局的本质特征。对待亲疏远近不同的人伦关系，采用相应不同的道德原则，即"一个差序格局的社会，是由无数私人关系搭成的网络，这网络的每一个结附着一种道德要素"，因此"在差序格局中并没有一个超乎私人关系的道德观念"，缺乏"笼罩性的""笼统性的"道德观念，缺乏"团体的道德要素"（费孝通，2009）。需要注意的是，这里所说的"私人""私人关系"是相对于"团体"而言的，并不意味着社会中的行动者在对待每个不同的交往对象时都有一种特殊的道德原则，若果真如此，道德原则就无法成立。"差序"两个字中的"序"字，说明了行动者的道德原则有秩序的、系统的差别，既不是随心所欲的，更不是万人万殊的。这种秩序来自人与人之间基于以"己"为核心的血缘、亲缘、地缘等社会关系的分类，费孝通先生借用潘光旦先生所用的"伦"字来表述（潘光旦，1996）。伦有"五伦""十伦"等分类，每一伦中包含的道德原则都是不同的，如父慈子孝、兄友弟恭，君臣有义、朋友有信等，父子是"伦"，慈、孝就是"理"，理因伦而不同，故称之为"伦理"。[②] 这种伦理与费先生所说的"笼罩性"道德观念的差别就在于以"己"为中心，因己而有伦，因伦而见理，伦别而理异。但是，对于每一种特定的"伦"，"理"则是固定的、原则性的，并不因人而有差别。比如每一个人对父母的伦理都是"孝"，对朋友的原则都是"信"，尽管现实中每个人能否做到这些伦理是因人而异的，但是这些伦理要求对每个人都是相同的，并不会因为做不到而变得不重要，这正是具有普遍性的道德原则的基本特征。所以，与"团体格局"中"笼罩性"的道德观念不同，"差序格

---

① 见《孟子·滕文公上》墨者夷之的话，意思是墨家虽然坚持"爱无差等"的兼爱原则，但是具体施行起来却往往是从亲人开始。这与儒家"爱有差等"的仁爱原则虽然尖锐对立，但是两者都可能是从厚待亲人做起。

② 因此，在汉语中，伦理这个词本身就含有差序性的意味。见潘光旦《伦有二义》，载《潘光旦文集》第十卷，北京大学出版社，1996年。

局"中的道德观念附着于每一类不同的"人伦"之中，表面上看貌似是"特殊主义"（帕森斯，2003）①的，实际上也具有超越于个人的普遍含义。这种超越于个人的道德观念是基于相互关系的（贺麟，2011），因而充满了一种由己向"外"的、"推己及人"（费孝通，2003）的要求，如通过父母对自己的"慈"反思自己的"孝"，通过朋友对自己的"信"反思自己的"义"，这种有差别的外推之势犹如水流顺阶而下，既基于人性的自然，又设置了因伦而异的伦理要求，成为支撑行动者在社会互动中的指引性力量，我们可以称之为"行动伦理"（周飞舟，2018）。

从行动伦理入手讨论中国的社会结构，有利于我们将社会关系的研究与中国传统的社会思想联系起来。行动伦理中相当多的内容都来自中国的传统思想尤其是儒家的人伦和礼学思想，在当代中国人的日常社会生活中仍然发挥着重要的作用。目前的社会学研究中，很多研究成果都认识到"关系"以及"差序格局"的重要性，但是很少研究能够对此进行更为深入的理论探讨。本文尝试从差序格局的概念入手，利用儒家的礼学思想，对差序格局的内核——以父子关系为中心的"核心层"部分进行理论解读，探索有中国本土特色的社会理论道路。

一　"慈""孝"一体

讨论差序格局的文献不少，但大多为总论和泛论，细致而有条理的研究相对较少。在众多文献中，吴飞最早明确了差序格局的水波纹形态与丧服图之间的密切关系，并指出丧服制度就是差序格局在中国传统社会中的直接渊源（吴飞，2011）。虽然在此之前，阎云翔就指出了差序格局中应该还有一个除亲疏之外的"尊卑"的维度（阎云翔，2006），但是在引入了丧服制度的讨论之后，"尊卑"这个维度的讨论就可以具体化了。在儒家的礼学传统中，丧服制度被视为礼制的基础。②礼制的基本原则，是《礼记·大传》中所言，"亲亲也，尊尊也，长长也，男女有别也，此其不可得与民变革者也"。"亲亲"就是"亲其所亲"，表现的是人伦关系中

---

① 这是一种很常见的误解。

② 晚清礼学家曹元弼曾经说："六经同归，其旨在礼。礼有五经，本在丧服。"这是因为在礼经中，"丧服一篇，三纲五伦一以贯之"，见曹元弼《丧服郑氏学·序》，上海书店出版社，2017年。

的亲疏远近，"尊尊"就是"尊其所尊"，表现的是人伦关系中的尊卑上下，丧服制度最为鲜明地体现了这两个原则。在 2016 年的一篇论文中，笔者较为全面地讨论了丧服制度是如何体现"亲亲""尊尊"的原则及其与差序格局的关系，在此不再赘述。此处将承接以往的讨论，进一步"聚焦"于差序格局的"核心层"——父子关系的讨论。

丧服制度是亲人去世后生者为其服丧的制度，具体表现为活着的亲人根据与死者的关系而穿特定式样的丧服，据其式样和穿着的时间长短分为五等，包括斩衰（三年）、齐衰（又称"期"或"齐衰期"，一年）、大功（九月）、小功（五月）、缌麻（三月）五种，即世俗所称的"五服"。因为"五服"主要根据亲属关系的远近所定，所以在民间，"五服"变成了亲属称谓的类别，如"期亲""大功亲""小功亲""缌麻亲"等。具体而言，斩衰服包括为父、君等，齐衰期服包括为母（齐衰三年）、妻、子、昆弟、祖父、伯叔父母等，大功服包括为从父昆弟（俗称堂兄弟）、孙等，小功服和缌麻服依次外推，包括更远一些的亲属。① 除了本宗亲属之外，丧服制度还包括母亲、妻子、姊妹、女儿等人的亲属或出嫁后所连带的亲属。由五服的分类可以粗略看出，五服的等级与具体亲属的对应所主要依据的就是亲亲和尊尊两大原则。②

父子关系是中国社会中最为重要的关系，也是差序格局的核心。虽然君臣关系在政治制度中最为重要，但是在儒家的传统理论中，君臣关系是"比拟"于父子关系而来，所谓"资于事父以事君"。③ 在丧服的斩衰服中，"父"排在第一位，"诸侯为天子""臣为君"排在其后。在丧服中，出于先天血缘而服叫作"恩服"，出于后天关系而服叫作"义服"，则子为父为恩服，臣为君为义服，"义由恩出"，④ 所以排列顺序先父后君。清儒蔡德晋的解释很明确："天之生物，使之一本。有父子然后有君臣，丧服皆从一本而推，故不得以天子先父也"。⑤《仪礼·丧服》"传"文对君、父斩衰的解释是相同的，即"父，至尊也""君，至尊也"。君是一

---

① 具体细节和图示请参见周飞舟（2016）。
② 《礼记·大传》中说"服术有六"，意思是制服遵循六大原则。在这六大原则中，"亲亲"和"尊尊"又是两项最为基本的原则，其他四项可以视为次要原则或补充原则。
③ 见《礼记·丧服四制》。
④ 《仪礼·丧服》贾公彦疏曰："此章恩义并设，忠臣出孝子之门，义由恩出，故先言父也。"
⑤ 见蔡德晋《礼经本义》卷十七，清文渊阁四库全书本。

国之尊，父是一家之尊，同为至尊。父亲身兼"至亲"与"至尊"，可以说是亲亲与尊尊之至，所以是人伦关系的起点和总纲。

对于至亲兼至尊的人，儒家强调的伦理是"孝"，孝也成为中国传统伦理的起点和总纲。对"孝"无以复加的强调是中国社会和政治思想最为鲜明的特点之一。父子这一人伦的"孝"与其他的伦理，如与事君的"忠"就很不相同。《礼记·檀弓》云："事亲有隐而无犯""事君有犯而无隐"，指出了对待父、君的两种不同的伦理。事父母的"孝"之所以"有隐而无犯"，即不称扬父母的过失、不犯颜顶撞，是为了顾全自己与父母的亲情和对父母的尊敬，就是《论语》中强调的"事父母几谏"。相比之下，事君之"忠"则应该犯颜直谏，也可以对外直陈国家之得失。在丧服中，对父母的"孝"用服制的加隆来表现。

丧服的制服起点叫作"至亲以期断"，即血缘上为"至亲"即"一体之亲"的人，基本的服制就是齐衰期服，以一年为期，这又叫作本服。这些人包括了我们今天称为核心家庭成员的人如父母、妻子（丈夫）、兄弟姊妹、子女。父母是至亲之上又有至尊，为了"尊尊"，将母亲的服制由齐衰期加隆为齐衰三年，将父亲的服制加隆为斩衰。由一年加为三年是因为父母之尊，非但如此，由于父亲至尊，而伯叔父与父亲"一体"，祖父又是父亲的"至尊"，所以这两人的服制也由原本的大功服加隆为齐衰期服。在社会生活中，对于祖父和伯叔父的伦理也与此相应，其亲情不及亲生父母，但是在对待他们的时候，在亲情之上亦会加以特别的尊敬，对祖父和伯叔父的尊敬即由父亲而来。

儿子对父亲由于尊尊而加隆，父亲对儿子则只有至亲关系而没有尊尊的因素，所以父亲对众子的丧服是齐衰期服，但是长子除外。《丧服》"斩衰章"除了父、诸侯为天子、臣为君以外，第四项斩衰服就是"父为长子"，即父亲为长子——嫡妻所生第一子服斩衰。这项在今天看来有些难以理解的服制显示出父子关系所包含的复杂性，需要超出父子关系来加以理解。

《仪礼·丧服》的"传"文是这样解释的："何以三年也？正体于上，又乃将所传重也。庶子不得为长子三年，不继祖也。""传"文的意思是说，之所以要服三年斩衰，是因为这个长子既是自己的亲生儿子（体），又是自己嫡妻所生（正），并且担负着传承自己父亲（即长子之祖父）的血脉的重任（将所传重①）。但是如果自己不是长子，自己不为父亲传重，自己的长子就不必担负为其祖父传重的责任（不继祖），因此自己就不能为他服斩衰三年。由此可以看出，父亲为长子服斩衰需要满足一个条件，就是这位父亲自己也必须是一个长子。

为什么必须自己是长子才能为自己的长子服丧三年呢？根据《仪礼·丧服》传、注、疏以及历代礼学家的讨论，这是因为如果自己不是长子，则没有传重的责任，而自己的长子所担负的就只是为自己传重的责任，并没有担负为祖父传重的责任（不继祖）。只为自己传重，则自己不为其服斩衰。这个解释说明了父子关系中的一个重要道理，即父亲对长子的期望，并非只是要完成对自己的传重，更为重要的是要完成自己对自己父亲即长子之祖父的传重。长子之身，担负为自己父亲的传重责任，而殁于自己之先，痛何如之。故为长子斩衰三年，并非为自己传重之统，而是为父亲、祖父乃至更远祖先传重之统。由此而言，父亲对儿子的伦理，生之养之，死而重服服之，这其中包含了自己的"孝"和宗族传承的责任。

父亲为长子服斩，是由于有传重之义。长子之所以重要，并非因为要传自己之重，若果如此，则为其服斩相当于为自己服斩。长子重要，是因为自己作为长子，身膺重任，为长子服斩体现了自己父亲乃至祖父、曾祖之尊。② 由此而言，"孝"固然表现为为父亲服斩，但若自己是长子，至孝之义尚不止此，更为重要的是为自己的长子服斩。所以身为长子，对父对子都要服斩。为父服斩是"孝"，为长子服斩是"慈"，但是这种"慈"表现出来的正是自己的"孝"，不"慈"就是最大的不"孝"。在这个意义上，自己若是长子，则对父之"孝"与对子之"慈"则互为前提、融合无间，我们姑称之为"慈孝一体"。

二　"降""报"交织

在初步讨论了"孝"与"慈"之后，我们再回到丧服制度中的一个

---

① 传重，按照郑玄的注，就是"代己为宗庙主"。清儒程瑶田的解释比较详细："正体于上，言己与尊者为一体，而为继袮之宗子，主袮庙之祭，斯谓之'重'，言其为受重之人也。"见程瑶田《仪礼丧服文足征记》，载《程瑶田全集》，黄山书社，2008 年。

② 若自己父亲也是长子，则此服斩亦有祖父之重在内；若自己父亲、祖父俱为长子，则曾祖之重亦在内，依此类推，父祖之重将要体现在自己的长子身上，而其先己而逝，故服斩亦表其如斩之痛。

原理性问题。在"至亲以期断"的原则下，子为父服斩是因至尊加隆一级，那么父为长子服斩是否也是加隆一级呢？虽然长子身膺重任，其任虽"重"（长子之长子），其位虽"正"（嫡妻所生），但长子毕竟是自己的儿子，其身无"尊"，如果由齐衰期加隆为斩衰，这岂不是与自己对父亲的制服原理一样了？礼者，别也。礼制就是用来分殊人与人之间亲疏与地位的差别从而来确定彼此的关系，子对父与父对子即使在制服结果上一样，在制服原理上也应该是有差别的。本节即讨论这个差别。

在《仪礼·丧服》"齐衰三年"章的"母为长子"条中，母为长子服齐衰三年，与子为母服相同。这一条的"传"文曰："何以三年也？父之所不降，母亦不敢降也。"郑玄注曰："不敢降者，不敢以己尊降祖祢①之正体。"《仪礼·丧服》"传"认为，母亲为长子服三年，并不是由一年的期服加隆成三年，而是由于不敢"降"为一年；母亲不敢"降"，是因为父亲也不"降"。郑注进一步说明，这里的不降与"父为长子"条是同一个道理，都是因为"正体于上""将所传重"而不降。这如何理解呢？

元代礼学家敖继公就认为"传"文错了："此加隆之服也，不宜云'不降'。父母于子，其正服但当期除，非降服。"②敖氏认为父为长子、母为长子都是在至亲的期服上面加隆为三年，这里根本没有"降"和"不敢降"的问题。

在丧服制度中，"本服"就是在"至亲以期断"的原理下，按照亲疏远近逐层向外降级而成的层级服制。向外的降级，如对昆弟服期、从父昆弟服大功、再从昆弟服小功、族昆弟服缌麻，叫作"杀"，是递减的意思，与丧服中的"降"意思不同。丧服中的降服，是指在本服的基础上因为某种原因而降级制服，就像子对父在本服的基础上因为"至尊"而加隆为斩衰一样。按照郑玄在《仪礼·丧服》"齐衰期"章的注，"降有四品：君、大夫以尊降；公子、大夫之子以厌降；公之昆弟以旁尊降；为人后者、女子子嫁者以出降。"③虽然分了四种，但实际上是两大类，前面三种都是因为施服者有爵位之尊或与有爵位的人有亲属关系而对死者降

---

① 祢，郑玄注为"父庙"，是礼制中对父亲的尊称。
② 见敖继公《仪礼集说》，卷十一。
③ 见《仪礼·丧服》"齐衰期"章"大夫之适子为妻"条注。这"四品"，分为尊降、厌降、旁尊降和出降。尊降是因爵位而降其旁亲，厌降和旁尊降都是因其父、其兄有爵位而降其旁亲，出降则是因为出嫁、出继而降其本亲。

级制服，都是因"尊"而降，第四种则是因为女子出嫁、为人后者出继而对原来的亲属降级制服，叫作"出降"。很明显，上述"不敢降"的情况不包括在这四种降服中，但郑玄的这两处注就出现在前后相邻的两章，他显然并不认为这两个注有任何龃龉之处。

绅绎传文和郑注，他们应该认为还有一种"降"，只不过这种降没有形成像"尊降""出降"那样的降服类型而已。这是清末礼学家张锡恭的发现，顺着这个发现，他更加细致地阐述了父子关系的丰富内涵。

礼制中的"尊尊"，一般包括两种，一种是"爵尊"，就是由五等、六等封建爵位而带来的"尊"；另一种是"齿尊"，① 是由年长带来的"尊"，在家族中就是长辈的"尊"，其中父母、祖父母等叫作"正尊"，伯叔父母等叫作"旁尊"，我们可以统称为父祖之尊或者"祖祢之尊"。祖祢之尊有一个特点，就是它并不像爵位之尊那样简单依附于一个人身上，而是具有很强的伸缩性和累积性，所传世代越多，祖祢之尊越重。祖祢之尊的传承依靠一个中国礼制中的核心制度，即建立在嫡庶制上的宗法制度，具体而言，父祖之尊会体现在宗子身上。宗的本来含义就是"尊"，所谓"宗者，尊也，为先祖主者，族人之所尊"。② 每一代嫡妻所生之长子为宗子，依据其所承担父祖之尊的轻重程度而言，可分为一大宗、四小宗，即所谓"五宗"。大宗子是由始祖嫡嫡相传而来的，为全族人所同尊。小宗子则根据其所承担的父祖之尊的程度分为继祢宗、继祖宗、继曾祖宗和继高祖宗，分别是一世、二世、三世、四世之长子。③ 从继祢宗子到大宗子，分别承担着为父后、为祖后、为曾祖后、为高祖后和为整个宗族之后（为始祖后）的任务，祖祢之尊越来越重。在父亲去世之前，其长子只是"将所传重"、将要为祖后的人，他比其他庶子的身份重要，但是对父亲来说，他并没有"尊"。可以说，将要为父后的嫡长子既"正"（为嫡为正宗）又"重"（重要），但"尊"仍然在父亲那里。在这种情况下父亲为之服斩衰不能说是在本服基础上的加隆，因为加隆，无论是对父母、祖还是君，都是以尊而加。既然不是以尊而加，那么就是应降而不降，这是对于将要为祖后的长子

① 见《孟子·公孙丑下》："天下有达尊三，爵一、齿一、德一。"其中爵、齿之尊鲜明地体现在先秦礼制中。
② 见陈立《白虎通疏证》卷八，中华书局，2007 年。
③ 宗子的具体关系及其图示可参加周飞舟《差序格局和伦理本位》一文。

与其他众子的差别的表现。

张锡恭认为，从子孙而言，要为其正尊加隆，而从正尊而言，则要"降"其子孙以显其"尊"，这个道理如同君、大夫尊降其族人一样。只是这种"降"与君、大夫尊降的区别在于"彼'降'（君大夫之尊降）在制服后，降本服为他服也；此'降'在制服先，因降而制不杖期，因不降而制三年也"。① 也就是说，这种"降"不是像"尊降""出降"那样在制服完成之后再降一级成为"降服"，而是包含在制服过程之中，即服制的计算过程中。若果如此，那么无论是子为父服斩衰，还是父为长子服斩衰、为众子服齐衰期这些服制的计算过程远不像我们原来认为的那么简单，而将是极为复杂的。

张锡恭的一篇文章《释正尊降服篇》专门讨论这个问题，为我们揭示了父子关系乃至祖孙关系中更为复杂的面向。在这篇文章的开头，张氏曰："凡正尊于卑属，子若孙、子妇若孙妇，其服皆降也。"② 这是说，正尊对于卑属，包括对于子、孙、子妇和孙妇这些人，制服的过程中都有"降"的环节。而这些"卑属"对于正尊的制服则有加隆的环节。这里"加"和"降"的逻辑是一致的，都是因为尊卑的关系，即"尊尊"。过去我们一般认为体现"尊尊"的服制，在亲属关系里，就只是卑属对正尊的"加隆"而已，但是经过张锡恭的研究发现，丧服的制服过程中体现"尊尊"的，还有一个隐藏的正尊对卑属的"降"的过程。即卑属对正尊加服、正尊对卑属降服，不可或缺。非但如此，《释正尊降服篇》还揭示了父子关系中一个更加隐蔽的制服机制——"报"的过程。

所谓"报"，就是卑属对正尊加隆之后，正尊对卑属的回报——也在本服之上对卑属加服。这样，正尊对卑属的制服，实际上是由"降其本服"和"报其加隆"两个过程组成。对于一个正尊而言，其主要的卑属可以分成八类，子行包括嫡子、嫡妇（嫡子之妻）、庶子、庶妇（庶子之妻）；孙行包括嫡孙、嫡孙妇、庶孙、庶孙妇。我们分别以表格来表示。为了清楚显示丧服的等级差别，我在五等服前面加上相应的 A、B、C、D、E，这样更直观一些。

---

① 见张锡恭《丧服郑氏学》卷四，上海书店出版社，2017 年。
② 见《释服二十二正尊降服》，《茹荼轩文集》卷六。

表 1 卑属为正尊所施成服

正尊			
嫡子 （A 斩衰）	嫡妇 （B 期）	庶子 （A 斩衰）	庶妇 （B 期）
嫡孙 （B 期）	嫡孙妇 （C 大功）	庶孙 （B 期）	庶孙妇 （C 大功）

表 1 是八类卑属为正尊所施成服。所有子、孙都是在本服基础上加隆一级，子均服斩，孙均服期，无论嫡庶；所有子妇、孙妇都是本宗之外的家庭成员，她们对丈夫家族成员的本服都按照"从夫降一等"的原则来计算，如嫡子为其父本服为期，嫡妇降一等为大功，其他庶妇、嫡孙妇、庶孙妇亦同此原则，所以表中妇人所服均较其夫降了一等。因为其夫为正尊均加隆制服，所以众妇亦从夫而加隆，就有了表 1 中的服制。表 1 所显示的服制最突出的特点就是卑属为正尊制服时并无嫡庶差异，只有因为血缘远近造成的子、孙差异。就此表而言，子行、孙行的差别显示出"亲亲"的向外递减原则，即所谓"亲亲之杀"，而所有人在本服之上加隆一等显示出"尊尊"的原则。

表 2 卑属所受成服

正尊			
嫡子 （A 斩衰）	嫡妇 （C 大功）	庶子 （B 期）	庶妇 （D 小功）
嫡孙 （B 期）	嫡孙妇 （D 小功）	庶孙 （C 大功）	庶孙妇 （E 缌麻）

表 2 表示的是正尊为卑属所服，也就是卑属所受成服。与表 1 对比，相同之处在于子行与孙行仍差一等，这是"亲亲之杀"所致。不同之处则有二。首先，嫡庶之别显然是与表 1 的最大差别：所有嫡属比相应的庶属受服均高一等级。其次，所有妇人与其夫所受服相比差了两等，这两个差别正是"降其本服"和"报其加隆"两个计算过程导致的。我们看表 3。

表3　卑属对正尊所施服与受服的制服过程及其关系

	卑属所施服			卑属所受服				施服成服~ 受服成服
	本服	加隆	施服成服	本服	降其本服	报其加隆	受服成服	
嫡子	期	+1	A 斩衰	期	×	+1	A 斩衰	0
嫡妇	大功	+1	B 期	大功	×	×	C 大功	1
庶子	期	+1	A 斩衰	期	−1	+1	B 期	1
庶妇	大功	+1	B 期	大功	−1	×	D 小功	2
嫡孙	大功	+1	B 期	大功	×	+1	B 期	0
嫡孙妇	小功	+1	C 大功	小功	×	×	D 小功	1
庶孙	大功	+1	B 期	大功	−1	+1	C 大功	1
庶孙妇	小功	+1	C 大功	小功	−1	×	E 缌麻	2

此表分三部分，第一部分是卑属施服的制服过程，即所有卑属在本服基础上加隆一级而成服。第二部分是卑属所受服的制服过程，我们具体来看。正尊对其嫡（长）子，因为"不敢以己尊降祖祢之正体"，所以不降本服（表中用"×"来表示），但是由于父子一体，而报其加隆，所以本服为期，成服为斩，这就是"父为长子"（包括母为长子）三年的计算过程，其中只有"报"和"不降"，而没有加隆。"报"与"加隆"的区别，后文有详述。嫡子之妻，之所以叫作嫡妇，据《仪礼·丧服》"适妇"条郑注，"妇言适者，从夫名"。此条"传"文曰："何以大功也？不降其适也。"虽然不降其本服，但是嫡妇与正尊本人究无血缘关系，所以不报加隆，这样计算下来，不减不加，成服仍是大功。庶子无传重之任，体而不正，① 故降其本服，因父子亲亲而报其加隆，一减一加，成服仍然是期。庶妇既非正嫡又无血亲，降其本服而不报加隆，减且不加，成服比本服低了一级，为小功。这是子行的情况。

嫡孙正而不体，"不敢降其适也"，② 故不降本服，因祖孙血亲而报其加隆，不减且加，故服期。嫡孙妇亦不降，但亦不报，不减不加，故服小功。庶孙非正体，故降本服，因祖孙血亲而报其加隆，一减一加，故服大

---

① 在《仪礼·丧服》"父为长子"条疏中，贾公彦认为"虽承重不得三年，有四种：一则正体不得传重，谓适子有废疾，不堪主宗庙也；二则传重非正体，庶孙为后是也；三则体而不正，立庶子为后是也；四则正而不体，立适孙为后是也。"

② 《仪礼·丧服》"适孙"条：适孙。传曰：何以期也？不敢降其适也。

功。庶孙妇减且不加，其本服小功，故服缌麻。

我们可以将这个制服过程概括为四句口诀：

降其本服，惟嫡不降；报其加隆，惟妇不报。

"降"因尊卑之义，子孙无论子、妇，因"不正"而降，因"正"而不降；"报"因亲亲之仁，子孙无论嫡庶，因"亲"而报，因"疏"而不报。我们可以简练地总结为"尊尊主降""亲亲主报"。表中第三部分是用第一部分的"施服成服"等级与第二部分的"受服成服"等级相比较，可见嫡子、嫡孙既"正"且"亲"，施、受相同；庶妇、庶孙妇既"不正"且"不亲"，所以受服比施服低了两等；嫡妇、嫡孙妇"正"而"不亲"，庶子、庶孙"亲"而不正，所以受服比施服低了一等。可见，表 3 虽然关系繁复，但以亲亲、尊尊两条原则交织往来又各不相犯，使得父、子、孙之间的人伦关系条理井然。

三 "仁"至"义"尽

前面两节通过丧服制度来展示家庭内部父子关系的内在条理，为了进一步深入讨论，在第二节中延展至祖孙关系并将子妇、孙妇等人也包含在内。我们看到，无论是子孙对父祖的"孝"，还是父祖对子孙的"慈"，在服丧的制度上可以表现为非常复杂细致的形态。之所以如此，是我国传统中重差别、重秩序、重分寸的伦理所致。这些特征不仅表现在整个社会关系的结构和形态上，也表现在差序格局的"核心层"即父子关系层面。到今天，丧服制度虽亡，但是其背后的伦理仍然构成了中国社会中家庭关系的基本结构特征。通过理解丧服制度形态背后的结构原则，有利于我们理解人伦关系中的行动伦理。

从丧服制度来看，父子关系背后的核心支配原则是"亲亲"和"尊尊"。无论是子对父还是父对子，都是由这两个原则的具体变化形态组成。"亲亲"是中国伦理思想的基础，也是儒家传统里人际关系构成的核心概念——"仁"的主要内容。《中庸》子曰："仁者人也，亲亲为大。"孟子曰："亲亲，仁也"，又曰："亲亲而仁民，仁民而爱物"。"仁"作为人之所以为人的基本特征，表现在人际的形态就是亲亲，是有差等的爱。"亲亲之仁"包含了两个对立统一的方面，一方面是指随着亲密关系的外展，爱会逐渐淡化，即所谓"亲亲之杀"；另一方面，正因为有了外围的淡化和"杀"，才有对至亲的至爱，而不会无差等地"视其父如路人"。① 这两个方面是互为条件的，没有外部的"淡化"则没有核心层的"浓厚"，而对至亲有浓厚的至爱，差等的外推才有意义——越有至爱的人也越能仁民爱物。对于至亲的至爱，在父母就表现为"孝"，但"孝"并非只有至爱而已。

《礼记·祭义》云："孝子之有深爱者，必有和气；有和气者，必有愉色；有愉色者，必有婉容。孝子如执玉，如奉盈，洞洞属属然，如弗胜，如将失之。严威俨恪，非所以事亲也，成人之道也。"这段话的意思是说，孝子事亲，若爱之至，必然和愉有婉容，颜色神态必然恭敬小心，就像捧着珍贵的东西怕失去、捧着盛满的水怕遗洒一样。这虽然是指祭祀父祖，但与侍奉父母之义并无二致。朱子就用这段话来解释《论语》中子夏问孝、孔子回答说"色难"这两个字的意思。② 人们对一个人深爱之至，反而不会直情径行地表达感情，而是会恭敬谨慎，注意自己的神态语气，即由爱生敬。同时，对于父母的至爱，与对于他人如夫妻子女的至爱另有不同。父母于己有生养之恩，此恩无以为报，则养生送死，义不容辞。古人曰"义由恩出"，即是此"义"。敬是对爱的表达的节制。在儒家的伦理体系中，由"亲亲之仁"生出"尊尊之义"。"义者宜也，尊贤为大"，③ "敬长，义也"，④ 所谓"义"，就是用尊、用敬来节制"仁"，使爱的表达无不合宜。故《礼记·礼运》云："仁者，义之本也""义者，仁之节也"，又曰："礼者，义之实也。"这也表达着同样的意思，即"义"由"仁"而生，又是"仁"的节制。"礼"就是这种以"义"节"仁"的结果，也可以说礼就是"尊尊之义"加在亲亲的人际格局上出现的各种制度。⑤

---

① 见《朱子语类》卷第五十五。
② 见朱熹《四书章句集注》"论语·为政第二"。
③ 见《中庸·哀公问政》。
④ 见《孟子·尽心上》。
⑤ 儒家传统中类似的话很多，如《中庸·哀公问政》："子曰：仁者人也，亲亲为大；义者宜也，尊贤为大。亲亲之杀，尊贤之等，礼所由生也"。孟子："亲亲，仁也；敬长，义也，无他，达之天下也"。《荀子》："亲亲、故故、庸庸、劳劳，仁之杀也；贵贵、尊尊、贤贤、老老、长长，义之伦也；行之得其节，礼之序也。"

对父母由亲之至到敬之至、尊之至，就是"孝"。所以在丧服中，表达父母之"尊"的方式就是在亲亲之杀的差序格局内为父母加隆，为父斩衰，为母齐衰三年。这种"尊"生于父子之间，延伸至家庭之外，"资于事父以事君，而敬同"，则有丧服中各种君臣、爵位相关的服制；这种"尊"向上延伸至祖父乃至曾祖、高祖，则有对曾祖、高祖的加隆。① 如《礼记·大传》所云："自仁率亲，等而上之至于祖，名曰轻。自义率祖，顺而下之至于祢，名曰重。一轻一重，其义然也。"顺着亲亲的格局，往上推演，自父、祖至曾、高，亲情越来越轻；由尊父而尊祖、尊曾祖高祖，乃至始祖，尊尊之义却不会轻，反而会越来越重。大宗子比小宗子之所以任重，并非与族人在"亲亲"方面有何特殊，而是在"尊尊"方面承接了自始祖而来的"尊"，从而为族人所"宗"；相比之下，继高祖宗的小宗子就只为五服内族人所"宗"，而继祢宗的宗子就只为同父兄弟所"宗"。每个人都在宗法结构里有独特的位置，由己身而上，有父、祖等正尊，有伯叔父母、从祖父母等旁尊，这些"尊"都是由父母之"尊"所"延伸"出来的，其延伸的形态就是在人类的自然血缘关系结构之上衍生出的"礼"的世界。

由己身而下，都是子、孙等，自无尊可言，所以核心的伦理是"慈"。但由"正尊降服"的理论来看，这种正尊对卑属的"慈"并非是简单的"爱"，也同样内含了亲亲和尊尊两方面的原则。这里的"尊尊"，主要是由己身传父祖之重的责任衍生出来的对自己嫡长子、嫡长孙的重视。自己有了嫡子，就等于将父祖之尊的传重落到了实处，自己"承前续后"的人生就有了绵续的方向和路线，所以传重责任有着生命的寄托意义，自己的生命融入了一条由父、祖、曾、高到子、孙、曾、玄组成的上溯久远、下延无穷的河流。对嫡子的重视就是父祖之尊在子孙身上的体现，只是因为自己对子孙来说是"尊"，所以不能说嫡子嫡孙有"尊"，只能称为"嫡"、为"正"以示其"重"。对于这种"将所传重"的身份，丧服制度里不是用尊者加隆的方式，而是用"不降"的方式来表示。嫡子嫡孙是卑属，按照尊尊的原则，正尊对其有"降其本服"的要求，但因其为"嫡"则不降。

---

① 依《仪礼·丧服》制，对曾祖、高祖齐衰三月。按照"亲亲之杀"的格局，曾祖、高祖分别位于小功、缌麻的位置，加为齐衰，是尊尊之义所致。

在丧服中，在对父祖等尊者加隆的制度上，嫡子庶子没有差别。在嫡庶之间，庶子也没有为嫡子任何加隆的制度。嫡子身份特殊性的唯一表现，就是"应降而不降"，《仪礼·丧服》"传"文中叫作"不敢降""不敢降其适"。不但正尊不敢降，君、大夫因为爵位之尊而降其亲属时，遇到嫡子亦不敢降，[①] 显示出中国传统思想中政治与宗法关系的独特之处。[②]具体而言，在正尊对卑属降服时，是为了表示己身之尊，而嫡子作为卑属，身膺父祖传重之任，己尊不敌故不降，这是不同的"尊"相遇之后的结果。

从正尊对卑属的制服过程中，我们可以进一步理解"尊尊"的"延伸"机制。在家族内部，尊尊生于父子之间，是晚辈对长辈的尊敬，属于孟子所说的"齿尊"，故其延伸趋势是向上，可以延至始祖。对母亲亦是如此，丧服中对母之父母即外祖父母在缌麻的基础上加隆为小功服，"传"文曰"以尊加也"，此"尊"显然来源于母亲。除了父母之外，作为一体之亲的昆弟姊妹也会因父之尊而有尊，叫作"旁尊"。丧服中，为伯叔父、为姑都在大功本服的基础上加隆服期，原因是"传"文中的解释"与尊者一体也"。所谓"一体"，是此条"传文"所言"父子一体也，夫妻一体也，昆弟一体也。故父子，首足也；夫妻，牉合也；昆弟，四体也"。若与尊者一体即可以有尊，那么夫妻一体，妻子当然也可以"体夫之尊"。[③] 但是在对父母、祖父母等的服制中，看不出"尊尊"在夫妻间的延伸机制，因为父母之尊同时而生。然而从正尊对卑属的制服过程中，我们可以看出这一点。父母对嫡长子服三年，是因为"不敢降"，不敢降的原因是因为"正"，即"将所传重"之义。嫡妇因为与嫡子夫妻一体，所以亦有其"正"而不降，从不降的结果我们可以倒推出嫡妇之所以为"正"就是因为夫妻一体。至此，我们可以总结"尊尊"在家族关系内的延伸范围了。尊尊之义生于父母，因父子一体向上延伸至父祖曾高，因昆弟一体向旁延伸至世叔父、姑，向下延伸至嫡子、嫡孙，因夫妻一体而至于嫡妇、嫡孙妇。

---

① 见《仪礼·丧服》"大夫之适子为妻""大夫之庶子为适昆弟""大夫为祖父母、适孙为士者"三条"传"文，俱云"不敢降其适""大夫不敢降其祖与适也"。
② 这方面的具体论述，参见周飞舟《差序格局与伦理本文》一文。
③ 见李如圭《仪礼集释》卷十八："凡妇人从其夫之爵位，故大夫之妻得体夫之尊，其服与大夫同。"

如果说不能降嫡子、嫡妇之本服是"不敢"，那么对嫡子、庶子"报其加隆"则是"不忍"。"不敢"出于"尊尊之义"，"不忍"则是出于"亲亲之仁"。对于嫡子、庶子，同宗一体之亲，"不忍"对方给自己的加隆而回报之，亦加一等，这是仁厚而"亲亲"的态度；对于嫡妇、庶妇，虽然与自己的儿子是一体，但是与自己却较为疏远，因此对于对方给自己的加隆"忍"而不报，这也是一种亲疏有别的"亲亲"的态度。"忍"与"不忍"，俱出于"亲亲之仁"。

那么，这里"不敢"和"不忍"的关系是什么呢？或者说"尊尊之义"与"亲亲之仁"的关系如何？我们单独理解"敢"与"不敢""忍"与"不忍"的逻辑是很清楚的——"敢"是以尊降卑，"不敢"是因嫡而不降；"忍"是对嫡妇、庶妇以疏而不报，"不忍"是对嫡子、庶子因亲而报，——但对同一人，为何同时会有"不敢"与"不忍"或"敢"与"忍"呢？以庶子为例，既然"敢"降其本服，又"不忍"不报其加隆，实际上成服与本服同服"齐衰期"而没有变化，何必多此一举呢？

丧服制度是一个由亲亲、尊尊两大原则交织而成的网络，这个网络的结构由亲疏远近和尊卑上下构成，每个人在其中都有一个特定的位置。"仁"与"义"是人们在网络格局中行动的伦理，丧服制度作为礼制的核心和基础部分，其结构安排正是体现这种伦理的，或者说，人们按照礼制行动，在行动中感受或发扬了"仁""义"的伦理。就我们讨论的正尊降服的伦理而言，施服行为正是"仁义"伦理的发扬。

"仁者人也"，是说"仁"主"人"，主亲亲，主爱人。行仁之方，在于"恕"，即推己及人。"义者我也"，[①] 是说"义"主"我"，主尊尊，主正己。断之在"我"，在于"忠"，即尽己之心。"仁"要求为对方考虑，用以接物待人；"义"则是敬以直内，用以自处自律。或者简要地说，对于礼制中在每个不同的位置上的人来说，其伦理的要求或礼制的精神是统一的——以"仁"待人，因而有"不忍"；以"义"自处，因而有"不敢"。

就卑属而言，对正尊加隆，就是出于尊尊的要求，也是自处以"义"；就正尊本人而言，以尊降卑，或不敢降，或不敢不降，也是出于"尊尊"的要求，也是自处以"义"。但既已"降其本服"，尊卑之义已

---

① 见董仲舒《春秋繁露·仁义法》。

尽，卑属复为自己加隆，则不忍之心已发，即"仁"至矣。自己是正尊，卑属为自己加隆，属于应尽之义，但仁义之道，贵在"躬自厚而薄责于人"，①他人之"义"，我必待之以"仁"，所以这份"不忍"之心、回报之意乃属于"仁"而非"义"。②既属于"仁"，则亲者厚，疏者薄。对于亲者，"不忍"而报属于自然之势，故子孙无论嫡庶均报其加隆；对于疏者，"忍"而不报亦有必然之理，故诸子妇孙妇均不报其加隆。这样一来，正尊为卑属之服，亲疏远近，高低上下，尽显"仁"至"义"尽之意，是为"慈"也。张锡恭在《释正尊降服篇》中说："降其本服者，严父之义；不忍不报者，爱子之仁。先王制礼，仁之至、义之尽也。"本文所论即可视为这句话的注脚。

四　余论

丧服制度可以显示出差序格局"核心层"的复杂关系形态，而且这种关系是以一种"你来我往"的彼此"致意"的互动方式展开。之所以说"致意"，是因为这只是一个高度形式化的理论，在现实中双方总有一方先去世才有另一方为之制服，不可能互相制服。但是正是这种特殊形式的"互动"，为我们理解这个"核心层"内各方对彼此存在的意义提供了很好的制度形态。

根据本文的分析，我们可以看到，这个"核心层"以父子关系为主轴，可以延伸至祖孙，包括了今天意义上核心家庭和主干家庭的所有成员。这些成员互相以两个维度来进行各自的关系定位，即亲亲和尊尊。具体而言，从亲亲维度看，核心家庭成员为至亲，祖孙其次，这和一般的血缘关系结构没有太大的差别。相比之下，尊尊的维度更显示出差序格局核心层的主要特点。父亲是"至尊"，父亲的"一体至亲"包括妻子、父亲、昆弟姊妹都是其子的正尊或旁尊，所以施服者对父亲以及父亲的一体至亲都有加隆。尊尊的维度还有另外一个重要的效应，即父亲对子、孙制服时，因为尊父尊祖而对诸子诸孙区别长幼嫡庶，在家庭中立起一条以嫡子嫡孙为主的传重"主干"，这样一来，所有家庭成员在尊尊的维度上都

① 见《论语·卫灵公》。
② 所以为长子服斩是不降之义与回报之仁相合而成，而非加隆。

有了各自清晰而独特的定位，形成了差序格局"核心层"的结构。这个结构是传统社会宗法制的基础。

随着"尊尊"维度建立起来，更有特点的是这个核心层结构的行动伦理。在这个结构中，行动者对彼此关系的理解以"仁"与"义"两个伦理为基本维度，以"义"自处，以"仁"待人。这比较充分地显示在我们分析的父子之间的"孝"与"慈"的关系中，也是儒家思想中"仁""义""礼"三者关系的常规体现。礼制规定了行动者的行动规范，这些规范受到"仁至义尽"的伦理支配，因此行动者按照礼制的要求行动，相对较为容易地理解其背后的精神，这就是所谓的"礼教"的教化作用。

从礼制入手理解中国人之间的关系，与从"父权论""利益论"以及现有的社会学理论角度的理解颇有相异之处。儒家的传统礼制思想并不否认人与人之间的利益关系和权力支配关系，只是强调在"利"的关系之上还有"义"的关系，正是这些"义"的伦理成为家庭核心成员之间牢不可破的连接纽带。中国社会的核心特征，无论是被认为是关系本位也好，或者伦理本位也好，差序格局"核心层"内的关系及伦理无疑是我们认识中国社会的关键之所在。时至今日，丧服制度已亡，大部分中国传统的礼制也消亡殆尽，但中国社会的家庭伦理仍在，家庭成员间并没有变成纯粹以利益或权力结合的形态。

就"核心层"的父子关系来看，父子间的确有利益交换的一面，也有权力支配的一面，如曾备受批判的中国家庭的"父权制"，但在当代中国，不但"父权制"已经不见踪影，"养儿防老"也已经成为空洞的幻想，这些被指责的制度和关系弱化并消失后，家庭成员之间却不见得变得更加密切与和谐。费孝通先生曾就中国和西方的亲子关系特征进行对比，他认为西方的亲子关系主要表现为"甲代抚育乙代，乙代抚育丙代"的"一代一代接力的模式"，称为"接力模式"；"在中国是甲代抚育乙代，乙代赡养甲代，乙代抚育丙代，丙代又赡养乙代，下一代对上一代都要反馈的模式"，他称为"反馈模式"（费孝通，2009）。从当前的经验研究来看，大量学者发现并指出了"恩往下流"的社会现象，即子代越来越不赡养父母，其中既有意识形态和文化的影响导致不愿赡养的现象（阎云翔，2017；王德福，2014；狄金华、郑丹丹，2016），也有经济结构和市场地位变化导致不能赡养的现象，许多学者将其视为经济和社会发展带来的必然现象，这似乎意味着"反馈模式"正在向"接力模式"转变。但与此相伴随的另外一个现象却不断显示出这些解释的无力，即在子女因各种原因不愿或不能赡养父母的同时，中国的父母却没有放松对子代的照顾和贡献，这些照顾和贡献仍然是尽己所能，"无所不用其极"，而这与意识形态和经济社会变迁没有明显的关系。学者们用市场论、地位论、利益论、均衡论等来解释子代为何越来越不"孝"，但是这些理论却难以解释父母为何仍是那么"慈"。中国父母的"慈"，背后有一种"责任伦理"（杨善华，2015）支撑，这种伦理不但有对家庭的责任，而且有人生寄托的超验价值的意味，即将自己的生命意义寄托于子孙以求绵续的意味。在这层意义上，父母的"责任伦理"就是传统的以宗法为基础的行动伦理。从本文的研究来看，这种以绵续为归宿的伦理的基础就是尊祖敬宗的"孝"，"慈"是"孝"在自己子孙身上的反映，慈孝一体而无二。现代社会流动剧烈，许多家庭以分离为常态，现代学校以权利教育为基础，少年人多不知孝。但每个人的生命历程都是以为人子始，以为人父终，为人子不知"孝"，为人父却知"慈"，然既知慈，终必知孝。只要"仁至义尽"的伦理仍被父亲们所认同，则父慈子孝作为差序格局核心层的伦理，终究不会湮灭。

参考文献

程瑶田，2008，《仪礼丧服文足征记》，《程瑶田全集》，黄山书社。

狄金华、郑丹丹，2016，《伦理沦丧抑或是伦理转向——现代化视域下中国农村家庭资源的代际分配研究》，《社会》第 1 期。

费孝通，2009，《家庭结构变动中的老年赡养问题——再论中国家庭结构的变动》，载《费孝通全集》第十卷（1983~1984），内蒙古人民出版社。

费孝通，2003，《试谈扩展社会学的传统界限》，《北京大学学报》（哲学社会科学版）第 3 期。

费孝通，2009，《乡土中国》，载《费孝通全集》第六卷，内蒙古人民出版社。

贺麟，2011，《五伦观念的新检讨》，世纪出版集团、上海人民出版社。

帕森斯，2003，《社会行动的结构》，译林出版社。

潘光旦，1996，《伦有二义》，《潘光旦文集》第十卷，北京大学出版社。

潘光旦，1996，《说"伦"字》，《潘光旦文集》第十卷，北京大学出版社。

苏力，2017，《较真"差序格局"》，《北京大学学报》（哲学社会科学版）第 1 期。

王德福，2014，《变色的嫁衣：作为代际剥削手段的彩礼——转型期农村彩礼习俗的性质嬗变研究》，《湖北民族学院学报》（哲学社会科学版）第 2 期。

吴飞，2011，《从丧服制度看"差序格局"——对一个经典概念的再反思》，《开放时代》第 1 期。

阎云翔，2006，《差序格局与中国文化的等级观》，《社会学研究》第 4 期。

阎云翔，2017，《私人生活的变革：一个中国村庄里的爱情、家庭与亲密关系（1949~1999）》，上海人民出版社。

杨善华，2015，《以"责任伦理"为核心的中国养老文化——基于文化与功能视角的一种解读》，《晋阳学刊》第 5 期。

周飞舟，2016，《差序格局和伦理本位：从丧服制度看中国社会结构的基本原则》，《社会》第 1 期。

周飞舟，2018，《行动伦理和"关系社会"：社会学中国化的路径》，《社会学研究》第 1 期。

（原载《学海》2019 年第 2 期）

《家庭与性别评论》第 11 辑

第 93~118 页

© SSAP, 2021

服制与中国传统社会的人伦原理

——从服服制的社会学考察

安文研

摘　要　从丧服制度研究中国传统社会的基本结构与人伦原理是社会学研究的一个经典方向。这篇文章对丧服从服服制的制服过程与社会功能进行了深入的探讨与分析，从而发现属从服制作为对亲亲之服的延伸，徒从服制作为对尊尊之服的补充，在亲属关系中对亲亲尊尊的人伦原理的建构起到了极为坚实的巩固与支撑作用。亲亲尊尊对于建构人伦关系的作用在于帮助我们更深刻地反思现代中国社会对人伦关系的依赖与人伦价值缺失的危机并存的复杂的社会现实。

关键词　人伦原理　从服　制服原则　亲亲　尊尊

一　宗法、丧服与中国社会学

宗法与丧服，作为建构中国传统社会的根本制度，自中国社会学建立伊始，就在社会学研究领域中据有经典的地位，并形成了连续性的研究传统。然而，很长一段时间以来，这一经典的研究传统却被我们遗忘了。重新翻开中国社会学史，[①] 我们清楚地看到，自 19 世纪以来，宗法与丧服

[①] 近年来，中国社会学界已经有了重新研究中国社会学史的呼声。中国社会学界已经认识到，"我们必须通过全面系统地整理、挖掘和诠释社会学前辈留给我们的思想遗产，以中国经验本身为基础，摸索现代中国的可能性出路，从根本上再造中国社会学的核心问题和精神气质"（应星等，2006）。

一直是中国学者由以思考社会变革的重要对象。伴随着中国现代学术的不断成长，中国学者对中国传统社会的研究思路也在逐渐发生变化。

早在 20 世纪初，王国维在研究殷周制度时就采用了社会科学的分析方法，逐层揭示了周代制度的内在架构。在制度考辨之外，王国维以社会科学的视角，从三个层面对周代的制度变革进行了系统的分析。就周代制度之整体架构，王国维（1959：453）指出，"周人制度之大异于商者，一曰立子立嫡之制，由是而生宗法及丧服之制，并由是而有封建子弟之制，君天子臣诸侯之制；二曰庙数之制；三曰同姓不婚之制"。就周代制度之制度精神，王氏论曰，"此数者，皆周之所以纲纪天下。其旨则在纳上下于道德，而合天子、诸侯、卿、大夫、士、庶民以成一道德之团体。周公制作之本意，实在于此"。就周代制度精神之建构原理，王氏论曰，"以上诸制，皆由尊尊、亲亲二义出。然尊尊、亲亲、贤贤，此三者治天下之通义也。周人以尊尊、亲亲二义，上治祖祢，下治子孙，旁治昆弟；而以贤贤之义治官"（王国维，1959：472）。王国维由制度考辨而及于制度精神，又由制度精神深入挖掘其背后的建构原理，呈现出"制度—道德—人伦原理"彼此之间所具有的社会结构上的紧密关联。王国维在研究视角上借西学发力，使得"亲亲尊尊"所具有的社会理论的意涵在其论述中呼之欲出。①

王国维对西周社会制度的研究，明显地构成了陶希圣 20 世纪 20 年代进行亲属法研究的对话对象。不同于王国维希冀回到具有宗法精神的旧的社会制度的立场，陶希圣则致力于推动一种新的社会制度的到来。陶希圣认为，在变革时代必须建立全新的亲属法，但是，欲建立全新的亲属法必须了解中国几千年来一直实行的亲属法。唯有了解所要改革的对象，才可能使改革有其社会基础，并有改革成功的可能性。在《亲属法大纲》（陶希圣，1928）与《中国社会之史的分析》（陶希圣，1929）这两部著作中，陶希圣对宗法制与丧服制进行了精辟的分析。他看到宗法与丧服建构的"父系""父权""父治"的家庭与家族结构是中国传统社会几千年来

---

① 值得注意的是，王国维虽在学术上引进新知，但是在政治立场上却仍抱有恢复帝制的希冀。《殷周制度论》亦寄托了王氏的政治主张。陈梦家指出，"此文之作，乃借他所理解的殷制来证明周公改制的优于殷制，在表面上似乎说周制是较殷制为进步的，事实上是由鼓吹周公的封建制度而主张维持清代的专制制度"（陈梦家，1988：630）。

的基本社会单位，只有改变宗法式的家庭关系才能真正生成新的社会制度。① 陶希圣虽主张革新，但他并不同意西方以财产权为基础建立的法律体系，他认为应该建立生存权体系的亲属法，以培养具有独立人格之个体（白中林，2014）。陶希圣的亲属法研究，虽然属于法律研究，但是就亲属法所具有的建构新人格、建构新的社会关系与社会制度的意涵而言，亲属法研究更是一项社会学研究。20 世纪 30 年代，陶希圣在燕京大学社会学系讲授"中国社会史"课程（瞿同祖，2003：405），他所从事的中国传统社会研究也属于中国社会史的范畴。毫无疑问，陶希圣是中国社会史研究真正的开创者之一。

和陶希圣同时期任教于燕京大学社会学系的还有李安宅，他在 1930 年出版了《〈仪礼〉与〈礼记〉之社会学的研究》。这本著作的特点在于作者并不以社会问题作为社会史研究的入手点，而是以经典文献作为研究的对象。李安宅力求"客观"地处理这两部经学文献，揭开它们神秘的面纱，在《绪言》里，他写道，"本文下手的方法，完全是客观地将《仪礼》和《礼记》这两部书用社会学的眼光来检讨一下，看看有多少社会学的成分"（李安宅，2005：1）。李安宅看到，对礼教文化的了解，也是认识现在社会的一个重要面向，因为"现在的文化一定是旧文化的产物，为欲了解现在起见，也该研究研究旧有文化之'上层建筑'的这一小部分"（李安宅，2005：2）。李安宅以威斯勒的"普遍型式"作为分析概念，对"礼"的物质方面与精神方面进行了提纲挈领式的研究。和王国维、陶希圣对宗法与丧服制度的集中关注不同，李安宅将传统社会"礼教"的各个方面都纳入了社会史的研究范围。

燕京大学社会学系在 20 世纪 20 年代所开启的社会史研究方向，对学生的学习、研究均产生了深远的影响。中国社会史、法律史大家瞿同祖，即于 1930 年进入燕京大学社会学系学习，他在学习期间就听过陶希圣的"中国社会史"课程（瞿同祖，2003：405）。费孝通也于 1930 年进入燕京大学社会学系学习，费孝通应该亦听过陶希圣的社会史课程。瞿同祖 1934 年本科毕业，其毕业论文《周代封建社会》即属于社会史研究。1936 年，其在本科论文基础上又撰成硕士论文《中国封建社会》。瞿同祖一生的研究都在社会史方向上，这一研究方向也得到他的导师吴文藻和杨

---

① 对比陶希圣与王国维对宗法制的不同总结，可以看到二者背后问题意识的根本差别。

开道的认可与鼓励（瞿同祖，2003：411）。瞿同祖在访谈中曾说，"我治学的最大感受，就是用社会学观点来研究中国历史，对历史学和社会学都是一个出路，是一条途径。这也是我一生治学的方向"（瞿同祖，2003：413）。《中国封建社会》一书中，瞿同祖采取社会学的观点，从封建社会的形成到封建社会的崩溃，全以社会结构的演变来说明封建社会的历史。他认为，"封建社会的形成是逐渐的，并不是突然的。其间包含经济、政治、社会，各种结构全部的转变。仅有一种结构的转变，还只是部分的，不能说封建社会已经完成"（瞿同祖，2005：206）。周代是封建社会完成的时期，周代的经济制度已经完全进展到了农业经济，土地关系成了一切组织的中心；政治制度上，通过大规模的封建形成了分封的局面；社会制度上，阶级和宗法是两个极重要的组织（瞿同祖，2005：206）。同样，封建的崩溃也是逐渐的，而不是突然的。春秋时代已呈崩溃的现象，但一直到秦统一天下才全盘地将封建制度推翻（瞿同祖，2005：207）。西周制度的突出创举即是宗法与丧服，两者都是为了维持封建制度而产生的，但是封建制度崩溃后，在中央集权的国家中宗法与丧服制度并没有消失，宗法制由大宗宗法演变为小宗宗法，丧服制度除了原有和宗法、爵位有关的内容外依然以五服制度为中国的基本社会制度。从瞿同祖此后在《中国法律与中国社会》的撰述中，我们更能清楚地看到丧服制度所规定的亲疏尊卑关系如何规范着各种人伦关系与社会行动，使"服制—伦理—法律"三个维度结为一体。

在社会史的进路之外，对于中国的文化与历史传统，社会学学者亦主张进行社会思想史的研究。潘光旦在清华大学社会学系任教时即讲授"儒家社会思想史"的课程，他撰写的《说"伦"字》《"伦"有二义》《说"五伦"的由来》等文章，考辨之细密，论断之独到，都成为后辈学人难以逾越的高峰（潘光旦，1999b，1999c）。潘光旦旧学根基深厚，为同辈学人敬仰，他根据《中庸》"致中和，天地位焉，万物育焉"的思想提出"位育"的概念，这亦代表了他的社会思想的根本主张。他对家谱的研究，也与宗法和服制问题紧密相关。在对中国既有家制传统与西洋家庭制度均进行了深入研究的基础上，他为过渡中的家庭提出了"折中制"的方案，以期能以"夫妇信之"的方式来继续中国人"老者安之，少者怀之"的家庭理想（潘光旦，1999a：156）。

费孝通作为潘光旦的学生，学问上深受潘光旦的影响，生活中与潘光且亦为生死之交。费孝通先后在燕京大学和清华大学学习社会学，社会史与社会思想史两种进路的中国传统社会研究都为他所熟习。在已有研究的基础上，费孝通致力于提出对中国社会具有解释力度的社会学概念与社会学理论。费孝通的理论创造呈现于我们所熟悉的《生育制度》与《乡土中国》两部著作中。在《生育制度》中，费孝通主要通过基于中国社会的经验，将马林诺夫斯基的方法论个人主义功能论与拉德克利夫－布朗的社会结构功能论相调和（王铭铭，1997），不仅从功能论的视角分析了中国传统的亲属制度，更发掘出了中国传统亲属制度所具有的对社会事实的世界性的解释力（王铭铭，2007）。在《乡土中国》中，费孝通则提出了很多植根于中国传统社会特质的社会学概念。"差序格局"是费孝通以五服制度为理论背景提炼出的概念，其所具有的解释力至今仍为学者们所热议。但是，细读原著可以发现，费孝通不止提出了这一个社会学概念，在差序格局所描述的中国乡土社会的基层结构之上，还有与这结构相适应的"系维着私人的道德"。乡土社会的"小家族"构成了绵续性的事业社群。乡土社会秩序的维持则依凭"礼治"来达成"无讼"的状态。这两本著作都属于费孝通继第一期实地的社区研究之后所进行的第二期的工作，即通过对社会结构的分析，在理论上总结并指导实地研究（费孝通，2009b：181）。

　　回溯中国社会学对中国传统社会的研究，一方面我们看到，宗法与丧服始终是中国社会学前辈学者关注的核心问题；另一方面我们也看到，从王国维到陶希圣、潘光旦、李安宅、瞿同祖、费孝通，中国传统社会研究在社会史、社会思想史、社会学理论三条进路上都取得了斐然的成绩，呈现了中国传统社会研究的广阔前景。但是，非常遗憾的是，新中国成立以来，乃至社会学重建以来，这一经典的研究传统却为社会学界所遗忘。2003 年，费孝通先生以《试谈扩展社会学的传统界限》一文重新提出了中国社会学应该研究中国传统社会与传统文化的宏大愿景（费孝通，2003）。但是，将近十年后，中国社会学界才重新意识到传统社会研究对于中国社会学学科建设的关键意义（赵旭东，2010；周飞舟，2017）。

　　2010 年以来，吴飞通过发现并整理清末礼学大家张锡恭先生的遗著《丧服郑氏学》，重新接续了通过丧服制度研究中国传统社会人伦秩序的传统。承接王国维的问题意识，周飞舟特别关注丧服制度中"亲亲"与"尊尊"这两项人伦原理间的关系，在《服术中的"亲亲"与"父为子纲"》（周飞舟、李代，2014）这篇文章中，周飞舟等人通过将同族服表还原为同族本服表发现，同族本服是按照宗法关系确定的，宗法关系不同于纯粹的亲亲关系，宗法关系的实质是建立在亲亲关系基础上的尊祖敬宗之法。在《差序格局和伦理本位——从丧服制度看中国社会结构的基本原则》一文中，周飞舟系统梳理了"亲亲""尊尊"在丧服制度中的具体体现，指出以父祖之尊为核心，外接爵位之尊，内统血缘之亲，一方面使得宗族内部的亲亲关系中也充满了等级结构，另一方面使得政治领域的尊尊关系中也布满了亲属关系的影响，这乃是西周封建制度的主要特点。同时，通过揭示亲亲尊尊与仁义两种德性的关系，周飞舟指出亲亲尊尊之道乃是以爱为主的仁与以敬为主的义在社会结构中的呈现，而传统社会的繁文缛节恰是人在社会中达到"情深而文明"的存在状态的生活之道（周飞舟，2015）。

回顾以往的丧服研究，可以发现学者的讨论都是基于本宗服制，对于从服服制均未触及。但是，从服服制对于家庭关系、政治关系的建构及伦理道德的维系都有着十分重要的意义，只有对从服服制有清楚的了解，才能对丧服制度的社会理论意义有完整的认识。本文试图在对从服服制进行严密考辨的基础上，从社会学的视角对从服的制服过程进行推演与呈现，对从服的道德情感逻辑给予解释，并对其所具有的结构功能给予社会学的分析，以期通过社会学的视角挖掘丧服制度所具有的社会理论的意涵。

二 服制与制服原则

《仪礼·丧服》本是记录西周封建宗法制时期丧服制度的文献，其中涉及的一些丧服规制，随着历史的变迁都已逐渐改变甚或消解，但是它所包含的中国传统社会人伦秩序的建构原则却一直在悠久的历史传统中发挥作用。丧服制度在基本内容上表现为五服制度，包括斩衰服、齐衰服、大功服、小功服和缌麻服五个等级的丧服。己身为不同亲属所服丧服的等级可能是相同的，但其制服原则却可能是不同的。① 制服原则是五服制度的

---

① 比如一位女性出嫁后为其父母服齐衰不杖期，为她丈夫的亲兄弟的儿子也服齐衰不杖期。为父母服齐衰不杖期，是根据斩衰三年和齐衰杖期或齐衰三年之服加以出嫁女子"不贰斩"的原则降服而来，而为夫之昆弟之子的服制则是根据晚辈对自己的名服而制定的报服。

结构原理所在，只有认真梳理每一种亲属关系中的制服原则，我们才能够触摸到丧服制度的真精神。制服原则先儒已有总结，《礼记·大传》曰，"服术有六，一曰亲亲，二曰尊尊，三曰名，四曰出入，五曰长幼，六曰从服"（孔颖达疏，2008：1360）。① 通常来讲，制服原则常常彼此叠加来制成某一关系中的丧服。制服原则分为六种，本文只集中探讨其中的"从服"原则。

梳理"从服"一词在《丧服》经、传、注中的出现次序与频率，可以发现《丧服》经文中并无"从服"一词，"从服"作为一种解释服制的体例系统地出现于《丧服》传文之中。传文中出现"从服"的条目有：①为夫之君。传曰：何以期也？从服也。②为君之父母、妻、长子、祖父母。传曰：何以期也？从服也。③妇为舅姑。传曰：何以期也？从服也。④夫之祖父母、世父母、叔父母。传曰：何以大功也？从服也。⑤君母之父母，从母。传曰：何以小功也？君母在则不敢不从服，君母不在则不服。⑥妻之父母。传曰：何以缌？从服也。⑦舅。传曰：何以缌？从服也。⑧舅之子。传曰：何以缌？从服也。⑨君母之昆弟。传曰：何以缌？从服也。通过这九条条目，可以清楚地看到，传文作者已经将"从服"作为一种系统的体例来解释上述制服的原因。这九条条目分别涉及妻从服夫之党、臣从服君之党、妾子从服君母之党、夫从服妻之党、子从服母之党等五种情况。"从服"亦在其他文本中出现，《杂记上》"女君死，则妾为女君之党服"（孔颖达疏，2008：1600），《丧服小记》"为君母后者，君母卒，则不为君母之党服"（孔颖达疏，2008：1316），"为母之君母，母卒则不服"（孔颖达疏，2008：1325）。将上述情形归纳在一起，则是学者们大多认同的三属从四徒从，即从服有七。

郑玄在《丧服》注中沿用了传文对"从服"的用法，其涉及从服的材料有：①"近臣从君，丧服无所降也"；②"妾从女君而服其党服"；③"从于妻而服之"；④"曾祖父母正服小功，妻从服缌"；⑤"君母在则不敢不从服，君母卒则不服也"。其在具体内容上为《丧服》传文做了补充，在分类上则没有超出三属从四徒从的范围。

关于从服的具体分类，《大传》曰，"从服有六，有属从，有徒从，

---

① 举例来说，为父母昆弟姊妹之服由亲亲原则而来，臣为君之服由尊尊原则而来，为世叔母之服由名服原则而来，为人后者与女子子适人者之服则由出入原则而来，为未成年的亲属的殇服由长幼原则而来，妇为舅姑之服则由从服原则而来。

有从有服而无服，有从无服而有服，有从重而轻，有从轻而重"（孔颖达疏，2008：1361）。但是，在具体的分析中，历代的礼学家已经注意到"属从"与"徒从"才是从服分类的基本范畴，"从有服而无服""从无服而有服""从重而轻"和"从轻而重"都可以归纳到三属从四徒从的范围中。故而《丧服小记》又言，"从服者，所从亡则已。属从者，所从虽没也服"（孔颖达疏，2008：1304），从从服的延续与停止的情况来分辨属从与徒从的区别。孔颖达《丧服小记》疏曰，"案服术有六，其一是徒从者。徒，空也，与彼非亲属，空从此而服彼。徒中有四：一是妾为女君之党，二是子从母服于母之君母，三是妾子为君母之党，四是臣从君而服君之党。就此四徒之中，而一徒所从虽亡则犹服，如女君虽没，妾犹服女君之党。其余三徒，则所从亡则已"（孔颖达疏，2008：1304）。"属者，骨肉连续以为亲也。亦有三：一是子从母服母之党；二是妻从夫服夫之党；三是夫从妻服妻之党。此三从虽没，犹从之服其亲也"（孔颖达疏，2008：1305）。相比《丧服小记》做出的区分，孔颖达进一步解释何为"属"、何为"徒"，以此建立起界定从服的两个标准，即服服之人与所从对象的关系是判定从服分类的第一个标准，而所从之服是否因所从对象的存没而终止则是第二个标准。

在属从的子从母、妻从夫与夫从妻的关系中，母子、夫妻均为一体至亲。郑珍曰，"至亲者，一体之亲也。父子首足，夫妻胖合，昆弟四体，皆骨肉不可分异，是为至亲。其生也恩爱绝常，其死也哀痛至极"（郑珍，1991：93）。在徒从的妾与女君、妾子与君母、臣与君的关系中，二者之间并无直接的亲属关系，而是以尊尊为中介建立起来的丧服服制。

仅依礼学家所作之分类来分辨从服服制，我们对问题的探究似乎到这里就停止了。但是，从服服制本身有许多未知的部分需要我们去考辨推理，从服服制所包含的结构与功能也等待我们用社会学的视角去分析。下面分属从服制与徒从服制两个部分展开论述。

三　属从服制的制服过程与社会功能

属从，根据孔颖达的解释，"属者，骨肉连续以为亲"，"此三从虽没，犹从之服其亲也"（孔颖达疏，2008：1305）。这意味着属从包含两个方面的意涵，一是服服之人与所从之人为骨肉连续之亲，二是所从之人即使去世了，服服之人也仍然要为制服对象服丧服。"所从虽没也服"的制服原则意味着，通过"所从之人"，服服之人与制服对象之间已经建立了真正的、实质性的亲属关系，这种亲属关系具有伦理和情感价值，一旦建立起来就不会因所从之人的存没而改变。

属从服制包含了两个亲亲关系的连环，一是服服之人 A 与所从之人 B 为骨肉连续之亲；二是所从之人 B 与制服对象 C 为骨肉连续之亲。但是，服服之人 A 与制服对象 C 之间并没有直接的血缘亲属关系。属从包含三种情形：一是子从母服母之党；二是妻从夫服夫之党；三是夫从妻服妻之党。这三种情形中，母与子、夫与妻都是一体至亲，这也意味着只有骨肉不可分异的至亲关系才能作为"属从"原则必然得以生发的情感与伦理基点。

（一）子为母之党

母子至亲，子为母之党为属从。母之党，因其为外姓而称为"外亲"，包括外祖父母、从母、舅、舅之子、从母昆弟。子从母服母之党的通例是，为外祖父母小功、从母小功、舅缌麻、舅之子缌麻、从母昆弟缌麻。

通常来说，子为母之党的制服范围包括上述五类外亲，但是现实的情形是，并非所有的儿子都得以为母之党制服。《服问》"有从无服而有服，公子之妻为公子之外兄弟"，郑玄注"谓为公子之外祖父母、从母缌麻"（孔颖达疏，2008：2160）。天子、诸侯之妾子称公子。公子为其外兄弟，即外祖父母、从母无服。大夫庶子，父在之时为其母之党亦无服。那么，儿子能否为母之党制服究竟取决于哪些条件呢？

如果将儿子能否为母之党制服的情形与儿子能否为生母制服的情形联系起来，我们会发现二者间具有极强的关联性。《仪礼·丧服》《成人大功》章有"公之庶昆弟、大夫之庶子，为母、妻、昆弟。《传》曰：何以大功也？先君余尊之所厌，不得过大功也。大夫之庶子，则从乎大夫而降也。父之所不降，子亦不敢降也"（张锡恭，2017：683）。由此可知，天子、诸侯之家，父在之时妾所生庶子对其生母无服，父没为生母服大功。大夫之家，父在之时大夫庶子为母服大功，父卒则服齐衰三年。天子、诸侯之妾子为其母，父在无服，父没降服；为其母之党无论父在父没均无服。大夫妾子为母，父在降服，父没得伸；为母之党，父在无服，父没得伸。而天子、诸侯、大夫嫡妻所生之子则为其母服正服，无论父在父没均为其母之党制服。士之家，无论父在父没，无论妻生妾生，均可为其母服正服，并为其母之党制服。

表 1　子为母及母之党制服服

	天子嫡妻之子	天子妾子		诸侯嫡妻之子	诸侯妾子		大夫嫡妻之子	大夫妾子		士嫡妻之子	士之妾子
母	正服	父在无服	父没降服	正服	父在无服	父没降服	正服	父在降服	父没得伸	正服	正服
母之党	正服	父在无服	父没无服	正服	父在无服	父没无服	正服	父在无服	父没得伸	正服	正服

资料来源：由笔者根据《丧服郑氏学》文本综合整理。

　　将上述情形制成"表 1 子为母及母之党制服服"，通过此表我们看到，一旦儿子为母亲无服或降服，那么儿子为母之党就无服。只有儿子为母亲按正服（或父在服齐衰杖期或父卒服齐衰三年）服丧，才可为母之党制服。因此，子为母之党从服的前提条件是子为母不绝不降。子为母之服与子为母之党之服之间有一种外推的关系。

　　这种推演关系告诉我们，如果想判定子为母之党是否制服，则需首先判定子为母是否有降服或无服的现象。那么，子为母降服或无服的原因是什么呢？同为妾子，为何士之妾子不为生母降服呢？这里就涉及儿子因其父亲的爵位而产生的"尊厌"的问题。士、大夫、诸侯、天子均有爵位，但是不同的爵位尊的程度不同，产生的尊厌程度也不同，所以其子因厌降而产生的服制变化也不同。就士而言，"慈母如母"条郑注"士之妾子为母期矣"，贾疏"士无厌降，明如众人服期矣"（张锡恭，2017：280）。张锡恭先生认为，"夫士无尊厌，非有父所不服子不敢服之例"（张锡恭，2017：899）。而大夫之爵位比士更尊，故大夫之子有厌降，故贾疏又言"其大夫之子，据父在有厌，从于大夫，降一等。大夫若卒，则得伸，无余尊之厌也"（张锡恭，2017：684）。大夫尊对于儿子产生的影响是，生时有尊厌，卒后无余尊厌。所以，大夫庶子父在为其生母降服一等制大功之服。天子、诸侯比大夫爵位更尊，《通典》雷次宗曰，"《公羊传》曰：国君以国为体，是以其人虽亡，其国犹存，故许有余尊以厌降之"（杜佑，1988：2492）。所以，天子、诸侯之妾子为其生母父在无服，父没大功。同是一父之子，但是因为母亲在宗法中的地位不同，使得儿子或为嫡出或为庶出，嫡妻尊同于夫，所以嫡妻之子即使为父所厌，也只是为其他本宗亲属降服，而不为其母亲降服；但是妾所生之子，在为其母亲制服时则或降服或无服。嫡子为父所厌，为其母制服，遵循的是"父之所不降，子亦不敢降"的原则；而妾子为父所厌，为其母制服，遵循的是"父之所不服，子亦不敢服"的原则。

由此可知，子为母之党制服的推演根据是子为母之服，而子为母制服之无服或降服乃是由父亲的爵位以及母亲的嫡妾身份叠加在一起决定的。

（二）妻为夫之党

夫妻至亲，对妻而言，夫又为妻之至尊，妻为夫之党为属从。妻为夫之党制服，谨依《丧服》"从夫降一等"之通例。可见，在妻为夫之党制服的过程中，夫为其本宗亲属的服制才是根本环节，夫为其本宗之服明，则妻为夫之党之服自明。夫为本宗亲属制服，其通例可依本宗五服图，其变例则需具体分析，其中需要考虑的原则是夫的爵位与本宗亲属爵位的差异。

根据本宗五服图可知，夫为其同高祖之亲服缌麻，其妻降一等无服，所以妻为夫之本宗制服只包括夫的小功以上的亲属，即同曾祖亲属。同时，由于嫂叔无服，所以妻为夫的昆弟、从父昆弟、从祖昆弟均无服。具体情形，可见表2"妻为夫之党制服通例"。

表2 妻为夫之党制服通例

	高曾祖父母	祖父母	父母	姑姊妹	世叔父	从父姊妹	从祖祖父母	从祖祖姑	从祖父母	从祖姑姊妹
夫	齐衰三月	齐衰不杖期	父斩衰母齐衰	齐衰不杖期或大功	齐衰不杖期	大功或小功	小功	小功或缌麻	小功	小功或缌麻
妻	缌麻	大功	齐衰不杖期	大功或小功	大功	小功或缌麻	缌麻	缌麻或无服	缌麻	缌麻或无服

资料来源：由笔者根据《丧服郑氏学》文本综合整理。

表2假设的是一种理想状态，即该男子作为丈夫，他与他本宗的所有亲属在爵位上都是相同的，都为士或都为大夫。本宗姑姊妹出嫁后亦嫁入同等地位的家族。但是，这种理想状态常常因为彼此间爵位的差异而被打破，在

爵位发生差异的时候，除正尊不降之外，旁亲都遵循降一等的原则，那么妻就要对夫之旁亲降两等，即只为夫之大功以上亲属制服。具体情形可依表 2 "降一等"进行计算。大夫之家，妻为夫之党服所涉变例有二，一为妻为姑之服，一为妻为夫之外亲之服。此两种变例均与大夫庶子有关。大夫庶子其母为妾，大夫对妾无服，大夫庶子为母大功，但是大夫庶子之妻为其姑之服并不从大功降一等，而是按照"舅不厌妇"的原则，为其姑服齐衰不杖期。同时，据《服问》"有从无服而有服，公子之妻为公子之外兄弟。注云：为公子之外祖父母、从母缌麻"（孔颖达疏，2008：2160）推论，诸侯庶子之妻为夫之外亲制服，则大夫庶子之妻亦当为夫之外亲制服。

妻为夫之外亲制服的过程，可参照子为母之党依"降一等"之例进行计算。而在妻从夫服夫之外亲的这一从服结构中，我们看到，两个从服连接在了一起，构成一个"从其所从"的连环结构。

"为夫之君"服齐衰不杖期亦是属从，为礼学家归入妻从服夫之党之范畴内，吴绂曰，"诸侯夫人，畿内公、卿、大夫、士之妻为天子，侯国公、卿、大夫、士之妻为国君，凡公、卿、大夫、士之臣之妻为其君，皆是也"（张锡恭，2017：491）。另据张锡恭先生按语，士无臣，当为"凡公、卿、大夫之臣之妻为其君"（张锡恭，2017：491）。

在上述妻为夫之党的制服过程中，我们看到最核心的问题就是夫本身对其本宗亲属制何种丧服，而妻为夫之党从服则是夫党亲亲之服的延伸。妻得以为夫之党制服，其首要的原则在于夫对于妻既为至亲又为至尊，这是妻为夫之党有从服的根本原因。但是，具体制定怎样的服制，从服的范围又有多大，则要根据夫与其内亲外亲在爵位上的具体情形而定。由此可见，在亲亲之服得以确定的情况下，尊尊的原则在确定制服的范围与等级上产生了决定性的作用。

（三）夫为妻之党

夫妻至亲，妻体夫之尊，与夫尊同，故夫为妻之党制服，乃从妻而服，并非和妻之党有直接的亲属关系。对夫而言，妻之党只包括妻之父母。《丧服》"妻之父母。传曰：何以缌？从服也。注：从于妻而服之"（张锡恭，2017：929）。由此可知，夫为妻之父母服缌麻，乃此属从服制之通例。《丧服小记》曰"世子不降妻之父母"（孔颖达疏，2008：1305）。《通典》庾蔚之据此推断曰，"嫡子服妻之父母，则天子诸侯亦服之矣"（李如圭，1939：475）。盛世佐曰："唯公子、大夫之庶子，则不得伸耳。此缌服也，大夫已上不绝者，以妻之父母，君所不臣故也。凡所不臣者，服之如邦人"（盛世佐，1969：32）。由此可知，天子、诸侯、大夫及其嫡子均为妻之父母服缌麻。

但是，在复杂的宗法体系中，很多情况下丈夫并不得为妻之党制服。《服问》曰："有从有服而无服，公子为其妻之父母是也"（孔颖达疏，2008：2160）。可知，天子诸侯庶子为妻之父母无服。《通典》蜀谯周曰，"大夫庶子为妻父母无服，为其母、妻大功，父没皆如国人"（杜佑，1988：2532）。由谯周所言又可知，父在大夫庶子为妻之党亦无服，父卒大夫庶子为妻之党服缌麻。

那么，夫为妻之党能否制服，这背后包含了怎样的制服原理呢？

如果我们来考察一下夫为妻的服制，或许能从中找到夫为妻之党能否制服的根据。通常而言，夫为妻服齐衰杖期，父在则为妻服齐衰不杖期，以父为之主。夫为妻制服亦有特例，这些特殊情形恰与夫为妻之党制服的特殊情形相吻合。天子、诸侯之庶子父在为妻无服，父没为妻大功；大夫庶子父在为妻大功，父没为妻齐衰不杖期。与天子诸侯庶子，大夫庶子为妻之父母无服的情形相对应，可知夫为妻降服，则为妻之父母无服；若夫为妻无服，则为妻之父母亦无服。因此，只有夫为妻服齐衰期服时，夫为妻之父母才可服缌麻。可见，夫为妻之党制服的前提是夫为妻制正服。

但是，同为父之子，为什么天子、诸侯、大夫之嫡子可以为妻服正服，而天子、诸侯、大夫之庶子为妻却或绝或降呢？天子、诸侯、大夫尊，其子无论嫡庶均为父尊所厌，而在为其妻制服的过程中，除了考虑厌降的因素，还要考虑的就是其妻在宗法中的地位。嫡子之妻在宗法中有承继宗统的作用，因此不仅为夫所尊，亦为舅所尊，天子亦为世子之妻制服。《服问》云："君所主，夫人、妻、大子、嫡妇"（孔颖达疏，2008：2162）。可知天子、诸侯均为嫡妇制大功之服。但是，由于天子诸侯绝旁期，所以为庶妇无服。大夫则为庶妇尊降一等服缌麻。将天子、诸侯、大夫为子妇之服与夫为妻之服相对应则可知，夫为妻制服无论正服、无服、降服都与舅对子妇的制服相一致，就嫡子而言其遵循的原则是"父之所不降，子亦不敢降"，故为其妻服正服；就庶子而言其遵循的原则是"父之所不服，子亦不敢服"，故为其妻或绝或降。

由上述讨论可知，夫为妻之党制服的根据可推至夫为妻之服，而夫为妻之服又可推至舅为子妇之服，将此三种丧服制成两表，可以将其中的关系更加直观地呈现出来（见表3、表4）。

表3 嫡子为妻之党制服推演服

	嫡妇		妻		妻之父母
			父在	父没	
天子	大功	天子嫡子	齐衰不杖期	齐衰杖期	缌麻
诸侯	大功	诸侯嫡子	齐衰不杖期	齐衰杖期	缌麻
大夫	大功	大夫嫡子	齐衰不杖期	齐衰杖期	缌麻
士	大功	士之嫡子	齐衰杖期	齐衰杖期	缌麻

资料来源：由笔者根据《丧服郑氏学》文本综合整理。

表4 庶子为妻之党制服推演服

	庶妇		妻		妻之父母	
			父在	父没	父在	父没
天子	无服	天子庶子	无服	大功	无服	无服
诸侯	无服	诸侯庶子	无服	大功	无服	无服
大夫	缌麻	大夫庶子	大功	齐衰杖期	无服	缌麻
士	小功	士之庶子	齐衰杖期	齐衰杖期	缌麻	缌麻

资料来源：由笔者根据《丧服郑氏学》文本综合整理。

通过表3、表4可以看到，天子、诸侯、大夫的爵位之尊叠加在父尊之上产生双重的"尊尊"，直接影响着儿子对其他亲属的制服，使其在制服之时必须考虑"父之所不降，子亦不敢降"和"父之所不服，子亦不敢服"这两种与厌降有关的制服原则。但是，在夫为妻制服的过程中，妻子具有的宗法地位决定了舅对子妇的服制，进而才根据厌降原则决定了夫对妻的服制，而这些制服过程都内在地包含于夫为妻之党制服的过程之中。因此，夫为妻之党制服，从制服的源头上来说，包含了舅为子妇制服和夫为妻制服两个制服过程。在这里我们看到，父子关系叠加爵位之尊所产生的尊尊关系主导着亲亲之服的有无，这也是丧服制度中以尊尊统亲亲的典型体现。这种以尊尊统亲亲的关系，一贯地体现在两种包含了夫妻关系的服制中，更可见丧服制度制服体系之严整统一。

结合子为母之党的制服过程可知，姻亲属从服制，作为亲亲之服的外推，必然是服服之人对所从之人在制服时不绝不降，服服之人才能对属从关系中的制服对象有服，否则无服。

综上所述，从属从服制制服过程的内在结构上我们看到，子为母之党制服与子为母制服存在严格的对应关系，夫为妻之党制服，与夫为妻、舅为子妇制服也存在严格的对应关系，这些对应关系正是宗法制度严格的等级体系的体现。丧服制度通过严格的服制制度护持着宗法体系的威严，经由丧服制度与宗法制度的相互建构，任何亲属关系都不再是平面的、任意的关系，而是繁密的宗法体系中唯一确定的亲疏尊卑的关系。但是，确定亲属间的亲疏尊卑关系并不是丧服制度与宗法制度的唯一功能，在看似烦琐、严格的等级关系背后得到维护的恰恰是亲属间的款款深情。我们看到，通过亲亲关系的延伸，子为母之党和夫为妻之党这两种服制都具有联结异姓姻亲的社会功能，从而通过亲亲关系的延伸构建起社会互动的网络。而妻为夫之党制服，则通过从服的关系将妻子真正纳入夫家的宗族生活之中，成为夫家家族具有伦理意义的成员。同时，外推出的属从关系，即子与母之党、夫与妻之党、妻与夫之党，这三种属从关系都反过来强化、支持着母子关系、夫妻关系，构成对亲亲关系的滋润与维护。

四　徒从服制的制服过程与社会功能

徒从是从服服制的另一种表现形式，徒从服制中服服之人 A 与所从之人 B 一般没有骨肉连续的关系，但是又为某种家庭或政治关系所制约，使得二者之间不仅制服，同时服服之人还为所从之人的亲属 C 制服。徒从服制的制服之义不起于 A 与 C 之间的关系，而只起于 A 与 B 之间的关系，因此一旦 B 去世，A 就不再为 C 制服。①

（一）妾为女君之党

妾为女君之党，《仪礼·丧服》中并无明文，唯《杂记》有"女君死，则妾为女君之党服。摄女君，则不为先女君之党服"（孔颖达疏，

---

① 在妾为女君之党的服制中，虽然在女君死后，妾仍为女君之党制服，但是这只是为了强调即使女君去世，妾与女君的君臣之别也不会消失，而不能将其等同于属从服制。

2008：1600）。天子、诸侯、大夫有地者称君，女君即天子、诸侯、大夫之嫡妻。由《杂记》强调"女君死，则妾为女君之党服"可知，此为徒从之特例，并不遵从徒从"所从亡则已"的通例。

妾为女君之党制服来源于妾与女君构成的严格的尊尊关系。《仪礼·丧服》有"妾为女君。传曰：何以期也？妾之事女君，与妇之事舅姑等"（张锡恭，2017：511）。《传》文明言，妾侍奉女君，要像儿媳妇侍奉公婆一样，可见妾虽然参与宗族子嗣的繁衍，但在家庭中地位很低，只从属于女君一人，并且在尊尊的关系上相当于女君的儿媳。[①] 这种既严格又密切的等级关系在礼制中不仅表现为妾要服侍女君，为女君制服同于妇为舅姑，同时还要求妾为女君之党制服，并且在女君去世后依然为女君之党制服，继续维持和巩固这种严格的等级关系，以此让妾明了自己的地位和分限。正如李如圭所言，"妾为女君之党，虽为徒从，然犹之近臣，君服斯服，故其服悉与女君同，不从降一等之例，且虽徒从，而女君死犹服其党，所以防觊觎也"（李如圭，1939：444）。从制服过程来说，妾为女君之党的徒从服制源于妾为女君的尊尊之服；而从社会功能来说，妾为女君之党的徒从服制则加强了女君对妾的统领关系。而且，即使女君去世之后，妾为女君之党仍要制服。这种制服继续起到严君臣之分的等级建构的作用，即通过从尊尊关系中推演出的徒从服制来维护和巩固尊尊的等级关系。

（二）子从母服母之君母

《丧服小记》："为母之君母，母卒则不服。"郑玄注："母之君母，外祖嫡母，徒从也，所从亡则已"（孔颖达疏，2008：1325）。孔颖达《正义》曰："此亲于子为轻，故徒从也。己母若在，母为之服，己则服之。己母若亡，则己不服母之君母矣"（孔颖达疏，2008：1325）。这里涉及的第一种关系是女子子适人者为其君母的服制。第二种关系是女子子适人者之子从服母之君母的服制。既有君母，则此女子子适人前为大夫以上之

[①] 瞿同祖在《中国法律与中国社会》中提及，"妾在家长家中实非家属中的一员。她与家长的亲属根本不发生亲属关系。不能像妻一样随着丈夫的身份而获得亲属的身份。她与他们之间没有亲属的称谓，也没有亲属的服制"。"除对家长、家长祖父母、父母及家长之子外，皆无服。但对家长诸人之服亦不足以证明其间有亲属关系，并无报服，此种服制纯由于分尊义重。"（瞿同祖，2010：157）

家之庶女子。天子、诸侯、大夫之庶女子为君母之党制服如嫡子。此女子子出嫁后，其为母之君母之服亦相当于为外祖母之服，即应服小功。换言之，庶女子之子有两外祖母，一为母之君母，一为母之生母。如果从制服的原因来考虑这一徒从服制，从"徒从"关系上可以看到，虽然女子子适人者之子为母之君母制服，但是一旦母亲去世这种制服关系立刻终止。这表明此徒从服制其伦理意义的生发点在于母与子的关系，而不在于此外孙与外祖嫡母的关系。

在这一徒从关系中，我们看到外孙与外祖嫡母之间并没有实质的外亲关系，外祖嫡母对于庶女子之子在丧服体系中没有报服，这意味着这一徒从服制所发挥的社会功能只系于母子关系之间，以及庶女子与其君母的关系之间。庶女子与君母之间，兼有亲亲尊尊二义，但是君母与庶女子之子之间则只有尊尊之义，而无亲亲之义，所以，外孙为外祖嫡母之服其内在的情感逻辑则是因为亲亲之情而尊其所尊，即因为爱敬自己的母亲，体恤母亲的感情而为外祖嫡母制服。由于外祖嫡母具有特殊的家庭地位，所以这一服制除了增强母子间亲亲之情外，更重要的还是要强化对君母的尊尊之义。

（三）妾子为君母之党

妾子与君母无骨肉连续之关系，故妾子为君母之党为徒从。《成人小功》章"君母之父母，从母。传曰：君母在，则不敢不从服。君母不在，则不服。注曰：不敢不服者，恩实轻也。凡庶子为君母，如嫡子"（张锡恭，2017：836）。《缌麻》章"君母之昆弟。注曰：从于君母而舅服之也。君母在则不敢不从服，君母卒则不服也"（张锡恭，2017：954）。

在注中郑玄明确说明，妾子为君母之党制服，乃"不敢不服"之服，乃"恩实轻"之服。由郑玄所言之"不敢"可知，妾子为君母之党制服，其制服的根本动力只来源于君母与妾子的母子关系。君母尽子诸妾之子，妾子亦为君母按母子关系制服，故而妾子为君母之党制服亦同子为母之党制服。君母虽非妾子之生母，但是在宗法地位上却远高于妾子之生母，在伦理名分上反强于妾子之生母，所以，在宗法关系上，君母与妾子的母子关系并不弱于妾子与其生母的母子关系。特殊情形下，妾子为生母制服时反而或无服或降服，而妾子为君母则始终服正服，而于君母生时为君母之党始终制服。

妾子与君母之党的徒从关系让我们看到，虽然妾子为君母之党制服，但是与君母之党并没有实质的、确定的亲属关系，君母之党对妾子无服。这一徒从服制的伦理生发点在于妾子与君母的关系，情感逻辑表现为尊其所尊，尊其所亲，它的社会功能只存在于妾子与君母之间，即用以强化和巩固君母与妾子的母子关系。

（四）臣为君之党

臣与君乃尊尊之关系，亦为徒从。宗法制中有三种君臣关系：第一种是天子与列国诸侯的君臣关系；第二种是天子、诸侯与其公卿大夫士的君臣关系；第三种是公卿大夫与其家臣的君臣关系。这三种君臣关系在《丧服》篇《斩衰》章中具体表述为"诸侯为天子""君""公、士、大夫之众臣为其君"这三条材料。

关于臣从服君之党的论述，《丧服》经传中有一条材料，即《齐衰不杖期》章的"为君之父母、妻、长子、祖父母。传曰：何以期也？从服也。父母、长子，君服斩，妻则小君也。父卒，然后为祖后者服斩"（张锡恭，2017：498）。《记》中有一条材料，即"君之所为兄弟服，室老降一等"（张锡恭，2017：1010）。

天子、诸侯之臣，有贵臣、众臣和近臣之分。贵臣和众臣为天子、诸侯从服的范围包括天子诸侯之父母、长子和祖父母。一般而言，如果君之父若祖为君，那么臣为君之父若祖之服则属于臣为君之服，服斩衰。因此，只有在父若祖有废疾不立等特殊情形下才会出现臣为天子诸侯之父母、祖父母服齐衰不杖期的情形，大多数情况下臣为天子诸侯的从服只包括天子诸侯之长子。但是近臣为天子诸侯的从服则遵从"唯君所服服也"的原则，《服问》曰"君之母非夫人，则群臣无服，惟近臣及骖乘从服，唯君所服服也"（孔颖达疏，2008：2162）。可见其从服的范围不只限于上述情形，还包括君之母非夫人、嫡妇、嫡殇等情形。

公卿大夫之臣对其君从服的情形与天子诸侯之臣十分不同。第一，据"为君之父母、妻、长子、祖父母"材料可知，公卿大夫之家臣为公卿大夫之父母、长子、祖父母制服，因为大夫之爵不世袭，所以不涉及大夫从其父或祖父那里继承君位的问题，因此大夫之家臣也对大夫之父母、祖父母没有称君的问题，大夫之家臣为大夫之父母、祖父母制服不涉及特殊情形。第二，《记》中又有材料，"君之所为兄弟服，室老降一等。注：公士大夫之君"。贾公彦认为，"天子、诸侯绝期，今言为兄弟服，明是公士大夫之君于旁亲降一等者，室老家相降一等，不言士，士邑宰远臣，不从服。若然，室老似正君近臣，故从君所服也"（张锡恭，2017：1010）。据此可知，大夫君之室老为君之党从服的范围比其他家臣要大得多，凡大夫君所制小功服，室老均降一等从服。张锡恭先生认为，"国君尊，群臣从服惟有齐衰，则嫡殇、嫡妇自不当从服矣。大夫君卑，从服者惟室老，而不以齐衰为限，虽小功以下，犹可降一等从之，不得以彼例此也"（张锡恭，2017：501）。第三，大夫君亦有近臣，近臣为大夫君之党从服与天子诸侯之近臣同，也依循"唯君所服服"的原则，只是大夫君的近臣数量上要比天子诸侯少很多。

总结来说，天子、诸侯与臣子的关系在政治意义上完全不同于公卿大夫与其家臣的政治关系。就天子、诸侯与臣子的关系而言，其臣子分为贵臣、众臣、近臣。贵臣、众臣为君之党从服的范围不超过君之父母、长子、祖父母此五人，而近臣从服君之党的范围则更广些，遵循"君服斯服"的原则。就公卿大夫与其家臣的关系而言，室老家相作为贵臣，其从服的范围远超过君之父母、长子、祖父母五人，其从服范围可至君所服之小功服。而邑宰等远臣则只服君之父母、长子、祖父母五人，其他君所服斩衰以下丧服，远臣均不从服。而公卿大夫之近臣亦有"君服斯服"的制服原则。

从制服的情感逻辑上说，臣为君之党制服乃是尊其所尊的表现。从社会功能上说，君臣关系作为最重要的尊尊关系，它所推演出的臣为君之党的从服服制不仅起到了巩固与维护君臣关系的作用，还增进了尊尊关系下的君臣之恩，起到了情感建构的作用。

综合上述四种徒从服制来看，徒从服制不独立存在，它由徒从关系而生，这种"空"从之的关系，并不是弱关系，而是强关系，强到可以从中推演出对所从之人的亲属的服制，并且由它所推演出的从服服制转过来又巩固与维系这一徒从关系。一旦徒从关系解除，从徒从关系中推出的从服服制也解除了，这意味着生发徒从服制的社会需求解消了。唯有一种徒从服制在徒从对象去世后仍不得解除，就是妾为女君之党制服，这是因为虽然女君不在世，但是徒从关系却并未取消，而是始终悬搁于此，用以彰明妾与女君的等级差别与身份差异。

五　从服服制与伦理情感的建构

通过上述对制服过程的解析，我们努力呈现出从服服制所具有的"过程性"的内在结构：一是制服的过程，一是情感的逻辑，并由此来说明每种服制所发挥的社会功能。我们看到，无论属从还是徒从，都是根据服服之人与所从之人的关系进行外推而得到从服服制。属从服制中母子、夫妻都是亲亲关系中的强关系；徒从服制中君臣、妾与女君、妾子与君母，都是尊尊关系中的强关系。只有从强关系中才能向外推出从服服制。但是，属从与徒从也有根本的不同，属从服制能够建立起服服之人与从服对象的实质的亲属关系，则从服对象为服服之人制服；徒从服制并不能建立起服服之人与从服对象的实质关系，则从服对象不为服服之人制服。因此，从情感逻辑上讲，属从服制呈现的是亲其所亲、尊其所尊和亲其所尊的情感结构，尤其增进的是亲亲的情感；而徒从服制呈现的则是尊其所尊，尊其所亲的情感结构，突出增进的是尊尊的情感。从社会功能上讲，属从服制不仅延伸了亲属关系，也巩固了原有的至亲关系，通过两个亲亲关系的联结，建立起了异姓宗族间的姻亲互动；徒从服制通过将尊尊关系与亲亲关系相结合，建立起了更具有情感维度的尊尊服制，借助对尊者之亲亲情感的体谅巩固了原有的尊尊关系。

在从服服制的制服过程中，我们看到属从服制虽然以亲亲关系作为伦理价值的生发点，但在制服过程中，更可见尊尊原则的统领作用。而徒从服制伦理价值的生发点则在于尊尊关系，但丧服制度并不鼓励孤立的尊尊关系，而是要以尊尊关系为基础来进行移情，或亦可说是以亲亲之情来增加尊尊关系的厚度，由此更可见亲亲对尊尊的范导作用。

但是，从服服制并不是在任何情形下都能得到实现，很多时候虽有从服之义但是并无从服之服。了解了从服服制复杂的制服过程，我们不禁要问，制服过程所包含的这种曲折、复杂的安排，对人的道德情感与伦理观念又有怎样的影响呢？这种复杂的服制安排是不是只是一种外在的、强制性的规定呢？以子为母之党为例，为母之党制服的特殊情形是大夫庶子及天子诸侯之公子为外亲无服。大夫庶子和天子诸侯公子其父对其母无服、为父尊所厌、父之所不服，子亦不敢服，所以大夫庶子和天子诸侯公子为其生母或降服或无服，从而为其母之党无服。那么，这种情况下，大夫庶子和天子诸侯公子对外亲的亲亲尊尊之情是不是就被压抑了呢？一方面，这种感情确实为父所屈不得伸张，但是，如果为外亲之情获得了伸张，妾与正妻的界限就会被解消，整个家族的伦理秩序就会被倾覆，与此相较，屈厌自己的情感更能维持整个家族伦理秩序的稳定。另一方面，大夫庶子和天子诸侯公子屈厌的情感在其妻子一方则可正常地流露，亦不失为一种情义与伦理关系的表达，公子之妻为公子之外兄弟服缌麻，可知大夫庶子之妻亦可服夫之外亲。因此，我们看到在制服过程中，有此情义并非定有此服制，而无此服制亦无碍于有此情义，恰恰在外在规定消失的地方，更是人情与伦理价值的集结点。而丧服制度所包含的中国传统社会中人伦与情感交织在一起形成的这种复杂万变的关系，则是西方思想家站在礼教的条条框框外面所无从体认到的（孟德斯鸠，2004；黑格尔，2001）。只从单一的服制来看，这是一个没有精神内容的规定，但是如果我们能够走进制服的复杂过程，就会发现在它的内部却包含了多重对情与义、亲与尊的既有伸张又有限制的协调，这一简单的规定恰恰是复杂的伦理与情感秩序相协调的节点，《中庸》所谓"发而皆中节"之"节"恰恰就是丧服制度背后的人伦与情感的每一个关节点，亦可谓之礼之中庸。

上述分析中，我们乃是就从服制度作为社会事实来分析其产生的过程、情感的逻辑与所发挥的社会功能。我们亦不妨设想，若无此从服制度之事实，那么丧服制度又将处于怎样的情形？社会与家庭的伦理关系又将处于怎样的情形？我们或可试想，子为母之党无服，妻为夫之党无服，夫为妻之党亦无服，那么伦理情感的生存空间就只局促在母子关系、父子关系、夫妻关系之间。如果夫妻相爱，彼此却不尊重对方的父母，这就意味着在夫妻之间没有对对方与其父母亲情的考虑与尊重；如果父子相亲，儿子却不爱敬父亲的父母，不爱敬母亲的父母，这就意味着儿子对父母与其父母的至亲之情没有考虑和爱敬。丈夫爱敬他的父母，而妻子却不能或不愿体会他的爱敬之心；妻子爱敬她的父母，而丈夫亦不能或不愿体会她的爱敬之心；母亲、父亲爱敬自己的父母，而儿子却不能或不愿体会父母的爱敬之心，那么，在最基本的一体至亲的伦理情感的结构中就会欠缺构建伦理关系时最重要的"恕"道，西方传统思想中或近似称之为"同情"。欠缺恕道的情感就不再是稳定的伦理情感，而是飘忽不定的个人私情抑或激情，如果夫妻之间、父子之间只以彼此之间的喜爱维系在一起，那么家庭也将面临解体，仅有的小家庭作为伦理情感维系的空间也将坍塌。

亲亲关系必须要伸展出去，如果不能伸展出去，仅就单一家庭而言，如果只有父子之服、夫妻之服、兄弟之服，而孙与祖父母无服、外孙与外祖父母无服、夫妻对对方亲属亦无服，那么我们就会发现每一个由夫妻、父子、兄弟关系组成的核心家庭就会成为与其他核心家庭相隔绝的原子，代际的传承就会取消。而夫妻对对方亲属的冷漠也必然意味着夫妻之间的关系更多的是以激情为基础，而不是以伦理关系和道德情感为基础。孙辈对祖辈无服，更会造成对祖辈在情感上的冷漠。一个人，他若是爱自己的父亲，却不爱自己父亲的父亲，不尊重自己父亲对其父亲的爱，那么这个人也必然不会爱自己的父亲。亲亲之情如若不能向外伸展，所有的至亲关系都会变成自私、随意的爱，而不是稳固的基于伦理关系的情。

我们亦可想象，如果妾为女君之党无服，臣为君之党无服，妾子为君母之党亦无服，那么，尊尊关系也只限制在君、臣两者之间，成为孤悬一线的尊尊关系。这种单线的尊尊关系，更像现代社会中个人与国家的关系，在这个国家中，我们每个人都可以做一个祖国的陌生人。而西周封建宗法制度却将家的结构代入国的结构，将单线的尊尊关系加以扩充，通过亲亲关系来护卫政治上的尊尊关系，正是要求每个人，尤其是爵位高的人，都要和国家的政治产生切身的关联。

六 尊尊亲亲与现代中国社会的人伦危机

上述对从服服制的制服过程、情感逻辑与社会功能的分析，都局限于西周时期的丧服制度，它所体现的西周宗法制的等级关系以及对宗法制起到的护持作用我们已经有目共睹。从服服制中与西周封建制有关的内容在秦以后的中央集权制国家中已经消失了，但是，从服服制所包含的情感原则、伦理原则却一直在中国传统社会中发挥作用，也对我们反思中国现代社会的人伦与家庭问题有着十分重要的借鉴意义。

从服服制中依然活跃在我们现代生活的亲属关系中，例如有儿子与外亲的关系、夫与妻之父母的关系、妻与夫之亲属的关系，这些都属于属从服制的内容。这三种属从关系集合在一起，基本上相当于我们今天的父母子三人的小家庭与祖父母家庭、外祖父母家庭的集合。在这个集合的亲属结构中，父子关系和夫妻关系是构成伦理秩序的核心关系。正是在这两种核心关系上，现代家庭与传统家庭存在着根本的不同。传统家庭的父子关系、夫妻关系都是基于亲亲关系而建立的尊尊关系，在服制与伦理生活中，则表现为以尊尊统亲亲的伦理结构，父为子之至尊，夫为妻之至尊。在前述对制服过程的推演中，我们更看到尊尊的力量主导着制服的全部过程。以亲亲关系为基础构成的天然的亲属制度，在尊尊的作用下才成为一个立体的等级结构。

　　传统家庭中，父子至亲，在至亲的关系上叠加至尊的关系，父子之间的伦理秩序才得以建立，父慈是亲亲之情，而子孝则不仅基于对父亲的爱，同时也基于对父亲的敬，《孝经》"爱敬尽于事亲"（邢昺，1999：5），此之谓也。唯有以尊尊护持亲亲，才能在不稳定的爱失去效力的时候通过敬的渠道来达成孝亲的伦理行为。因此，子对父的尊尊，才是构成孝行的根本的人伦原理。夫妻至亲，在至亲的关系上叠加至尊的关系，夫妻之间的伦理秩序才得以建立。传统家庭中"妇事舅姑，如事父母"（孔颖达疏，2008：1116），乃从于其夫侍奉父母之家礼，妻之从夫在伦理秩序上恰是源于夫对妻之至尊关系，同理，夫对妻的至尊也是构成妻之孝行的根本人伦原理。

　　但是，在现代中国的家庭关系中，父子平权、夫妻平权的权利关系消解了传统家庭的尊尊关系，亲亲关系成为维系现代中国家庭的主导性伦理原则。平面化的亲亲关系固然给我们的生活带来了很多轻松与快乐，但是，尊尊关系的淡薄也造成了我们每个人的伦理困境。传统中国家庭最根本的道德是"孝"，子辈对父辈的孝敬是家庭环境中培育的最重要的德行。而现代中国社会孝道的衰落，已经造成了许多触目惊心的社会问题。早在1983年，费孝通先生就开始审慎地提出家庭结构变动中的老年赡养问题，并于其时仍对这一问题的改善抱有期望（费孝通，1983）。20世纪90年代，阎云翔在调查中发现，非集体化以来，农村已经出现了严重的养老危机与孝道衰落的社会问题（阎云翔，2006）。家庭社会学关于代际问题的研究也都集中指向了养老问题，郭于华在20世纪90年代末通过对河北农村的调查发现，养老危机已经成为一个普遍的现象，不仅如此，子辈还塑造了一种新的代际交换的逻辑，在父母的生养之恩之外，他们更看重可以现时得到交换的资源，他们认为对父母的回报是有条件的。孝道观念虽然口头上还有其不容撼动的伦理价值，但是在具体的伦理实践中传统的中国人伦秩序所提倡的孝亲之道已经被瓦解（郭于华，2001）。21世纪以来，部分老年人的处境更加恶化，有研究发现农村老人的自杀率在上升，城市中老年人的处境相对较好，但是子辈的孝行标准与孝道观念也均有所下降（刘汶蓉，2012；李琬予、寇彧、李贞，2014）。

相比于孝道观念的衰落与子辈对父辈的反哺危机，父辈对子辈的付出却从未减少。无论城市还是农村，无论子辈是否成年成婚，父辈对子辈及其家庭的付出都呈现为一种"无限责任"（狄金华，郑丹丹，2016），这种无限责任的履行不曾受到任何政治制度、经济制度改革所带来的影响。而子辈对父辈的伦理责任则出现了明显的代际失衡的现象（贺雪峰，2008），并从经济压力、家庭结构变迁、个体化等各个角度被给予解释（阎云翔，2006）。杨善华基于中国"家本位文化"所提出的父母对子代的"责任伦理"的概念在准确描述中国当代城市家庭的伦理秩序的同时，更隐含地揭示了中国家庭伦理所面临的危机，子代只在"亲情环境"上为父母养老尽责，这一情形已经几乎触摸到了中国家庭伦理的底线（杨善华，2015）。

整个中国家庭呈现的这种代际失衡的现象，正是中国当代家庭主要以"亲亲"这一维度构建家庭关系所造成的。"尊尊"构成了传统社会子辈孝敬父辈的向上的伦理通道，"尊尊"在当代家庭中的夷平化，彻底瓦解了孝道上行的可能。而子不敬父、妻不敬夫的家庭伦理关系，也成了妇事舅姑这一传统孝行被瓦解的原因。新中国成立几十年来，虽然历经社会结构的重大变迁，中国人渊源有自的亲亲之情并未有丝毫衰减，然而，尊尊结构在家庭中的消失却造成了现代中国社会最根本的人伦危机。这种危机让我们看到，若想恢复家庭中的温暖，首先应该恢复家庭中的敬意。

亲亲、尊尊是用以建构全部丧服制度的根本原则，同时也是丧服制度内在包含的最根本的人伦原理。通过对中国家庭伦理困境的分析，我们看到，亲亲尊尊不仅在解释从服服制的构成上具有强大的解释力，在针对中国现代社会的分析中，"亲亲""尊尊"这一对源自中国传统社会的概念仍然具有极为透辟的解释力。

社会学作为一门实证性的学科，自她建立之初就怀有对于现代社会道德与伦理问题的深切关注。洛克、卢梭、亚当·斯密等早期现代思想家对现代人的心灵成长的思考、对现代社会道德情感的分析作为西方社会学的根本性的问题意识的源泉，构成了西方社会学坚实的认识基础。涂尔干对自杀问题与宗教生活基本形式的研究，马克斯·韦伯对新教伦理与资本主义精神的研究，其核心的问题意识都源于对现代社会结构与其伦理秩序之关系的关注。中国社会学学者通过丧服制度研究中国传统社会之人伦秩序，在其根本的问题意识上与社会学经典理论传统一脉相承，而其期望则在于以此探究中国社会学特有的概念、理论与问题关怀，为中国社会学的学科建设奠定一个更为坚实的认识基础（费孝通，2003）。

参考文献

白中林，2014，《亲属法与新社会——陶希圣的亲属法研究及其社会史基础》，《社会学研究》第 6 期。

陈梦家，1988，《殷墟卜辞综述》，中华书局。

狄金华、郑丹丹，2016，《伦理沦丧抑或是伦理转向：现代化视域下中国农村家庭资源的代际分配研究》，《社会》第 1 期。

杜佑，1988，《通典》，中华书局。

费孝通，1983，《家庭结构变动中的老年赡养问题——再论中国家庭结构的变动》，《北京大学学报》（哲学社会科学版）第 3 期。

费孝通，2003，《试谈扩展社会学的传统界限》，《北京大学学报》（哲学社会科学版）第 3 期。

费孝通，2009a，《生育制度》，载《费孝通全集》第 4 卷，内蒙古人民出版社。

费孝通，2009b，《乡土中国》，载《费孝通全集》第 6 卷，内蒙古人民出版社。

郭于华，2001，《代际关系中的公平逻辑及其变迁——对河北农村养老事件的分析》，《中国学术》第 4 期。

贺雪峰，2008，《农村家庭代际关系的变动及影响》，《江海学刊》第 4 期。

黑格尔，2001，《历史哲学》，王造时译，上海世纪出版集团。

贾公彦，2008，《仪礼注疏》，上海古籍出版社。

瞿同祖，2003，《清代地方政府》，范忠信、何鹏、晏锋译，法律出版社。

瞿同祖，2005，《中国封建社会》，上海世纪出版集团。

瞿同祖，2010，《中国法律与中国社会》，商务印书馆。

孔颖达疏，2007，《尚书正义》，上海古籍出版社。

孔颖达疏，2008，《礼记正义》，上海古籍出版社。

李安宅，2005，《〈仪礼〉与〈礼记〉之社会学的研究》，上海世纪出版集团。

李峰，2010，《西周的政体——中国早期的官僚制度和国家》，生活·读书·新知三联书店。

李如圭，1939，《仪礼集释》，丛书集成初编，长沙：商务印书馆。

李琬予、寇彧、李贞，2014，《城市中年子女赡养的孝道行为标准与观念》，《社会学研究》第 3 期。

刘汶蓉，2012，《孝道衰落？成年子女支持父母的观念、行为及其影响因素》，《青年研究》第 2 期。

孟德斯鸠，2004，《论法的精神》，许明龙译，商务印书馆。

潘光旦，1999a，《祖先与老人的地位——过渡中的家庭制度之二》，《潘光旦选集》第一册，光明日报出版社。

潘光旦，1999b，《说"伦"字》，《潘光旦选集》第一册，光明日报出版社。

潘光旦，1999c，《"伦"有二义》《说"五伦"的由来》，《潘光旦选集》第一册，光明日报出版社。

盛世佐，1969，《仪礼集编》，四库全书珍本二集，台湾：商务印书馆。

陶希圣，1928，《亲属法大纲》，上海：商务印书馆。

陶希圣，1929，《中国社会之史的分析》，新生命书局。

王国维，1959，《观堂集林》，中华书局。

王铭铭，1997，《人与社会再生产：从〈生育制度〉到实践理论》，《社会科学战线》第 5 期。

王铭铭，2007，《经验与心态——历史、世界想象与社会》，广西师范大学出版社。

吴飞，2011，《从丧服制度看"差序格局"——对一个经典概念的再反思》，《开放时代》第 1 期。

邢昺疏，1999，《孝经注疏》，北京大学出版社。

阎云翔，2006，《私人生活的变革：一个中国村庄里的爱情、家庭与亲密关系：1949~1999》，龚小夏译，上海书店。

杨善华，2015，《以"责任伦理"为核心的中国养老文化——基于文化与功能视角的一种解读》，《晋阳学刊》第 5 期。

应星、吴飞、赵晓力、沈原，2006，《重新认识中国社会学的思想传统》，《社会学研究》第 2 期。

张锡恭，2017，《丧服郑氏学》，吴飞点校，上海书店出版社。

赵旭东，2010，《超越社会学既有传统——对费孝通晚年社会学方法论思考的再思考》，《中国社会科学》第 6 期。

郑珍，1991，《郑珍集》，贵州人民出版社。

周飞舟，2017，《从"志在富民"到"文化自觉"：费孝通先生晚年的思想转向》，《社会》第 4 期。

周飞舟、李代，2014，《服术中的"亲亲"与"父为子纲"》，载《神圣的家——在中西文明的比较视野下》，吴飞，宗教文化出版社。

周飞舟，2015，《差序格局和伦理本位——从丧服制度看中国社会结构的基本原则》，《社会》第 1 期。

朱凤瀚，2004，《商周家族形态研究》，天津古籍出版社。

（原载《社会学研究》2018 年第 1 期）

《家庭与性别评论》第 11 辑
第 119~138 页
© SSAP，2021

"家""国"关联的历史社会学分析

——兼论"差序格局"的宏观建构

沈　毅

摘　要　"家""国"关联是理解"差序格局"宏观建构的关键，"家""国"之间"移孝作忠"的伦理设计并不能消解"化家为国"的潜在紧张性，直至宋代科举制的完全确立才标志着绅权与皇权相联结的"家""国"同构真正得以确立起来，但"移孝作忠"的伦理形式背后却是绅权依附于皇权的利益共享机制。其中，"家"之诸子均分制与"国"之嫡长子继承制表面上并不一致，实质上却对巩固皇权起到了关键性的作用，此中也正暗含了"外儒内法"的文化传统。

关键词　"差序格局"　"化家为国"　诸子均分制　嫡长子继承制　"移孝作忠"

一　"家""国"关联与"差序格局"

"家""国"关联是传统中国社会结构的基本问题，其内在预设了"孝"与"忠"相通包容的伦理联结，是为历史社会学关注传统中国的研究焦点。如李安宅（1931/2005：55）早在《〈仪礼〉与〈礼记〉之社会学的研究》一书中就指出："总括来说，中国社会只有两种正式而确定的组织，那就是国与家——国也不过是家的扩大，家的主是父，国的主是君。忠孝是人的大节，大节有亏，其他都是不值一提的。"可惜这样的论述并没有展开具体分析与理论提炼。岳庆平则在《中国的家与国》一书中，以丰富的史料系统论证了"家庭与国家模式"的稳固性，他开篇即指出，"这里之所以将家庭与国家并列为中国传统社会的两极模式，一方面家庭是中国传统社会的基本细胞，是最小的一极，而国家与天下、民族、社会等概念的结合使中国传统国家几乎成为中国传统社会的同义词，是最大的一极。另一方面是因为家庭与国家尽管狭广范围差别很多，但在中国传统社会中却有着一种不同寻常的特殊关系"（岳庆平，1990：3）。总的来看，作者持有"家""国"同构的基本论断，他分别从社会组织、伦理道德、经济因素、法律制度、心理素质、地理环境等六个方面进行了阐述，但这种过于全面的探讨难以对"家""国"之间的内在运作机制给出精练的清晰阐释，且历史的动态性特征也被相对忽略了。

着重于本土特色的文化比较研究视角也关注到了"家""国"关联的结构性特征，如梁漱溟（1949/1987：162~169）较早认为传统中国的国家观念非常淡漠，"家"或"家族"构成了社会基础，在"天下"观的统领下则构成了家国同构或家国合一的社会结构特征。受此种研究思路的指引，梁治平在《寻求自然秩序中的和谐：中国传统法律文化研究》一书中，开篇即从法律文化比较的视角着重阐明了中西方"家"与"国"的不同结构状态及其后果。在他看来，西方文化早期"家"与"国"之间的界限就是明晰的，从而构成了古罗马公法与私法差别的基础；但在中国文化早期，自周以来却只能看到某种包罗万象的单一规范，即联结家国于一的"礼"。进言之，"家"与"国"的分离某种意义上也构成了西方社会私域与公域分立的基础，公域或者说公共领域亦即"家"与"国"之外的"市民社会"；而中国传统社会的家国同构或者说家国一体则消除了"市民社会"出现的可能性（梁治平，1991：6~32）。就此理论逻辑出发，此种家国同构与家国分离的抽象比较在根本上是要突出中西社会文化的结构性差异，其暗含的价值取向仍是以西方"国家/社会"相分离的结构性特征为目标指南，认为"家""国"同构的紧密联结正是传统中国难以形成近代西方"市民社会"的缘由。

与文化比较的视角不同，冯友兰先生在《新事论》中专辟《说家国》一文，从社会发展观的视角出发区分了"生产家庭化底文化"与"生产社会化底文化"，亦即认为传统中国之所以特别重视家庭关系与伦理，盖是由于农业文明生产的需要。但他恰恰又从中国特有的历史情境出发指出："旧日所谓国者，实则还是家。皇帝之皇家，即是国，国即是皇帝之皇家，所谓家天下者是也。"（冯友兰，1940：68）该论述不仅暗含了"家"与"国"的内在一致性，同时也倾向于认为"国"与"天下"是基本等同的，所谓"家""国"合一也是由于"国"（亦即"天下"）为帝王之"家"所有，"国"在本质上是以皇家宗祧作为内涵的，"家""国"合一某种意义上亦是"家天下"。尽管此种对"家""国"关联的解读只是一笔带过，没有进一步展开论述，但已然涉及"己"与"天下"这样的传统概念，若从帝王自身出发，"己""家""国""天下"四者之间似乎就顺理成章地构成了内在一致的连续统。随后，冯友兰在同书《原忠孝》一文中，对"家""国"关联的阐释进一步突破了皇家范畴，即关注到了一般意义上区别于皇家之"国"的文臣武将之"家"，并暗示了由于"家""国"之间的潜在矛盾造成的"忠孝不能两全"的困境，这些论述可以说对传统中国有着相当深入的体察，但其根本上倡导"移孝作忠"的伦理学立场必然疏于从结构层面对"家""国"关联加以探讨。

总体来看，梁治平（1991）对"家""国"关联在文化比较立场上的结构性理解尽管在理论层面有所突破，但其基本架构可能并没有突破西方中心性的思维定势，其所聚焦的"市民社会"难以形成的问题应该说还是在现代语境下形成的，对"家""国"关联的理解则有着静态伦理化的倾向，从而对传统中国社会结构的内在矛盾缺乏进一步的深度挖掘。与之比较，冯友兰的线性史观立场虽然在整体上否认了中西文化差异，但在具体论述中却恰恰触及了传统"家天下"的社会政治架构以及"家""国"之间潜在的紧张性，只是还缺乏系统的本土理论架构来充分阐释。从既有的本土概念与理论框架来看，费孝通（1947/1985：27）在《乡土中国》一书中提出的"差序格局"这一经典概念，似乎应当能够成为探讨"家""国"关联的理论基础。在费孝通看来，所谓"差序"与《大学》的"古之欲明明德于天下者，先治其国；欲治其国者，先齐其家；欲齐其家者，先修其身……身修而后家齐，家齐而后国治，国治而后天下平"在条理上是相通的，且"差序"外推的界限是相对模糊的，亦即"己（身）—家（族）—国—天下"层层差序之间构成了相互包容的整体。由此，"差序格局"作为明显结构性的概念模式，在宏观结构层面必然要回应"家""国"关联的问题，但以上的论述构想仍然是多从儒家伦理层面出发，对社会结构的阐发有着去历史化的倾向，尤其是未能进一步考察"差序格局"的宏观建构进程。

由此，对"家""国"之关联，似乎正需要从中国政治社会结构的历史脉络演变中来加以理解，首先是要明确"家""国"关联所指的实质内涵。从一般意义上看，"家"是区别于皇家之"国"的，"家""国"关联的实质内涵应当是族权与王权（即皇权）二者之间的连带，二者之间的紧张与衔接可能正决定了传统中国社会结构动荡或稳定的基本走向。[①]如果按照"差序格局"的理论逻辑进行推演，"己—家"可视作基本的社会环节，"国—天下"则为基本的政治环节，由此族权与王权二者连带"移孝作忠"的"家""国"关联恰恰构成了传统中国社会与政治关联衔接的问题，可以将其理解为"差序格局"在社会结构层面的宏观建构问题。[②]从伦理层面出发的社会建构，无疑是指向于相互衔接的"家""国"同构，但在真实的历史实践中，"家""国"之关联是否真正达成了某种同构？如达成了同构那么是何种性质及程度之上的衔接？其基本历史演变的发展过程又是如何？要回答以上这些重要问题，就必须要考察传统中国政治社会结构的历史发展逻辑，其内在也暗含了"家""国""天下"等概念所指意涵的政治社会变迁。

二 "家""国"关联的历史演变

"家""国"关联的基本成形可以追溯至西周的宗法制与分封制。宗法制以嫡长子继承制、宗庙制和同姓不婚制为基础，分封制则以同姓宗亲与异姓功臣兼而有之，天子与异姓诸侯、异姓诸侯相互之间均通过婚姻而建立连带（王国维，1917/1997：2、12）。吕思勉（1985：373）则进一步指出，宗法制与分封制结合的结果是《毛传》所谓"王者天下之大宗"，即"天子之于诸侯，诸侯之于大夫，犹大宗之于小宗也。此古代修身、齐家、治国、平天下，所以一以贯之也"。尽管由于异姓诸侯的存在，宗法制与分封制两者之间并非完全契合，但异姓诸侯与世卿大夫总体

---

① 笔者这里"家"与"族"的模糊通用实质上正是由于中国社会"家"的弹性相当大，其与"族"之间的界限是相当模糊的，由此两者也常常联用为"家族"以统摄之。此外，本文所述的"家族"与"宗族"也基本等同，故不做过于细化的辨异性探讨。

② 冯尔康（1994a：8~12）在对传统中国社会结构历史演变的系统探讨中，也敏锐地意识到"差序格局"这一本土概念及理论建构的重要性，但其具体断代史的章节研究最终并没有对这一概念做出分析与理论回应。

上仍是被纳入宗法秩序之中，从而基本形成了以宗法制为核心、族权与王权相重合的政治社会框架，亦即天子有"天下"，诸侯有"国"，大夫有"家"，并通过嫡长子继承制与世卿世禄制来复制延续。当然，这里"天下""国""家"层层包容的结构形态还不同于近世中国的"差序格局"，天子、诸侯、大夫等各层封建贵族在宗法体制下构成的是金字塔式的垂直等级结构，宗法制并未触及一般平民阶层而基本局限于贵族内部，且各级贵族也只要按其等级身份行事而无须做己身外推的伦理拓展，亦即天子治"天下"，诸侯治"国"，大夫治"家"，"家""国""天下"所指向的政治实体的各安其位显然尚不具备诸如"移孝作忠"的伦理意涵。进言之，这种最初意义上宗法分封所要遵循的是古代贵族的礼治秩序，异姓诸侯在宗法框架下总体上被纳入宗室王族之中，即异姓诸侯与宗室王族两者构成了拟血缘式的宗法关系，由此实现了族权与王权相重合的"家""国"一体的礼治秩序。① 应该看到，随着天子对诸侯、诸侯对大夫的经济与军事优势的逐步削弱，出现了春秋战国"家""国"失序的礼崩乐坏，为了土地与人口之"利"的相互征伐最终导致了诸侯争天下的局面，西周以来宗法分封之"家""国"一体的礼治秩序趋于瓦解，但由于观念上王权正统的合法性使得东周在形式上还延续了较长时间。②

　　秦汉大一统对中国传统政治社会结构影响甚巨，秦代以郡县制代替分封制，以官僚制代替宗法制，在消除强宗大族的基础上皇权政治不断加强，但对新平六国过度的民力征伐导致了皇朝的迅速更替。正是由于汉高祖刘邦从一介平民到贵为天子，也就使得皇权的神圣合法性受到了真正的触动，开始形成了"皇帝轮流做，明年到我家""彼可取而代之"这些江山轮流坐的观念。同时，汉初官僚政治主要沿袭秦代的军功爵禄制，上层

---

① 关于异姓诸侯分封是否能够纳入宗法制的问题，史学界可能没有定论。本文这里所要突出的是，至少在西周初期，天子对异姓诸侯的宗主关系是成立的，两者之间亦可视为拟血缘式的宗法关系，宗法制与分封制总体上的相互衔接确定了以王族为中心之"家""国"一体的礼治秩序。

② 翟学伟（1999）认为，宗法制的崩溃并没有改变中国儒家社会建构的基本逻辑，亦即某种复制性的宗法伦理并没有随宗法制解体而消解，反而继续保留构成了传统中国缩放式的社会结构特征。该观点倾向于将以宗法制为核心的"家""国"一体的结构形态默认为近世中国的"差序格局"，实质上秉承了费孝通在提出"差序格局"这一本土概念与理论模式时所暗含的去历史化趋向。笔者这里则要突出"家""国"关联之历史进程的复杂性，"差序格局"最初伦理层面的理想设计并不能立刻落实到结构层面的现实实践中来，而是在历史实践中通过一系列相互配套的制度设计来最终达成的。

官僚无疑是以功臣与外戚为主的，但这些功臣外戚与皇室之间拟血缘的宗法关系已然终结，即皇家政权的血缘封闭性使得皇权政治与外姓族权之间拟血缘的纽带断裂了，这种封闭性也使得异姓外家与皇家政权之间的"家""国"矛盾开始凸现出来。一方面是要确保皇家政权"家天下"的独占性，另一方面为了杜绝外家官僚"化家为国"的可能性，汉高祖在消灭了汉初的韩、彭等异姓王之后，最终定下了"异姓不为王"的基本国策，即实施新的分封制且诸侯王皆为皇室宗亲，天子有"天下"，宗室诸侯王有"国"，天子与宗室诸侯王本为一"家"，这就使得新的贵族分封政治仅限于皇家内部。此种皇家内部"家天下"的分封制既是对新兴郡县制的一种反动，也是对原先带有拟血缘性质的宗法分封制的否定，"家天下"的分封制虽然在纯粹的血缘纽带上使得"家""国""天下"三者构成了统一的整体，然其结果却常常导致宗室诸侯王与天子之间的权力争夺。由此对于"家天下"的分封制而言始终存在着内在的悖论：一方面皇权力图依靠分封宗室诸侯王以削弱功臣外戚的实权，进而巩固皇权以防止异姓外家夺其天下；另一方面宗室诸侯王本身却又成为皇权不稳的重要动因，亦即发展成为皇家内部的"家""国"矛盾。

西汉初期，在打击了部分武将功臣与外戚吕氏叛乱后，天子与宗室诸侯王的皇家内部矛盾日渐扩大，汉景帝平"七国之乱"后，汉武帝又通过实施察举征辟制一度保证了官僚选拔的相对平民化，中央皇权才一度取得了相对优势。但至东汉异姓公侯世卿与地方豪强力量重新兴盛，中上层官僚职位逐步为门阀士族的九品中正制所垄断，相当多平民小农复而成为门阀士族的部曲或私属，王亚南（1948/1981：79）将其归之为"官僚贵族化"的趋势，门阀士族的势力发展使得族权对皇权构成了严重威胁。① 自汉末到唐初的几百年间，除了少数民族内迁等因素之外，武将功臣以及皇室宗亲的互争篡位是政权不稳的主要原因，西晋的短暂统一就是由于分封的宗室诸侯王叛乱而重新陷于混乱。随后南北朝时期门阀士族的经济政治力量最为

---

① 王玉波（1984：63）在对东汉后期至魏晋南北朝的门阀士族分析中指出："大宗豪强，固然是极少数，但却'庇荫'了大量丁户，从而使族权可以与皇权相抗衡。在这种情况下，族权是一种具有政治、军事和经济综合性的权力，'宗主'对族众，握有极大的权威，而沦为佃客、部曲的贫苦族众，其身家性命，均握于宗主手中，他们不能不听从宗主的'约束'。"进言之，这种人身依附关系的存在为门阀士族组建私人军队提供了可能，其强大的经济实力则保证了对军队的给养，进而逐步正式把持了中央与地方政权，反过来对政权的控制也保障了其经济与军事的特权。

兴盛，皇室的更替变迁甚至为若干门阀士族所操控，出身寒门庶族而兵变篡位的帝王就更需要取得门阀士族的实际支持，南朝的一些开国皇帝即为典型，但立朝以后随之也重新陷入了重用士族抑或皇族的两难困境。也就是说，门阀士族的外家族权对王室皇权构成了严重威胁，皇权常常不得不借重于皇族宗亲来制约门阀士族，其结果却同样导致了皇族内部的权力纷争，这又为门阀士族或寒门武将的谋篡提供了便利，但新的皇朝并不能摆脱倚重士族抑或皇族的窠臼，从而造成了皇权乃至皇朝频繁更替的恶性循环。总之，皇权统治一旦陷入对贵族化的门阀士族经济政治的依赖，常常希冀通过借助于"家天下"的皇族分封或皇族辅政来削弱门阀士族的力量，然则一方面门阀士族的经济政治力量尚难以完全替代，另一方面"家天下"的皇族分封或辅政也对皇权构成了威胁，亦即无论皇家内外，"家"与"国"之间的结构性矛盾都相当尖锐，进而使得其间天下大势是"分"多于"合"。

隋唐的中央集权一方面逐步停止了皇家内部的分封制，另一方面开始通过以基于科举制的官僚政治来取代基于门阀制的官僚政治，皇权有意识地开始摆脱对士族官僚的依赖，唐末门阀士族的经济政治力量在农民起义、藩镇割据及五代战乱中最终瓦解。有宋一代，同宗诸侯皇族与外家门阀士族都不再是皇权依赖的统治基础，宗族的平民化或者说庶民化进程已然开始，相当多平民出身的士大夫通过科举成为官僚的主体力量，从而真正实现了皇帝与士大夫统治的联合，亦即吴晗、费孝通（1948）所探讨的皇权与绅权的联合直至宋代才最终得以确立，此前皇权与族权之间的潜在矛盾也逐渐为绅权的出现所化解。[①] 与此同时，宋代真正结束了皇族

---

① 冯尔康（1994b：211，259）认为宋元时期宗族制仍具有官僚化的特征，即宋元时期"无论是祠堂的建置、族田的设立还是族谱的修纂，都是以大官僚为主的，大官僚为宗族带来了诸多好处，从而也成为宗族的核心"。直至明代嘉靖十五年诏令允许臣民祭祀始祖，才标志着宗族制度的普遍民化。但如果从更宽泛意义来看，宋代对民间宗族发展已然默认，出身科举的大官僚的宗族制发展也正体现了官僚士绅从上而下的推动作用，宗族制度的平民化实可视为起之于宋代。冯尔康（1994a：133）也曾认为："宗族发展到宋代之后，不再是皇族、贵族、士族及官僚的群体，平民建立自己的宗族组织，使它进入了平民化的新时期，主要表现是祠堂的普遍出现和一部分平民掌管宗祠，宗族的集体经济增多，私家修谱逐渐兴盛，取代了往昔的官纂谱牒。"需要强调的是，出身科举有社会地位的士绅官僚一般成为宗族族权的实际控制者，由此通过科举获致的绅权构成了皇权与族权之间的桥梁。当然，并非所有宗族都能够产生士绅官僚而存在更多的还是一般平民宗族，一般平民宗族与皇家政权之间虽然没有直接的关联，但士绅官僚宗族与一般平民宗族之间也随着科举兴衰而易代更替，一般平民宗族也就有可能转变为士绅官僚宗族而与皇家政权发生关联。

内部的分封制，实现了"国"与"天下"在皇权集权层面上的合一。可以说，宗族的平民化与皇权的集权化使得宋代真正实现了"家""国"同构的局面，分散的平民宗族体系再也无力形成对抗中央皇权的地方割据力量，从而使得宋元明清尽管历经中央政府的朝代变革也没有出现长时段的分裂，其间天下大势也就"合"多于"分"。进言之，皇权的集权化使得天子真正实现了"己""家""国""天下"四者的权力统一，更重要的是宗族的平民化使得多数士绅阶层需要达成"己""家""国""天下"四者的伦理外推，由此"己""家""国""天下"层层外推之"差序格局"的宏观建构是在宋代最终确立起来的，其"家""国"同构的实质亦即士绅官僚宗族与帝王皇家政权的有效衔接。对此"家""国"同构的宏观结构形态，已有研究往往从政治层面强调了科举制对于士绅精英再生产的重要作用（孙立平，1996），笔者以为尚需进一步从经济基础乃至文化传统的制度选择来考察此种"家""国"同构得以成立的其他条件。

三 "家"之诸子均分制与"国"之嫡长子继承制的有效衔接

从深层次而言，宋代之前皇权的不稳固与宋代之后皇权的相对稳固，有着各自内在的经济根源与制度动因。自两汉始，皇权在"家天下"的皇族政治与贵族化的士族政治之间摇摆，然则同宗诸侯皇族与外家门阀士族最终都极可能威胁皇权的稳固性，根源仍在于他们大多拥有大量的土地资源，这是其维系政治地位、拥有及支持军队运转的经济基础，也常常是皇权失控尾大不掉的根源之所在。对此，中国特有的诸子均分制实为解决问题的良方，汉武帝时期在确立察举征辟制来遏制官僚贵族化倾向的同时，巧妙地通过实施"推恩令"来应对汉初宗室分封制的遗留问题，"推恩令"允许宗室诸侯王将城邑再行分封子弟，从而将比较大的诸侯国分为诸多小侯国，其实质正是要废止宗室诸侯王的嫡长子继承制，以某种变相的诸子均分制来缩减实力强劲的宗室诸侯王所能直接控制的土地资源。然则，东汉以降，豪强士族的聚居家长制与大地产制发展形成了地方庄园经济，所拥有的大量土地资源成为其实质上掌握政权的经济基础，从而极大地威胁到了稳固的皇权统治。由此从经济命脉入手，巩固皇权的目标一方面需要大量削减宗室封地，另一方面要防止外家的经济力量过于强大。有鉴于此，自唐宋始在着力于皇权集权化与宗族平民化的过程中，强化了皇权承继的嫡长子继承制（至少是单子继承制）① 与平民财产的诸子均分制，皇家进一步巩固的嫡长子继承制避免了"家天下"的分封制可能形成的潜在威胁，充分强化平民的诸子均分制基本保证了其他家族（主要是士绅官僚家族）不再具有与皇家抗衡的经济能力，两种相互矛盾的制度共存反而成为皇权得以巩固的根本保证。②

进言之，"家"的继承制是诸子均分制，"国"的继承制是嫡长子继承制，两者的差别与矛盾说明了"家"与"国"的运行逻辑至少不是完全相同的。从基本的制度设计来看，嫡长子继承制是政治权力与经济财产共同独占的单子继承制，单子继承制是与封建制相适应的政治经济继承体制，这也是西欧与日本封建制背景下的权力与财产继承制度。西周的宗法制与分封制本质上也是一种封建制，由上至下的嫡长子继承制正是与封建制相适应的，嫡长子继承拥有该封建实体所有的权力与财产，以此血缘与拟血缘宗法联带形成的"家""国"一体的结构形态是相对单一稳定的，其分封诸侯与宗法世卿均是按照血缘的"差序"原则来实施继承的。就更为核心的文化传统来看，早期儒家学说总体上还是要力图维护宗法制与分封制的贵族封建秩序，其实质无疑是要支持各级封建贵族的嫡长子继承

---

① 如少数民族入主中原的元、清两代帝位继承就没有完全按照嫡长子继承制来执行。元代在汉制与蒙古旧制的矛盾中，皇权继承中的较多政变造成了元代后期皇权的相对衰落，而清代皇权继承中有着选贤而不惟长的传统，其皇权集权化的趋势较之前朝还更为明显。无论如何，元、清两代也没有再行皇族分封制，皇权的单子继承制是确定无疑的。

② 需要说明的是，自西周以来虽然一直实施嫡长子继承制，但皇权实质上一直受到分封制尤其是庶子分封制的潜在威胁，无论是西周功臣与宗室兼有的大规模分封，还是汉代以后皇族内部"家天下"的宗室分封，都存在着嫡长子继承制与分封制之间的矛盾。这里突出皇权的嫡长子继承制的强化并不是说其他皇族在经济财富上一无所得，而是突出皇族内部"家天下"的分封制彻底终结，"家天下"的分封制真正体现了皇族尤其是庶子在政治权力与经济财富两方面的实际分享，真正"君天下"的皇权集权化正是政治权力与绝大多数经济财富完全归结为帝王，其他皇族所能分配到的一些经济财富较之于分封制的实际权力与财富数量而言已经无关痛痒。如明代的皇族分封制总体上也流于形式，明成祖在夺得政权后充分巩固了皇权，其后多数皇族亲王可能被赐予较多的土地经济财富，但农民不再是其部曲或私属，而与之主要构成租佃关系。此外，无军队且不参与政事，在根本上决定了一般皇族亲王权力继承的终结，其被赐予的土地经济财富随时会被皇权收回，明代皇权对外封亲王的秘密监控也是相当有效的。

制与世卿世禄制。① 然则，随着战国时期封建制的逐步瓦解，各国均需要建立起以巩固王权为中心的中央集权，此种背景构成了法家倡导平民诸子均分制的历史依据，如商鞅变法规定了"民有二男以上不分异者，倍其赋"（《史记·商君列传》）。以法家力倡的诸子均分制为基础，战国列国基本都完成了编户齐民的中央集权，尤其是秦国无论是贵族还是宗室都受到了极大的削弱，这是秦巩固王权统一六国的经济社会基础。简言之，法家指引下的皇权政治是要充分达成皇权的独占性，由此需要打破封建贵族财富与权位的嫡长子继承制，在任用官僚方面也力图削弱世卿世禄制的"差序"影响而实现以皇权为中心的绩效平等主义。②

　　与之相对，以"亲亲""尊尊"为要旨的儒家"差序"设计，必然要使得皇权趋于分散而为宗室、外戚及功臣所共享，进而出现宗室分封化及官僚贵族化的倾向。汉代中期儒家思想重新兴盛并取得统治地位，尽管以董仲舒为代表的儒家学者对早期儒学做了重大修正，已然明确地支持"大一统"的皇权政治，但儒家内在"亲亲""尊尊"的差序等级精神正是皇家内部分封制与门阀士族官僚制得以形成并延续的意识形态基础。如前所述，由汉末至隋唐的实践证明，对皇权的威胁主要此起彼伏地来自两个方面：一是外家门阀士族的经济政治力量过于强大，二是皇家宗室内部分封的诸侯王叛乱，两者共同的特征在于财富人口的积聚而呈现出重新贵族封建化的趋势。实质上，后者实是为遏制前者而导致的恶性循环，如若消除了门阀士族对皇权的威胁，则皇家内部"家天下"的分封制亦无必要了。从门阀士族的根基来看，尽管秦汉之后诸子均分制开始成为一般平

---

① 笔者并不认为宗法血缘"差序"原则的存在已构成了宏观层面的"差序格局"，宏观层面的"差序格局"得以建构的要旨在于"己—家—国—天下"的伦理外推，而宗法分封制下的各级贵族一般只需对各级封建领地负责，而无必要实现伦理拓展的差序外推。诸如以孟子为代表的先秦儒家已经开始强调了这种伦理外推的重要性，反映了在封建秩序瓦解后大量游士希望辅助有德封建领主"安天下"的抱负理想，但在战国的时代背景下难以形成此种伦理外推的制度设计，最终仍然是宋代以后通过科举制的完善从而达成了"差序格局"的宏观建构。

② 就中国官僚政治的演变来看，以秦国的商鞅变法为代表，战国列国基本都废止世卿世禄制而确立了军功爵禄制，这一制度一直沿用到汉初。随着内部较长时段的相对和平与汉初军功集团的逐步终结，汉武帝确立的察举征辟制开始趋于官僚选拔的平民文质化倾向，以上两种或武或文的官僚选拔体制均体现了法家以皇权为中心的绩效平等主义。但东汉以后察举征辟制已然逐步为上层官僚所操控，旋被魏晋南北朝门阀士族官僚制的九品中正制所替代，唐宋以后确立的科举制度实可视作对察举征辟制的完善发展。

民家庭的惯例，但后来的门阀士族有着聚居共产的封建化倾向，且依附士族逃避赋役的私属农民甚多，从而使得强宗大族有了对抗皇权的财力与人力基础。① 由此，唐代在官僚政治上用科举制逐步取代门阀制的同时，在经济基础上釜底抽薪的做法正是大力推广诸子均分制，唐以后的律法基本都对诸子均分制做出了明确的肯定，如《唐律疏议·户婚》与《宋刑统·户婚律》均规定："同居应分，不均平者，计所侵，坐赃论减三等。"随后，《明会典·刑部·卑幼私擅用财》也规定："若同居尊长应分家财不均平者"，其罪按"卑幼私自动用家财"论，"每二十贯杖二十"。《大清律辑注》明确规定："家政统于尊长，家财则系公物。"由此可见唐宋之后国家法律对于诸子均分制一直以来沿用的肯定，进一步强化了家长对于家产实行诸子均分的原则，从而也极大地动摇了家长在家政中的实际权威。②

总之，"国"之嫡长子继承制的强化保证了政治权力与经济财富的皇权集权化，诸子均分制的强化则从经济基础上使得族权趋于表面形式化而难以真正集中，从而无法再对皇权构成实质性的威胁。由此，"家"分与"国"合在形式上是矛盾的，但分"家"实质上却有助于安"国"，此种"家""国"同构的表象之下蕴藏着的矛盾转换，可能也构成了中国传统儒法之争的一个重要方面。表面看来，强化诸子均分制是与儒家"不患寡而患不均"的均贫富理念相通的，但实质上是在小农经济基础上巩固皇权政治的法家制度设计。事实上，由于个人能力、机遇等方面的差别及自然病灾的影响，家族内部在分家之后必然要出现贫富分化，因此均贫富的有效办法并不是诸子均分，而恰恰在于家族财产共有不分。如此，家族财产共有不分与诸子均分两者之间，实质上构成了儒法之争的焦点之一。在表面形式上，自唐以

---

① 虽然这种地方庄园经济可能并不严格执行封建诸侯的嫡长子继承制，其子弟出仕官僚职位的机会也并不随长幼而有较大的差别，但是财产的共有集聚一般是成立的，这是强宗大族拥有私属军队并成为地方共同体的根基。从小说《水浒》所集中描写的祝家庄、曾家寨来看，这种地方共同体的庄园经济直至北宋可能仍有相当大的势力。

② 邢铁在对中国古代的诸子平均析产问题的研究中，强调自秦汉以后诸子均分制的一贯性。在他看来，之所以要以唐宋为中心加以考察，更多是考虑到史料的可得性（邢铁，1995，2007）。笔者则以为自秦汉后，诸子均分无疑一直是平民家族的财产继承制度，但对于东汉之后魏晋南北朝的少数门阀士族则不成立，其财产延续的聚居共有是他们把持政权进而能撼动皇权的经济基础。唐宋将诸子均分纳入法律体系，实为皇权在推进宗族平民化的过程中，通过强化民间的诸子均分制来防止族权再度兴盛而威胁皇权。

来历代君主都更为推崇大家族共居的儒家孝道文化理念，《唐律疏议·户婚》"子孙不得别籍"条曰："诸祖父母、父母在，而子孙别籍、异财者，徒三年。"宋太祖诏："荆蜀民祖父母、父母在者，子孙不得别财异居。"（《宋史·太祖纪二》）如此，在"分"与"不分"之间折中的办法不过是突出"父母在不分产"的形式，父母不在必然还是要诸子平分的，且在民间日常实践中，父母在而分家也是极其常见的。① 由此，明清法律虽仍旧强调父母在不分产，但其惩罚力度在不断削弱以至基本认可，如《大明律集解附例》卷四"别籍异财"条曰："凡诸祖父母、父母在而子孙别立户籍、分异财产者，杖一百。"《大清律例增修统纂集成》卷八"别籍异财"条曰："祖父母、父母在者，子孙不许分财异居。其父母许令分析者，听。"进言之，共有不分只是形式阶段性的，诸子均分则是实质必然性的，两者的共存确立了聚居均分的家族制度成为近世中国的社会基础，这也暗含了"大传统"制度设计的"儒法合流"甚至可称之为"外儒内法"的一个方面。② 无论如何，家族聚居有助于减少民间流民散落，财产均分则又防止了民间财富集中，这对于传统皇权的国家社稷都是有益无害的。不过就宋代以后的"家""国"同构而言，"家"之诸子均分制与"国"之嫡长子继承制主要仍是从消极意义上解决了皇权政治的潜在威胁，科举制则从积极意义上对"家""国"的利益联结起到更为根本性的重要作用，对"差序格局"的宏观建构而言似乎达成了关键性的"移孝作忠"之伦理联结。

---

① 瞿同祖（1947/1981：16）在《中国法律与中国社会》一书中，集中指出了唐宋之后别籍分财在法律上构成不孝罪名之一。但这样的法律文本在实践中常常流于形式，皇朝在表面推行儒家孝道文化理念的背后，其主张阶段性不分家的做法实际上也有着赋税与徭役的利益驱动，尤其唐代中期两税法实施以后，户税的高低更加取决于户等财富的多寡，于是乎"不少并不富有的家庭，为了减免赋役，父母在世，别就别籍异居……"（王玉波，1995：176）。宋代以后，户等对徭役的影响更为直接，郑振满（1992：27~28）指出"早在宋代，福建民间为了逃避重役，往往'父子兄弟自分为户'，甚至'嫁遣孤孀'以降低户等，而地方官'以增户课最'，并不追究民间是否依法分家析产"。

② 徐扬杰（1992：369~372）认为宋代以后，聚族而居的家族组织与累世同居共财的大家庭构成了宗族制度的两种基本形式，但前者始终是近世家族制度的主要形式，且与唐之前的门阀士族相比，宋以后即使是累世同居共财的大家庭一般也已是平民性质的大家庭。由于聚族而居的家族组织基本实行诸子均分制，族权较之于前也就相对衰微了，这可能也是造成近世中国集体主义或家族主义趋于表面形式化的根源。

四 "移孝作忠"之伦理联结得以达成的利益根源

由上可知，宋代"家""国"同构之"差序格局"的实质是为皇权与绅权的联合，然则皇权是世袭稳固的，绅权却是易代更替的。士绅家族由科举而兴于平民家族，但其三五代后必然性的衰败一方面是由于科举选拔的政治限制，另一方面则得益于诸子均分制的经济作用。是所谓"君子之泽，五世而斩"，这种绅权的更替转换对此种"家""国"同构的稳固性至关重要。进言之，"家""国"二者之关联，先是反映在西周宗法制"家""国"一体的贵族封建秩序之中，后又构建于宋代以后基于绅权与皇权相联结之"家""国"同构的官僚政治秩序之中，其间的宗室诸侯分封与门阀士族政治是"家""国"结构性矛盾相当突出的一段时期。如前所述，在秦汉之前"家""国""天下"的封建体制之下，维系的要旨在于家臣、诸侯、天子各层贵族各安其位的"礼治"秩序，但春秋战国的封建失序已然显现了后世中国不安其位的暴力政治逻辑。秦汉之后，表面上皇权一统并未完全消除宗室诸侯与门阀士族之类的准贵族化力量，不安其位而"化家为国"的现象极为常见，皇权与皇朝非常规的频频更替本质上都是为准贵族的经济政治力量所操控。在诸如"移孝作忠"的伦理教化已然流于形式的状况下，唐宋之后在通过科举制力图实现官僚平民化的同时，巩固皇权的制度实践逻辑也就一并指向于将皇家内部的嫡长子继承制与平民家族的诸子均分制的有效衔接，前者有助于防止皇家内部的皇权争夺失控，后者则可以遏制以科举为基础的士绅官僚发展成为地方豪强或世袭官僚，并通过绅权更替转换的制度设计来保证皇权对于绅权的优先性，进而达成了以皇权为中心之"家""国"同构的稳固性。①

---

① 科举制决定了此种"家""国"同构的基本形态，笔者这里所要强调的是，皇家嫡长子继承制与民间诸子均分制的充分强化是皇权得以稳固的必要条件。当然，皇权对内的中央集权虽然消除了内部隐患，亦即基本不再有对抗于皇权的族权，但对于异族常常并不能有效地抵御。钱穆（1988/2001：31—33）就曾经突出了唐宋之后"科举的社会"的重要性，但他同时强调"这样一个平铺散漫，无组织、无力量的社会，最怕的是敌国外患"。即一旦汉族中央政府被异族击溃，地方往往缺乏有效的抵抗力量而被迅速征服，宋代宗族共同体的地方力量较之于明代可能还是要强得多，这可能是南宋得以延续抗金的重要原因。

必须明确的是，宋代以科举制确立的"家""国"同构与西周以宗法制为基础的"家""国"一体是有一定区别的。西周的"家""国"一体按照血缘与拟血缘的宗法等级秩序而建构，"天下""国""家"之间的隶属关系使得彼此界限是相对明晰的，"天子""诸侯""大夫"等各级封建贵族都主要是对各自的封建实体负责，当然对上与对下亦承担或享有一定的责利，由此从上至下构成了金字塔式的垂直结构形态。宋代的"家""国"同构则有科举制的官僚选拔作用，任何平民宗族均有可能产生士绅官僚而参与到政权之中，即科举制使得平民宗族有机会可以转为士绅宗族，平民阶层与统治阶层之间的间隔被真正打破了。从此种"家""国"同构的内在意涵来看，修身齐家治国平天下的儒家理念，似乎也可能适用于上至天子下至平民的所有人，亦即表面上近乎孟子"人皆可以为尧舜"的理想境界，"身""家""国""天下"伦理外推的"差序格局"也只有在此种"家""国"同构的意义上才真正建构起来，且从差序伦理出发必然呈现出同心波纹的水平结构形态。最为重要的是，"己"或"身"在"家""国"一体的宗法秩序中并不需要做差序层次的伦理外推，金字塔式的垂直结构形态也无须依赖于个体的伦理道德提升，而在"家""国"同构的"差序格局"之中，"己"或"身"的重要性则相对凸显出来，即使是平民之身亦可在伦理层面做同心波纹的差序延伸。然则此中潜在的危险在于，"差序格局"的秩序取向暗含了不同个体之"差序"基本重叠的单一化倾向，但不同个体由己而外的"差序"波纹必然不能完全一致，这就决定了"差序格局"在宏观层面必然存在着利益矛盾的纠结与内部分离的倾向。

某种意义上讲，自春秋战国封建制度瓦解开始，先秦以孟子为代表的儒家学者就提出了"差序格局"的伦理建构，直至宋代之前贵族化的宗族势力及与之交替的皇族分封造成了"家""国"之间长时段的利益矛盾，尽管对于官僚贵族"移孝作忠"的伦理主张始终存在，但在没有制度保证的情况下常常是流于形式而难于实践，即"差序格局"的儒家设计始终停留于伦理价值层面而未能在宏观结构层面真正建构起来。宋代以后，伴之以诸子均分制强化的宗族平民化与嫡长子继承制强化的皇权集权化，科举制再生产的士绅官僚宗族与上层皇家政权之间构建了有效衔接，所建构的"家""国"同构之"差序格局"正展现了"移孝作忠"之伦理形式的实践形态。正是在这样的历史背景之下，宋代以朱熹等人为代表的士大夫也特别阐发了早期儒家学说中"身""家""国""天下"一以贯之不断外推的价值理念，进一步由上而下地推动了宗族的平民化进程，《大学》可能正是得益于相关的直接论述得以列入四书之中而成为意识形态的正统。其潜在的逻辑悖论在于，"差序格局"的伦理起点在于若干不同个体。每一层的"差序"外推在个体实践中能否达成，且不同个体的"差序"最多是交叉而非完全重叠的，由此反映的结构层面必然存在着个体与个体、个体与"家"、"家"与"家"、"家"与"国"之间的利益矛盾，尤其对于"差序格局"的宏观建构而言，"家"与"国"之间的潜在张力始终是最为根本性的。

当然，在个体实践的层面，"身""家""国""天下"的"差序"外推对于多数普通庶民百姓仍是意义不大的，一般也只有帝王皇家之"差序"与士绅官僚之"差序"才需要突破"家"的范畴而及于"国"与"天下"，"家""国"完全同构的实质也就成为以上两者的"差序"能否基本重叠的问题。进言之，在皇权集权化的背景之下，帝王皇家"差序"与士绅官僚"差序"若能相重叠，当然是要以帝王皇权与士大夫绅权的完全利益一致作为前提。但毋庸置疑的是，帝王与士大夫的"家""国"观始终有着根本性的差别：帝王之"家"即是"国"，嫡长子继承制更加确保了帝王本人的"家""国"合一，士大夫之"家"则非"国"也，士大夫在为"国"尽力之外还有着为其"家"及家族成员谋利的义务责任。由此，士大夫之"家"与帝王之"国"两者无疑始终有着潜在的利益矛盾，其反映在伦理层面即为"孝"与"忠"之间的矛盾张力，尽管大传统的价值层面不断地突出"移孝作忠"的重要性，但士大夫在日常实践中还是常常陷于"忠孝难两全"的困境。面对此种宏观建构的内在张力，总体来看却是皇权做出了适当的让步，士绅官僚"忠"的核心要旨不是"职守"而在于"尽忠"，是要"尽忠"于帝王皇权而决不能有取而代之的观念与行为，而适度范围内的为"家"谋利则一般是得到默许的。

进言之，尽管少数士大夫有着"先天下之忧而忧，后天下之乐而乐"的信念抱负，但在民间小传统中占主流地位的还是"书中自有黄金屋""千里做官只为财"之类的价值观念，多数士绅官僚谋职于"国"主要还是要谋利于"家"，在形式上似乎也做到了"忠孝两全"。与此相对应，历代帝王一般对官僚谋反的惩治远比官僚腐败重视得多，其对官僚在应有俸禄之外适度谋取私利的某种默认，反而有助于赢得更广泛范围士绅官僚的忠心。对帝王而言，多数士绅官僚尤其是上层官僚谋私利而不致于谋天下，且由于诸子均分制的巧妙作用，上层士绅官僚家族所聚敛的大量财富并不会转为大地产制的地方豪强庄园经济，由此皇权对绅权贪墨的适度让步反而更加确保了皇权的支配性地位。总体而言，经过较长时段的"家""国"两者的紧张矛盾之后，皇权与绅权相联结的"家""国"同构是以帝王皇家之"国"相对于士绅官僚之"家"的资源优势及给予达成的，但在一般士绅官僚的价值与行为层面，对"家"之"孝"较于对"国"之"忠"一般仍是有着相当的优先性，伦理层面之"移孝作忠"的背后则有着深层利益分配格局上"国"对"家"的适度让步，这可能才是多数士绅官僚在伦理形式上能够做到"移孝作忠"的实质根源。

五　结语与问题："差序格局"宏观建构的性质判定

回到文首的讨论来看，之所以难以生成西方近代"市民社会"，是由于与近世中国的"家""国"同构有着密切的关联。不过，我们并不能简单地将传统中国宏观层面的社会结构判定为"家""国"同构的"差序格局"，即不能将"家""国"两者的历史实践进程等同于其纯粹的伦理定位，恰恰相反，自秦汉以后，传统中国社会结构的内在张力矛盾恰恰在于"家"与"国"之间，"化家为国"的政治暴力逻辑决定了传统中国社会与政治之间潜在的紧张性，其核心性的结构矛盾则聚焦于皇家与外家以及皇家内部的权力争夺。比较而言，近代西方"市民社会"的兴起暗含着"国家—社会"的二元政治社会框架，表面上"国"/"家"与"国家—社会"二者之间有着形式上的相似性，然则传统中国"家""国"相替、循环复始的政治社会结构特征，是决然不能简单地套用"国家—社会"的理论框架加以类比等同的。① 如前所述，以梁漱溟、梁治平为代表的一

① 本文将"社会"与"政治"相区别的分析，更多是在现代语境下的一种解读，传统中国的"家"与"国"，显然并不等同于现代意义上的"社会"与"政治"。"家""国"之间"化家为国"的紧张性是一种根本的利益冲突，这与"政治"与"社会"二元的"国家—社会"之现代性框架有着质的区别。但在分析过程中我们难以完全避开"社会"与"政治"的区分，而由此也便于解释何以由不同的侧重点出发而出现了对"差序格局"的不同性质判定。

批学者正是从此点出发突出了传统中国"家""国"关联的独特性，但总体上又过于强调了"家""国"关联内在的一致性，即将"伦理本位"（梁漱溟，1949/1987）意义上的"家""国"同构认定为传统中国社会结构的基本形态，"家""国"两者之间一度难以化解的矛盾张力则被相对忽略了。① 事实上，直至宋代之后的近世中国，"家""国"之间的紧张性才相对得到缓解，"家"之诸子均分制与"国"之嫡长子继承制虽然形式上相互对立，却由此建构了实质上"家"分而"国"合的相安局面，亦是皇权与绅权相联结的"家""国"同构之"差序格局"。此种"家""国"同构之"差序格局"表面上体现了儒家差序伦理的合理性，内在却潜藏着"家"之诸子均分制与"国"之嫡长子继承制相衔接以巩固皇权的法家制度设计，其本质上是为士绅官僚之"家"依附于帝王皇家之"国"的利益共享格局。

　　然而，"家"与"国"之间的利益矛盾始终不能完全消除，由此在核心伦理联结层面就更加需要突出士大夫"移孝作忠"的重要性。在伦理价值倡导的背后，多数帝王实质上默认了官僚士绅适度的贪墨之举，通过利益杠杆来确保皇权科举制对一般平民宗族的吸引力，在建构了士绅官僚之"家"与帝王皇家之"国"的利益共享格局的同时，最终又通过诸子均分制来防止少数士绅官僚之"家"兼并地方，以避免其最终达到富可敌"国"的地步。总体而言，近世中国的"家""国"同构一方面借助于科举制的官僚政治积极促成了"家""国"共享的利益分配格局；另一方面则得益于强化"家"之诸子均分制与"国"之嫡长子继承制消极克服了"化家为国"的可能性，尤其"家"的诸子均分制对此种"家""国"同构之"差序格局"的

---

① 梁治平（1996：27~29）在对法律文化"大传统"研究的基础上，开始进一步探讨清代习惯法的"小传统"实践，已然认识到"家""国"关联中可能存在的张力："凡此，皆可表明传统中国国家与社会之间矛盾的、冲突的、不平衡的和动态的方面，忽略了这些方面，则我们对中国古代社会形态的描绘就将是单面的和缺少活力的。"但这样的分析始终将矛盾冲突置于某种次要的位置，以至于将其当作稳定的"家""国"同构得以再生产的活力机制："正是那些每日每时都在发生着的矛盾和冲突使得现实的社会生活充满活力，国家与社会之间的平衡以及更大背景下统一一秩序的实现，也只有通过矛盾的解决和冲突各方的互相调适而不断地获得。"笔者则以为，"化家为国"的紧张矛盾并非边缘次要的而是根本性的，"家""国"同构最终达成了皇权与绅权的利益共享机制，但"家"与"国"之间的利益矛盾始终不能完全消除，"移孝作忠"的伦理形式本质上仍旧是儒家意识形态的表象粉饰。

有效运作至关重要，其在承载着儒家伦理价值的表象下蕴含着稳固皇权政治的法家制度实践。此种"家""国"同构在伦理形式上达成的"差序格局"并不能实现士大夫与帝王"差序"的完全合一，两者之间行为逻辑亦即"差序"原则始终存在着相当的差异。进言之，从伦理层面的"差序格局"出发，"天下"可归之为一"己"，其内在的同质性预设也就是要消除个体之间的属性差别，但是帝王与士绅"差序"原则的差异却被忽视了，而这种差异正影响到了对"差序格局"根本性质的判断定位。

费孝通对"差序格局"之社会结构的形态描述是从儒家伦理出发的，将其根本性质最终判定为"自我主义"，"自我主义"即为了自己可以牺牲家，为了家可以牺牲国，为了国可以牺牲天下，这似乎正与由"己"及"天下"儒家"差序"外推的"伦理本位"背道而驰。但在费孝通（1947/1985：26~27）看来，"自我主义并不限于拔一毛而利天下不为的杨朱，连儒家都该包括在内。杨朱和孔子不同的是杨朱忽略了自我主义的相对性和伸缩性。他太死心眼一口咬了一个自己不放；孔子是会推己及人的，可是尽管放之于四海，中心还是在自己"。"孔子并不像杨朱一般以小己来应付一切情境，他把这道德范围依着需要而推广或缩小。他不像耶稣或中国的墨翟，一放不能收"。笔者则以为，"差序格局"的伦理设计无疑主要是由先秦儒家来完成的，其宏观结构层面之建构则暗含着较为复杂的文化传统承继。事实上，相对于杨朱的一些论述而言，法家系统的理论体系对传统中国政治社会制度的影响无疑更为明显，其暗含的"自我主义"价值取向亦是不能归之于孔子开创的儒家学说，能放能收的"自我主义"行为实践正体现了"外儒内法"的文化传统。进言之，推己及人的"差序"外推始终体现了梁漱溟所强调的"伦理本位"的儒家要旨，舍人利己的"差序"收缩则构成了"自我主义"的行为取向，"自我主义"本质上是法家制度建构的结果而并非儒家伦理设计的初衷。

"自我主义"的判定实质上是与皇权政治逻辑相通的，本质上体现了进一步强化嫡长子继承制的皇权独占性特征，但皇家嫡长子继承制的强化始终不能消除皇权继承中的烛光斧影，其他一般家族的诸子均分制反而可能进一步促成皇族宗室对嫡长子继承制的不公平感，以致皇权争夺过程中为了一己之私可以置"家""国""天下"而不顾，此种"自我主义"的

"差序"原则甚至有着抹杀"差序"的极端自我中心的倾向。[1] 然而，此种皇权政治逻辑中"自我主义"的"差序"原则，却并不一定适用于多数士绅官僚乃至于平民百姓的"家""国"观，诸子均分制至少在形式上支持了家族社会中的"伦理本位"，这种伦理立场反过来又巩固了普通个体乃至于士绅官僚对于"家（族）"的依赖及其义务。因此，普通个体及士绅官僚的"差序"原则常常是以"家（族）"为中心的，"己"与"国"一般都是相对次要的，如果说对于普通个体而言，"己"与"家"之间的内在张力是主要矛盾的话，那么在士绅官僚的"差序"层次中，"家"与"国"之间的内在张力始终是最为突出的。皇权与绅权相联结的"家""国"同构虽然在形式上特别突出"移孝作忠"的伦理相通性，但其实质上并非联结于"礼"而是合之于"利"，且"家"与"国"之间结构层面潜在的利益矛盾并不能完全消除，因此"差序格局"的宏观建构并非完全静态均衡而始终有着内在的动态张力，其"伦理本位"抑或"自我主义"的性质取向常常也得以在家族社会场域或皇权政治场域的不同情境下显现出来。由此，在"家""国"同构的表象之下，"家"与"国"不同的制度设计与价值导向决定了"差序格局"宏观建构的多重面相，士绅官僚于其间的微观实践中常常也不得不采取灵活多变之"情境中心"的行为方式。[2] 换言之，儒家伦理设计与法家制度实践相结合形成了"外儒内法"的结构环境，在这样的结构环境下常常出现的是委婉曲折、变通圆润的道家思维与阴阳实践，此中文化传统的深层结构则需另文专论。

参考文献

费孝通，1947/1985，《乡土中国》，生活·读书·新知三联书店。

---

[1] 费孝通（1947/1985：26）在对"自我主义"的具体论述中，实质上偏向了皇权政治场域而非家族社会场域，如他引用《论语》阐释道："子曰：'为政以德，譬如北辰，居其所而众星拱之。'这是很好的一个差序格局的譬喻，自己总是中心，像四季不移的北斗星，所有其他的人随着他转动。"这种偏重于政治场域的论述，必然使得"差序格局"在宏观层面的基本性质判定趋于皇权中心的"自我主义"，但这不能完全涵盖"差序格局"在社会场域中对一般平民乃至士绅个体而言的"家"的中心性。

[2] 事实上，就微观场景下普通个体的实践而言，多数个体既非完全利他的"伦理本位"，也非公然为私的"自我主义"，而是表现为根据具体情景先"舍"后"得"、由利他而及至利己之委婉曲折的行为方式，这种"情境中心"的行为方式本质上亦是一种"人缘取向"的"中庸之道"（沈毅，2007）。

冯尔康，1994a，《中国社会结构的演变》，河南人民出版社。

冯尔康，1994b，《中国宗族社会》，浙江人民出版社。

冯友兰，1940，《新事论》，商务印书馆。

瞿同祖，1947/1981，《中国法律与中国社会》，中华书局。

李安宅，1931/2005，《〈仪礼〉与〈礼记〉之社会学的研究》，上海人民出版社。

梁漱溟，1949/1987，《中国文化要义》，学林出版社。

梁治平，1996，《清代习惯法：社会与国家》，中国政法大学出版社。

梁治平，1991，《寻求自然秩序中的和谐——中国传统法律文化研究》，上海人民出版社。

吕思勉，1985，《中国制度史》，上海教育出版社。

钱穆，1988/2001，《国史新论》，生活·读书·新知三联书店。

沈毅，2007，《"差序格局"的不同阐释与再定位——"义""利"混合之"人情"实践》，《开放时代》第 4 期。

孙立平，1996，《科举制：一种精英再生产的机制》，《战略与管理》第 5 期。

王国维，1917/1997，《殷周制度论》，载傅杰编校《王国维论学集》，中国社会科学出版社。

王亚南，1948/1981，《中国官僚政治研究》，中国社会科学出版社。

王玉波，1984，《历史上的家长制》，人民出版社。

王玉波，1995，《中国古代的家》，商务印书馆国际有限公司。

吴晗、费孝通，1948，《皇权与绅权》，上海观察社。

邢铁，2007，《从家产继承方式说我国古代的所有制形式——以唐宋为中心的考察》，《中国经济史研究》第 3 期。

邢铁，1995，《我国古代的诸子平均析产问题》，《中国史研究》第 4 期。

徐扬杰，1992，《中国家族制度史》，人民出版社。

岳庆平，1990，《中国的家与国》，吉林文史出版社。

翟学伟，1999，《儒家的社会建构：中国社会研究视角与方法论的探讨》，《社会理论学报》总第 3 期。

郑振满，1992，《明清福建家族组织与社会变迁》，湖南教育出版社。

（原载《社会学研究》2008 年第 6 期）

《家庭与性别评论》第 11 辑
第 139~168 页
© SSAP，2021

家与韦伯的比较历史社会学

——以《中国的宗教》为例

肖　瑛

摘　要　普遍主义比理性主义更适合韦伯对现代资本主义的界定。作为普遍主义对立面的特殊主义的宿主是作为自然状态的"家"，而如何理解和处理"家"，则会影响一种文明的性格及其同现代资本主义的距离。韦伯的文明比较，是以比较历史社会学作为方法，一方面基于欧洲经验搭建具有普遍历史意义的分析框架，另一方面以"家"为切入点进入作为历史个体的具体文明，由此既把握历史个体的实质性格，又使文明比较成为可能。"家"是儒教文明想象和实践伦理、信仰、政治、社会、法律和经济秩序的总体性范畴，其与家产官僚制的内在关联是韦伯理解儒教文明的基本线索。韦伯由此不仅从内部把握了儒教文明的基本性格，也从外部暗示了走出封建郡县之辨的必要性，更为可靠的文明比较提供了范例。

关键词　家　比较历史社会学　《中国的宗教》　普遍主义　特殊主义　家产官僚制　韦伯

文明比较是历久弥新的学术热点，特别是当不同文明发生碰撞将人类历史引到关键转折点时，这一论题就更具学术和现实价值。清末民初的中国，放眼向洋看世界成为潮流，催生了一批又一批文明比较的论说和论著（郭湛波，2013）。此时，地球另一端的韦伯也在对东西方文明展开系性的比较研究。他在阐述了基督教新教同现代资本主义在精神气质和伦理上的内在亲和性后，把目光转向东方，追问为什么现代资本主义只能发生在基督教新教文化圈内。与相当多的只是教条对教条的直观比较不同，韦伯的文明比较走的是典型的比较历史社会学道路，试图在共同的问题意识之下，构建表征普遍历史进程的总体性框架，运用理论与历史互动、心态与结构相互参照的方法，探讨每种文明自身独特的运作逻辑，以揭示其是否具有通往现代性的内生动力。韦伯的这一研究路径在学界受到颇多关注，卡尔伯格（Karlberg，1994）是其中的典型，但很遗憾，卡氏只是从形式上厘清韦伯的论述逻辑，而没有深入韦伯将普遍历史与历史个体结合的具体机制中（李荣山，2017；Fahey，1982；Rosenberg，2019）。有鉴于此，本文将以《中国的宗教》为例，呈现韦伯的比较历史社会学方法，讨论韦伯的努力对于我们今天开展文明比较和历史社会学研究的价值。

一　普遍主义何以可能：韦伯的问题意识

人类每种文明是否都能像进化论想象的那样，自然而然地通往现代资本主义，是韦伯展开文明比较的出发点，他对基督教、中国宗教、印度宗教和古犹太教的研究，都围绕这个问题展开。但是，如何界定"现代资本主义"对韦伯而言是一个难题。《新教伦理与资本主义精神》有多维度但零碎的界定，《经济通史》将资本主义会计制度作为理性化资本主义的前提，并为这一制度设计了六个前提要件（韦伯，2006：173～174；Weber，1927：275-278）。这些界定中，"理性化"（rationalization）和"理性主义"（rationalism）无疑是决定性定语，他为自己做的研究规划也肯定了这一点："基本想法是研究经济发展，特别是研究作为一般意义上的生活理性化的一部分的经济发展。"（转引自 Roth，1978：lxiv）但是，这两个概念似乎无法在终极意义上表达韦伯对现代资本主义理念型的界定，他把它们广泛用到与现代资本主义绝对对立的现象中，如将巫术和理性对应起来，说道教形塑出中国"巫术性的'理性'科学的上层结构"（Weber，1951：199）。总之，"理性"是一个相对性的概念，"从一个角度看是理性的，换个角度看则很可能是非理性的"（Weber，2002：xxxviii-xxxix）。这样，韦伯不得不寻找"西方理性主义的独特性"（Weber，2002：366）。"系统性的理性化"（systematic rationalization）

（Weber，1952：249）也许能满足这一要求，可用以理解现代资本主义不仅依赖于理性化的会计制度，还需其他内部的和外部的理性化因素相匹配。但韦伯对这一概念的使用也不严格，说婆罗门（Weber，1958：150-165）和道教都内含着系统化倾向。个中原因，在于"理性化"和"理性主义"在韦伯语境中都是相对于特定情境和目的而言的，未顾及"方式确实理性，但目标却是非理性的"（韦伯，2005：455）的情况。是故，韦伯需要使用其他概念来进一步限定"理性化"和"理性主义"。

这个努力体现在他的《中间考察》中。韦伯从宗教拒世的两种基本对立形式即入世禁欲主义和出世神秘主义中发现，所有救赎宗教都"与现世及其秩序之间，存在着一种不仅尖锐而且持续不断的紧张关系"，这首先表现在宗教共同体与原生宗族（natural sib）之间的冲突，宗族关系和婚姻关系的地位遭到贬低。换言之，救赎宗教贬低血缘纽带的内外有别的情感和道德逻辑即特殊主义，而形塑一种"同胞宗教伦理"，并最后达致"不具对象的无差别主义之爱"（objectless acosmism of love）即普遍主义的爱。韦伯由此构建了两对范畴来比较世界宗教，一是普遍主义与特殊主义，二是爱与无爱。这两对范畴交叉搭配而成一个基本框架：普遍主义的爱，即同胞伦理；普遍主义的无爱，即彻底的工具理性主义；特殊主义的爱；特殊主义的无爱。韦伯把各宗教放入相应象限，凸显它们之间的异同：救赎宗教包括基督教和佛教的普遍主义的同胞伦理，犹太教和儒教的特殊主义的爱，印度教的特殊主义的无爱。然后，韦伯讨论了现代政治、经济、学术、性爱、艺术等领域各自的特点及在这四个象限中的位置，并分析不同宗教类型同这些领域的亲和性或冲突性。现代官僚制和市场经济不仅同特殊主义有内在紧张，同爱也有内在冲突，只有基督教新教极致化到普遍主义无爱状态后，才同现代政治和经济达成最终一致（韦伯，2004c；Weber，1946b）。

韦伯由此而把"普遍主义"（universalism）引入对现代资本主义的界定中，用以指涉清除了内外之别、身份和等级隔离后劳动力和资源的自由流动和自由组织，以及去人格性、切事的形式理性化；与之对立的特殊主义则指内外有别、因人而异。韦伯从经济角度来评价不同文明类型时，普遍主义是其基本参照系：儒教"缺乏理性的就事论事，非个人性的理性主义以及抽象、非个人、目的性结社的性格"（Weber，1951：241）；犹太教存在耶和华信仰越普遍主义化则以色列越成为特殊"选民"的悖论，由此形成的"二元论伦理观"（苏国勋，2016：130）使"奠基于形式合法性的理性经济活动不能且从未获得宗教上积极正面的评价"（韦伯，2007a：426；Weber，1952：344）；印度教的种姓制的反普遍主义逻辑更是不言而喻。质言之，这三种文明都持守特殊主义的经济伦理，是故缺失发展现代资本主义的内在动力。帕森斯把韦伯对普遍主义的重视发展到极致，构建了包括普遍主义与特殊主义（particularism）在内的四对模式变量（Parsons and Smelser，2005：34）。若从韦伯的角度看，其他三对模式变量只是普遍主义和特殊主义范畴的注脚。

这样，韦伯的文明比较最为具体和核心的问题，就是每一种文明中"占主导地位的伦理体系……是普遍主义还是特殊主义"（苏国勋，2016：168~169），其伦理取向以何种形式存在、何以存在、现实后果等一系列问题。其中，"特殊主义"构成韦伯反复使用的"传统主义"的核心维度。与其说普遍主义是对理性主义的替代，毋宁说是对它的补充，理性主义和个人主义都内在于普遍主义之中，给"现代资本主义"以更为充分的界定，而无须像韦伯自己做的那样，想方设法给"理性主义"增加修饰词以使"现代资本主义"的定义变得更圆满。

二 普遍主义与特殊主义：韦伯的分析框架

综观韦伯的宗教社会学和经济史著作，不难发现其中共同的概念框架，并集大成于《经济与社会》。该书是韦伯搭建的一个从社会学角度研究"经济发展"的总体性大纲，[①] 涉及经济、政治、组织、宗教、法律、城市等人类生活的各方面，表明韦伯心目中的社会学是一门"总体性社会科学"（渠敬东，2015）。由于韦伯是从"宏大的历史描述层面"（Roth，1978：xc）提取概念的，故没有明确地把这些概念建构成一个"统一体"（Roth，1978：lxxxix），二元对立范畴的色彩也不明显，但其字里行间确实蕴含着一个整体的分析框架，这个框架中又隐喻着普遍主义和特殊主义的紧张。

（1）在经济上，最基本的是自然经济和自由交换经济范畴。这对范畴在产业结构上一定程度表现为原始农业（畜牧业）同市场交易的工商

---

① 韦伯希望其世界诸宗教研究能和《经济与社会》相互诠释（Hamilton，1984）。

业之间的对立，在经济的空间主体上是农村与城市的对立，在职业上是农民与市民的对立。当然，对于韦伯而言，农村自然是自然经济的舞台，但城市性质则需要具体考察，因为城市居民并不一定拥有"市民性格"。

（2）在社会组织形式上，共同体（community）与结合体（association）是一对基本范畴。韦伯在腾尼斯的基础上对这对范畴做了修改，指出共同体以主观情感为纽带，结合体以行动取向是否建立在利益调节的目的理性或简单的目的性同意基础上为标准（Weber，1978：40-41）。共同体与结合体的关系同社会团结的血缘纽带与自由契约纽带分别对应，故又对应于人格主义（personalism）和切事性这对范畴。

（3）在社会分层上，一方面是身份团体和阶级的分化和对立，另一方面是不同职业阶层的分化。"身份团体"（status group）"是一个以其特殊的生活样式、惯有且独有的荣誉观以及合法垄断的经济机会为依据结成的团体"，占有某些特权和荣誉，具有不同程度的封闭性，故而会妨碍"市场自由发展"；阶级纯粹由经济条件决定，即"主要是由市场以及劳动力市场和商品市场决定的"（韦伯，2004b：501~502；Weber，1946a：300-301；1978：937），具有开放性。职业阶层高度多样化，如教士、官僚、农民、市民等，其中最为典型的对立阶层是农民和市民。"农民倾向于巫术。他们的整个经济生活特别受制于自然，这使得他们必须时时依靠各种自然力量。"市民阶层则相反，"在生活上倾向于实践理性主义"，"其经济生活很大程度上摆脱了自然的束缚"，而"以技术的或经济的计算，以及对自然对人类的支配为基础"（韦伯，2004b：481~482；Weber，1946a：283-284）。

（4）家父长制同官僚制是支配模式连续体上的两个极端。支配模式涉及正当性的基础，包括世俗权力同教权制之间的关系。韦伯的官僚制学界论述甚多，本文不赘。韦伯区分了家父长制支配和家产制支配。家父长制"基于一种严格的个人忠诚……源自主人对其家户（household）的权威"（Weber，1978：1006），其原型是父子关系，"在家内权威情形中，对权威的信仰建立在被视为自然而然的个人关系基础上。这种信仰扎根于孝道（filial piety），扎根于家庭中所有亲属之间亲密且永久的守望相助，这制造出一个表面的和精神的'命运共同体'"。但是，家父长制可以突破原生家庭而建立各种拟制的家父长权力："父权与孝道并非主要是基于实际的血缘关系……最初的家父长制持续地视家庭权威为财产处置权……

只要主人愿意，属于他的所有女性的孩子都可以被当作是'他的'孩子，这恰如他的动物的所有后代都是他的财产一样。在这里，这个女性是妻子还是奴隶并不重要，有没有父亲身份这一事实也无关紧要。"（Weber，1978：1007）当然，既然是拟制，更大空间中的家父长制同原生的家父长制在关键方面就一定是同构的："对传统的顺服和对主人的顺服（piety），是家父长权威的两个基本要素"（Weber，1978：1008）。总之，家父长制的原型是家庭内部不平等的互惠关系，但其本质是经济支配。

家产制是家父长制的变形，是由家户财产和家父长权力分化而形成，被支配者和支配者依然保持某种非法律的互惠关系，维系纽带还是传统和习惯，但支配者的权力走向绝对化，只有习惯才能限制支配者之自由裁量权并将家产制定型化（Weber，1978：1008）。封建制是家产制的早期形态，但当支配者试图将家产制支配扩展到对其所征服的其他地区和民众时，家产制国家就出现了。家产制国家需要依赖官僚组织来统治，故涌现了奇特的家产官僚制支配，即家产制是传统主义的，而官僚制又有部分的理性支配的性质（韦伯，2004b：500；Weber，1946a：300），但总体上看，家产制不仅直接决定官僚组织的依附性，也决定官僚群体的传统主义性质，如官吏选自支配者的"家人"（familiaris）、官僚权力的独断专行、官僚队伍的弱专业化、俸禄制及其定型化而塑造的官僚身份团体，以及官僚组织与支配者之间的独立和反"分裂"斗争（Weber，1978：1042），这些构成了家产制维护和变动的动力，影响家产官僚制最终是走向理性化（rationalization）还是定型化（typification）（Weber，1978：1038）。

（5）在法律形态上，韦伯更倾向于使用形式正义与实质正义或曰形式理性化和实质理性化（Weber，1978：809）来讨论，并将之分别对应于法理型支配和家产制支配（Weber，1946a）。

上述五个方面构成韦伯的文明比较的基本范畴。但是，第一，韦伯不接受简单的二元对立范畴，这是基于历史经验提炼概念和基于理念提炼概念的最大区别。第二，即使是二元论范畴，也只是理念型意义上的，历史中更多出现的是两极之间的各种过渡形态，以及二者在现实中相互纠缠、彼此浸透和妥协所呈现的不同形态。第三，这些范畴是在宏观层次上展开的，表达的是普遍历史的基本进路，但不同于进化论思维的是，韦伯不认为所有文明都具有发展到现代资本主义的内生动力。第四，在具体历史情境中，这五个方面的范畴不仅是相互对应的关系，更是在给定历史条件下相互纠缠地建构、维系或者改变历史，生成新的范畴并影响甚至塑造一种文明的基本性格。因此，需要将这些普遍历史框架放置在中观层次的"历史个体"中去考察，分析普遍历史框架是如何同历史个体中的独特现象结合，以及如何在这些独特现象中自我表现，并同其他独特现象互动，从而使每一种文明都成为具有自身独特结构和逻辑的历史个体。第五，从方法上看，韦伯虽然不否认制度和客观环境的核心作用，但更关注担纲者在社会进程中的能动地位，而其能动性是由其浸润其中的"世界观"（world views）（Weber，1958：142）即"心态"（mentality）或曰精神气质决定的。① 韦伯从宗教中找寻心态的具体形态，在宗教比较中把上述五方面连接成一个整体。

（6）宗教的基本范畴是巫术与救赎宗教即伦理宗教，根据拒世方法，伦理宗教可以据禁欲主义与神秘主义、入世与出世这两对范畴来分类。

三 "家"作为韦伯分析传统社会的切入点

从宗教出发寻找一种文明的担纲性精神气质，关键是确定这种宗教如何理解和处理以巫术和各种"血缘共同体"（blood community）（Weber，1978：394）即家为代表的自然状态。将家作为自然状态的典型是德国历史主义的基本主张，由此而同霍布斯的"原子人"的自然状态预设相区分（李荣山，2019）。韦伯承接了这一看法。救赎宗教必然贬低自然状态，以原生宗族为第一对手，压制各种自然关系和婚姻共同体（Weber，1946b：328-329）。韦伯对比了基督教新教和儒教在处理家和血缘论题上的不同方式，以及由此带来的宗教伦理乃至文明形态的基本对立："各种伦理宗教特别是新教的伦理教派和禁欲主义教派，其伟大成就就是砸破宗族的脚镣。这些宗教建立了与血缘共同体对立，甚至更大范围上同家庭对立的更高级的信用共同体和共同的伦理生活方式。"相反，"儒教徒从来不将任何东西归功于超世俗的神，因此，他也从来不被神圣的'原因'或'观念'束缚。道教徒亦如此……对于经济心态而言，人格主义原则对非人格的理性化的障碍无疑同其对于事实的非人格事项的一般意义的障

---

① 当然心态也是由特定政治和经济条件共同决定的（韦伯，2004a：334；Weber，1951：249）。

碍一样严重。它倾向于将个人历久弥新地同其宗族成员捆绑在一起，迫使其屈从于其宗族做法，并无论如何都屈从于'个人'而非各种功能性工作（'事业'）。……中国宗教……是推进宗教伦理理性化的障碍，支配和受教育阶层为保护他们的位置而捍卫这个障碍。这一点会产生大量的经济后果，而不论'信赖'（信赖对于商业而言是基础性的）是否建立在纯粹个人的、家庭的或者半家庭关系的基础上（这在中国绝非个案）"（韦伯，2004a：320；Weber，1951：236-237）。① 在这个对比中，韦伯把特殊主义与普遍主义、自然主义与理性主义、共同体主义和个人主义的对立具象化到不同宗教对待"最'自然'不过"的"家"（Weber，1978：356）的态度和方式上。这一点，帕森斯深得乃师学说之堂奥，他提出模式变量特别是普遍主义与特殊主义时是受滕尼斯的社会与共同体学说的启发，在解释四对模式变量时，都用亲属关系（kinship）与非亲属关系作为例子，亲属关系支配下的行动取向是利益无涉的、特殊主义的、功能弥散的和情感性的（Parsons and Smelser，2005：34-35）。

学界虽有所关注"家"在韦伯学说中的位置，如介绍《中国的宗教》时会涉及宗教、孝道和祖先崇拜（帕森斯，2003；苏国勋，2016），介绍其经济社会学思想时会论及"家户共同体"（斯威德伯格，2007；克尔贝尔，2010），一些研究以家父长制和家产制为论题（Hamilton，1984；Adams，2005；Charrad and Adams，2011），贝拉从"宗教同胞关系"（religious brotherliness）角度关注韦伯对宗教与亲属关系之冲突、救赎宗教如何突破宗族共同体的道德二元论的讨论（Bellha，1999），但尚未有系统性论述，即使一些对《中国的宗教》展开全面批判的作者，也没有将"家"作为组织这种文明的总体性机制，即没有将家族、孝道、祖先崇拜联系成一个整体（Barbalet，2017）。要突破这一不足，需要厘清"家"在韦伯语境中的多元内涵及其内在关联：第一，家庭的基本功能是"经济维持的单位"，以"家户"如"家户共产主义"形式存在，舍此基础，家庭的婚姻纽带和血缘纽带都是无源之水（Weber，1978：356-359）。后来的商业合伙关系和庄园经济，都是从家户模式中生长出来并是对该模式的模塑，后因资本主义兴起家户共同体的规模才不断萎缩，最

---

① 除"预言的宗教力量"（religious force of prophecy）外，"官僚政治"（political bureaucracy）也是解散氏族（clan）的力量（韦伯，2006：30~31；Weber，1927：44-45）。

后蜕变成纯粹的消费单位（韦伯，2006：第一篇；2010：第三章；Weber，1927：Part 1）。第二，如前所述，家父长制和家长制也是对家庭内部的伦理关系和支配关系的模塑。第三，祖宗崇拜（ancient cult）在很多文明中占支配性地位，不仅支持家庭的男性支配和家父长制，而且是其宗教的来源（Weber，1978：411-412）。第四，以家庭和血缘为机制来理解社会关系时，意味着内外之别的特殊主义伦理以及人身依附性，与之相反的是邻里关系表达"理智的经济同胞关系"（Weber，1978：360）和救赎宗教的"无差主义之爱"蕴含的普遍主义取向。① 总之（第五），血缘关系在韦伯的论述中既包括家（family）、家户、家族（sib）、氏族（clan）、人种（race）、家父长制、家产制和祖先崇拜，以及各种拟家的组织，也包括各种"家庭隐喻"（family metaphor）（Gerber，2009），譬如同胞之爱，以家来想象各类组织和国家，以家父长制来模塑政体，以父子关系来想象君臣关系、师生关系，等等，呈现为多种相互关联的维度。

家作为自然主义的、特殊主义的基本载体，处在与普遍主义的自由契约遥相对立的另一极。由此可以说：韦伯的比较历史社会学就是回答不同文明如何理解、摆脱或者安置家，以及对家的具体处置是如何塑造这种文明形态的。进一步看，既然韦伯认为不是每一种文明都能自发地走向现代资本主义，那么，在家（血缘）与契约这对范畴中，前者在其研究中可能占据更为实质的位置，后者则只是论述的参照点。换言之，对于韦伯而言，比较历史社会学的实质论题，是家和家的想象在整个社会和精神气质构成中的地位和作用机制，是该社会能否具有内生性的挣脱这种血缘纽带而走普遍主义的动力。这样，韦伯文明比较的宏阔问题意识和分析框架，最终落到一个概念上：家。上文铺陈的分析框架，是韦伯架构文明比较的主要维度，它们在历史个体中表现出的具体特征以及塑造这些特征的动因，则要通过对"家"的理解方能回答。韦伯关于西方古典文明衰落原因的分析，充分体现了家同这个分析框架之间的内在关联：一是罗马帝国一度依靠战争获得奴隶作为劳动力，为西方城市文明和交换经济注入了活力；二是随着战争的减少，劳动力源泉枯竭，不得不支持奴隶成立家庭来实现劳动力的再生产；三是家庭和私产的涌现不经意地促成了农村和自然

---

① 古希腊哲学也认为家庭关系先天的亲疏远近和内外有别伦理会威胁城邦团结（肖瑛，2017）；古犹太教里，对家的热恋也会削弱对耶和华的崇拜（韦伯，2007a；Weber，1952）。

经济的扩张，整个西方文明由此而出现根本性逆转：农奴而非市民、农村和庄园而非城市、自然经济而非自由交换经济开始居于支配地位（韦伯，1997；Weber，2013）。

四 儒教：在家产官僚制与封建制之间

"家产官僚制在政治上是与封建体制及任何以血缘世袭为基础的身份结构相对立的。"（韦伯，2004a：213）这是韦伯分析中国传统社会的基本线索。当然，这里的"封建制"远非正式制度，而更接近顾炎武所谓的"吏有封建官无封建"中的"封建"：一指现实中的各种分权和自治倾向，二指身份制作为封建制之残余牢固地附着于家产官僚制，即"强烈的封建遗迹还留存在儒教的身份伦理里"（韦伯，2004a：91；Weber，1951：46），是家产官僚制欲罢不能的对手（韦伯 2004a：96）。其中，"身份伦理"是"封建制"的基本意涵，分权和自治倾向应纳入其中来理解。既然中国历史上的"封建"是基于家的逻辑来建构、铺陈和维系的，"身份"虽然在官僚制下是以职业而非血缘为基础，但在现实中仍摆脱不了对"家"的依恋，那么，封建制与家产官僚制之间的紧张在中国历史中的推展最终体现在如何处理和想象"家"上。韦伯认为，在家产官僚制下，最具垄断性的身份团体是"士人"（literati），他们一方面掌握儒教礼仪和伦理知识，另一方面独占官僚位置并领取俸禄，同时脚踏封建制和家产官僚制两只船。这样，封建制与家产官僚制的现实关系，又可以转化为士人在政治制度、伦理以及个人安身立命等面向上想象和处理"家"的方式，这不仅影响了中国文明的独特气质，也使家产官僚制这一人类历史上相对普遍的制度在中国历史中呈现独特的性格，发挥独特的文明建构作用。

（一）走出家：从封建制到家产官僚制

中国历史有一个从家父长制到封建制再到家产官僚制转型的进程。封建制中国没有脱离家父长制传统，领土和政治权力的分封和传承不是依据个人的卡里斯玛，而是依赖于"宗族的世袭性卡里斯玛"，即以血缘的亲疏远近为依据分封领土，因此本质上是一个"氏族国家"（state of the gentes）（韦伯，2004a：74~76）。与此相适应的是文化的一致性，一方面确立了天子的大祭司地位，集最高政治权力和宗教权力于一身；另一方面是与封建制相配合的礼仪体系，是天子与诸侯、诸侯与诸侯之间的"礼仪同构型"（homogeneity of ritual）（韦伯，2004a：61；Weber，1951：26），即"文化同构型"（cultural homogeneity），具体包括骑士身份-风尚的同构型、宗教或仪式的一体性、士人阶层的同构型。其中，礼仪是文化同构型的核心标志，只有符合礼仪传统的行为举止和政权才具正当性（legitimacy）；士人则是规划和实践这种同构型并达致利益统一性的担纲者（韦伯，2005：39~40；韦伯，2004a：83~84）。

战国诸侯的争雄推进了经济政策的理性化，进而出现了"以官僚体制的行政来取代家臣及具有卡里斯玛资格之强宗大族的行政"（韦伯，2004a：85~86）。虽然官僚制作为一种正式制度"在战国时期封建诸国相互竞争下才出现"，但其起源则要追溯到更早的大禹治水，跨流域治水提出了理性化行政体系的要求，"家产官僚制起源于对洪水治理和运河开凿的控制中"。从此，官僚制就作为封建制的破坏力量嵌入在封建制中："从一开始，此一古老官僚体的存在就抑制着战国时期的封建性格，并不断激发士人阶层朝向行政技术与功利主义的官僚体的轨道去思考。"官僚体对封建制的破坏，表现在两个方面：一是弱肉强食的功利主义取向侵蚀了传统的礼制体系和其所捍卫的宗族卡里斯玛；二是打破门第论功行赏的激赏和官员选拔机制，击穿了贵族与庶民的身份区隔（韦伯，2004a：98）。

家产官僚制在制度上的最终落实是秦始皇统一六国，建立真正的"中央王国"："他将这个王国当作统治者的家产，并置于统治者的官僚制管理之下。"具体言之，秦始皇在两个相互关联的方面建立了家产官僚制：一是"一个真正的'独裁政权'取代了神权封建制度"（Weber，1951：43），皇帝集大祭司与专制者两个角色于一身，政权成了一家之私产；二是官僚制的全面实施。从李斯等大臣在秦初关于立封建还是兴郡县的争论看，官僚制就是家产制对抗封建制的最重要的方式："等到帝国的最高祭司权位着手再度将诸多世俗权力集于一身时，君主以其大祭司长的身份，相应于其本身的权势厉害，遂将官职的任用与正确文书教养的纯粹个人资格结合起来，以此，确保了家产制以对抗封建体制的态势。"（韦伯，2005：180；Weber，1958：142）官僚制之所以拥有如是力量，首先在于以功绩和能力而非家族身份来选拔官员，"一个凭着个人功绩而获官职的政权建立起来"（韦伯，2004a：91），即以个人卡里斯玛取代宗族卡里斯玛；其次在于官员报酬以俸禄制取代封地制，"在分封制废止之后，俸禄秩序则相对应于取而代之的官僚行政"。韦伯特别重视俸禄制的多重效果：在封建与家产官僚制的交接当口，俸禄制意味着"封建制度的全面废除"（韦伯，2004a：77），而在家产官僚制建立后，俸禄制又蜕变为"再封建化"（re-feudalization）（Weber，1951：118）的温床。

家产官僚制的胜利意味着封建制作为一种支配模式退出历史舞台，也意味着"家"的内涵和地位的根本变化。如前所述，中国历史上的封建制本质上是宗法制，无论是权力和领土的分配和传承，抑或捍卫这一分配和传承秩序的礼法制度，都依据血缘关系以及对这种血缘关系在观念和礼仪上的转化和拟制而成。进入家产官僚制之后，政权不再靠同一宗族之下不同家系之间的纲常相维，而是被某一核心家庭接盘，在其下，社会结构不再是由层层分封组成的家庭金字塔，而是由与家庭无关的官僚体制和芸芸众生的"黔首"构成，形成"一君万民"（张江华，2020）的权力结构。官僚体制的担纲者的全部价值就是为独裁者高居其上的专制家庭维护其专制统治，即是独裁者在地方和不同领域的代理人，并以此获得报酬即俸禄。也就是说，相比于封建制，"家"无论是作为实体还是作为想象或曰方法在家产官僚制下都极度收缩，只存在于"天下为家"即天下为一家之私产中，私产之传承也限于"父死子继"，家父长制中曾经至关重要的"互惠"关系被彻底剔除，统治全然依赖于冷冰冰的暴力。

当然，这只是对帝国支配模式的理论想象。事实上，虽然"社会秩序里具有身份性成分的封建性格，至少在法律上是被消除了"（韦伯，2004a：83；Weber，1951：136），但"反封建制的斗争只是原则之一"（韦伯，2004a：77；Weber，1951：43）。换言之，"寓封建之意于郡县之中"是现实的真实写照。封建制的现实存留表现在多个方面：首先是韦伯注意到的即使到三国时期还有"分封"制；其次则是礼仪想象的不可消隐，即使秦始皇时期也需要建立相应的礼仪制度来捍卫皇权；最后，也是最为重要的，即前文引述的身份制想象的存续。由此，封建制与家产官僚制之紧张构成"中国的政治与文化结构的关键所在"（韦伯，2004a：91），并具象化于既作为官僚制的担纲者又作为封建制的担纲者的"士人"。

(二) 家：士人身份团体和儒教伦理形塑的原点

无论是从封建制走向家产官僚制，还是从秦亡走向汉兴，"最终的获益者独为士人"："他们的理性行政与经济政策，在皇权的重建上，又再次地具有决定性。同时，在行政的技术方面，他们也较宠臣和宦官高超，后者是他们长久以来的抵制对象；此外，特别是他们拥有与经典、礼仪和文字等知识——当时是某种神秘的技艺——俱来的巨大威望。"士人在接受封建制废除后因功任职的家产制新政的便利的同时，又开始"指责这些新政乃是对古来的神权政治秩序的亵渎"（韦伯，2004a：90~91）。韦伯做出这种判断的原因是他没能区分儒家和法家，而将商鞅和孔子都笼统地称为"士人"，故彰显了"士人"既作为家产官僚制的推手又怀念封建制的矛盾情感以及其全能型形象。但是，这个判断歪打正着地道出了秦以后儒教的转型和士人的性格：儒教重回历史的中心，儒士跻身官僚行列，成为家产官僚制的担纲者和受益者。而与此同时，在伦理和行为方式上，儒士又表现出上文所说的矛盾情感。这一矛盾，是由士人与儒教的内在关系决定的："儒教所实践的决定性特征，是基于两大根源：一方面，儒教是一种受过典籍教育的官僚体系的身份伦理；另一方面，孝道特别是祖先崇拜，被认为是家产制统治不可或缺的基础而受到维护"（韦伯，2004a：292~293）。

1. 士人身份的封建渊源

"士人"的历史"大体上可以追溯到封建家族的后裔"（韦伯，2004a：165），由掌握政治权力的世袭性卡里斯玛宗族（hereditary charismatic sibs）的子弟组成（韦伯，2004a：91~92；Weber，1951：46），他们还因是掌握了书面知识和礼仪的罕见人士而成为"巫术性卡里斯玛的持有者"（韦伯，2004a：165~166；Weber，1951：108-109），并因服务于天子和诸侯而跻身"同构型的中国文化之惟一担纲者"。由此可见，"士人"早在封建时代就是一个在宗族、伦理和知识方面占据关键位置的身份团体，"对于导致封建时期的知识阶层产生一种影响深远而又实际的、政治的合理主义，具有决定性的影响"（韦伯，2004a：168）。

春秋后期，政局动荡，这些由贵族庶子组成的"士人"被迫颠沛流离，在相互竞争的政治寡头间"寻求获取权力"和"争取收入的最佳机会"。这个时候的"士人"蜕变为"封建体制的反对者"，其知识取向也从醉心教养和礼仪转向攻于算计，诸侯们为着强国扩兵而乐意利用他们来推进行政的理性化。简言之，一个"自由且流动的士人阶层"（韦伯，2004a：170~171；Weber，1951：84-85）横空出世。

帝国统一特别是汉兴以后，士人阶层出现第二次转型，产生了两个相互关联的重要后果：一是"一个与现状相配合的统一的正统学说"——儒教的兴起；二是由出仕而造成的士人心态的保守主义转向。韦伯在这里还是忽视了儒法之别，但他将这个过程视为儒教化则是正确的，[①] 由此做出的判断即儒教化"正是转向和平主义，继而转向传统主义的关键点。传统取代了卡里斯玛"（韦伯，2004a：172）也不无道理。只有到此时，才能说士人不仅垄断了官职和俸禄，而且垄断了正统学说，成为一个统一的身份团体。

2. 士人身份团体在家产官僚制下的形成和巩固

如前所述，"身份制"是韦伯理解特殊主义之根源的重要概念。汉兴以后士人身份团体的形成和定型化，也可以被理解为士人精神气质的定型化，很大程度上影响了家产官僚制的走向。促成这种定型化的，有多重先后发生的历史因素。

首先是俸禄制的支持。韦伯对货币经济和实物经济对家产官僚制的不同效应非常重视，他认为货币经济虽然不是现代官僚制的惟一支持，却一定是其根本性支持之一，相反，实物俸禄是"迈向官僚将租税收入及其用益占为私有的第一步"。具体言之，实物俸禄在货币购买力急遽变动的情况下能起到保护官员利益的作用，但在君主权力衰退之时会变得极"不稳定"（irregular），因此，官员们倾向于对所辖地区的资源上下其手，包括接受辖区内合法或非法的进贡、抵押或转让税收和征税权、将地主土地转让给官方等，而组织不严密的中央政府也不得不接受这一现实（韦伯，2004d：33；Weber，1978：964-965），由此促成了封建化倾向。在儒教背景下，俸禄制使得士人从既得利益角度出发反对任何形式的货币经济，并将这一行动上升到伦理的高度予以正当化，宣称利得是社会不稳定的根源，"心灵的平静与和谐会被营利的风险所动摇。因此，官职受禄者的立场便以神圣化了的伦理形式出现"（韦伯，2004a：230），进而为士人争相出仕提供了正当依据。换言之，士人通过俸禄制来保障自己和家人

---

① 阎步克关于士大夫政治演生史的详尽考察佐证了韦伯的这一判断（阎步克，2015）。

的生活，既取之有道，又切合儒教奠基人孔子的教导，还不会改变士人平和中正的君子心态。俸禄制同士人独占官僚职位以及其他特权如免除徭役、"刑不上大夫"等相互支持，并且连同对这些特权的共同捍卫，促生了士人的身份团体认同。这样，"随着中国国家制度之日趋俸禄化，士人原先的精神自主性也就停止发展了"（韦伯，2004a：171）。

其次源于士人对封建制的怀旧情结。儒教徒虽然"无法完全撤回对'启蒙的'家产制之新原则的承认"（韦伯，2004a：92），但并没有彻底放弃对封建制的怀想。这里有两个动因：其一，对封建制下士人宗族卡里斯玛的怀念。"封建制已被传统理想化为历史上最原初的制度，经典认为官职之事实上世袭化，乃是理所当然的；经典也同样认为，国之重臣有权利参与其同僚之任命。"这段话表达了两个信息：一是士人梦回世袭官吏贵族制（韦伯，2004d：160～161；Weber，1978：1048）；二是面对家产制下的"一君万民"的绝对不平等而生出的对封建制下士人同天子或诸侯之间互惠式关系的怀念。其二，士人群体对自身作为"道统"之担纲者的自我期许。士人愿意为捍卫自由发言、谏路广开、反对"与传统脱节以及废弃古典生活方式"的做法而殊死抗争，同宦官、后宫、宠臣、巫师的斗争也贯穿士人的成长史。这些斗争，固然是为维护士人对官僚制和职位的垄断，但更重要的是对正统儒家伦理的保卫，"'根据法典'——这是儒教徒的理论——皇帝只有在任用够资格的士作为官员时，方能统治；'按照传统'，他只有任用正统的儒教官员才配统治"（韦伯，2004a：206）。这些斗争，既在客观上增强了士人以儒教为媒介的身份团体认同，又增进了儒教伦理在家产官僚制下的正当性，其极端形式是不以种族而以是否遵守儒教正典作为政权正当性的依据："如果统治者能屈从于士人对仪式与典礼的要求，士人就会屈服于统治者；惟有如此，以现代的话来说，士人方能安顿自己而有个'以事实为基础'的立场"（韦伯，2004a：206）。

最后是科举制的支持。科举制的初心是打破封建门第，"是帝国家产制支配者用来防止封闭性的身份阶层之形成的手段之一"（韦伯，2004a：177），通过引导"候补者互相竞争俸禄与官职……而使得他们无法连成一气地形成封建官吏贵族"，有助于皇帝在获得更多更优秀的候补官员的同时更有效地控制士人（韦伯，2004a：180）。但是，科举制的现实效果是多重性的，它一边突破了封建身份制一边不经意地为重建新的士人身份团体创造了条件：第一，科举考试和应试教育在内容上与官僚制所内在需要的"专门教育"和专门知识多不合拍，更多的是"唤起卡里斯玛"的"陶冶教育"，养成文化人而非专门家（韦伯，2004a：181），相信通过文献教育和考试能够培养道德高尚、品行端正、"达到圆满的自我完成"的"君子"（韦伯，2004a：194；Weber，1951：131），稳固"合理的社会伦理体系"（韦伯，2004a：184）。教育和考试依据的文本多为原始儒教的成果，且与"君子不器"的人格定位一致。从这个角度看，科举制与其说是在服务官僚制，毋宁说是在唤起士人回归封建理想的渴望。第二，科举取士门槛的狭窄有助于塑造成功者的"巫术性卡里斯玛"，并促使他们"发展成一个互通声气的身份团体"（韦伯，2004a：177）。第三，科举考试不仅塑造士人身份团体这种"想象的共同体"，还催生各种具体共同体，"终其一生的试主门生关系的精神"（韦伯，2004a：191）就是典型之一，也是历史上党争的根源之一。

相比于历史上的封建制，家产官僚制的确破除了士人的"世袭性宗族卡里斯玛"，"士人身份团体"的纽带不再是血缘而是学缘和业缘。但若把士人的历史演变以及科举取士的条件和过程放在一起分析，就会发现，"家"依然在实体和拟制两个层面发挥作用：①科举应试并非只张扬"个人卡里斯玛"，而是设置了皇族特权以及应试者"良家出身"的底线（韦伯，2004a：177）；②参加科举是一项历时长、花费大、风险高的投资，小家庭很难独自承担，要仰赖于家族和亲属的协力帮助，成功者在谋得一官半职之后必须向宗族做出"回报"（韦伯，2004a：191）；③科举成功者不仅仅是个人获得巫术性卡里斯玛，还将卡里斯玛传递给宗族，推进宗族的团结和整合，并鼓励宗族在教育和科举取士方面注入更多心力和资本；④士人之间的联结和聚集纽带，如师生、同年等都是基于一种更为普遍的儒教伦理"五伦"及其推演，其中"孝"又是这种伦理的原点。

3. 以"孝"为原点的伦理体系

"礼"（propriety）是"儒教的基本概念"。一个"有教养的人"，无论地位高低、身处何种社会场景，都能内外兼修，一举手一投足都依身份地位和礼的要求展开，保持和谐，尽显平静、沉着、优雅、自尊（韦伯，2004a：220；Weber，1951：156）。"守礼"，说到底就是"中和位育"。"孝"是儒教伦理的基点，"最为绝对根本的德行，并一贯地灌输给孩童的，是对父母亲的无条件的孝道"（韦伯，2004a：227）。"孝"和"礼"

一样，既是强制性的伦理，又是家内等级关系对每一个人的内在要求。"礼"同个人在社会中的角色匹配，"孝"亦如此，是家庭等级关系中处在下位的人对处在上位的人应有的"礼"。汉密尔顿以《孝经》为例指出，"孝"是一种无条件的角色要求，是在家庭中处于子女地位、承担子女角色的人必须履行的天经地义的责任；"孝"的角色是成对的，每对角色都是下级对上级的关系，每对关系中的上级通过扮演下级的角色来统治下级，换言之，为人父也必然为人子，父亲只有在其父亲面前扮演好儿子的角色才能给自己儿子做好示范，让自己的儿子承担儿子角色所必需的服从和责任（Hamilton，1984）。

孝道是家父长制的伦理，同祖先崇拜内在地联系在一起。祖先崇拜是儒教最重要的信仰，"历史时期里，中国人民最根本的信仰是对于祖先——虽然并不止于自己的祖先，但特别是对自己的祖先——的神灵力量的信仰"（韦伯，2004a：141）。孝是祖先崇拜的内在要求，"家内孝道（family piety）建基于神灵（spirits）信仰"（Weber，1951：236）。祖先崇拜是宗族力量的根源，既"加强了宗族的团结"，又使"家父长权力获得大力的支持"（韦伯，2004a：142；Weber，1951：87）。而宗族和家父长权力之壮大必然进一步捍卫孝道伦理。正因为祖先崇拜的这种效果及其普遍又分立的存在，使家产官僚制与宗族之间的矛盾始终难以化解。这一点我们在下文还会继续讨论。

孝道不只限于血缘共同体，而能"被转化到所有的从属关系里"（韦伯，2004a：228）即被拟制为其他伦理规范，如"诚"（frankness）和"忠"（loyalty）就由孝而来（韦伯，2004a：193），推扩到整个社会结构甚至宇宙。"在中国，所有社会伦理都只是将与生俱来的恭顺关系转化到其他被认为与此同构型的关系上而已。在五项自然的社会关系里，对君、父、夫、兄（包括师）、友的义务，构成（无条件）伦理约束的整体。在此（五伦）关系之外，其他自然且纯粹的功能义务，则是以儒教的互惠原则为基础，其中没有丝毫激情的要素。"（韦伯，2004a：288~289；Weber，1951：209）韦伯不仅看到了"五伦"之中的推扩，也看到了儒教伦理以家为原型，其他社会组织关系和人际关系都是家的拟制，以致整个社会在文化上的同构型。汉密尔顿对"孝"对中国传统社会的秩序和伦理意义做了形象描述：孝是一个人在社会秩序中的先天角色和义务，这些角色天然地构成一个整体，只要每个人都践行好"孝"，就能带来意志的和谐，整体就能正确运行（Hamilton，1984）。一言以蔽之，"孝"是儒教社会秩序的原点，其所建构的世界，是个"天人合一"（universism）（韦伯，2004a：237；Weber，1951：165）的"家"：首先是天和天子之间的父子伦理，然后是君臣、官民之间的父子伦理。对于天下，独占家产的皇帝是大家长，独占官僚制的官员分配在大家庭的不同位置上，扮演不同的父的角色："凡事都取决于官位任职者的行事作为，而这些人是要对这社会——一个庞大的、在家产制支配下的共同体——的领导负起责任的。君主必须将未受教育的平民大众当作子女般来对待。他的首要任务便是在物质上与精神上照料好官吏阶层，并且与他们保持良好的、可敬的关系"（韦伯，2004a：221）。

在这个意义上，儒教之所以能被家产制全盘收编并独占官僚制长久不坠，端在于其所建构的伦理体系有助于在暴力之外为家产官僚制提供最有效的正当化依据。因此，虽然"孝"的伦理是封建意义的，"对封建主的恭顺（孝），是与子女对父母的孝顺、官职层级结构中（下级）对上级的恭顺，以及一般人对任官者的恭顺并列的，因为孝这个共同的原则是适用于所有这些人的"，但家产官僚制并不拒绝它，反而不遗余力地捍卫和践行它："孝被认为是无条件的纪律之奉行的试金石与保证，是官僚体制最重要的身份义务"（韦伯，2004a：228）。祖先崇拜亦被赋予同样甚至更为重要的意义："士人领导阶层、官吏与官职候补者，一贯地维护祖先崇拜的持续，认为这对维持官僚体制权威不受侵扰乃是绝对必要的"（韦伯，2004a：313）。任何对祖先崇拜和孝道的挑战，都会遭到国家的阻击（韦伯，2004a：293）。这就可以解释道教、佛教和基督教在中国很难占据主导地位的原因，它们站稳脚跟之时，也是向儒教伦理屈服之时。

总之，无论从士人身份团体的构成还是从其建构和捍卫的祖先崇拜和孝道伦理看，在中国，"家父长制的家（patriarchal family）为社会分层提供了主要图像"（韦伯，2005：182；Weber，1958：143）。"家"不仅是儒教在中国实施统治的单位，也是想象这个世界的基本视角。

4. 儒教的和平主义实质

"中国文化的统一性基本上乃来自其身份阶层的统一性，此一身份阶层乃是官僚制、经典文学教养、与上述儒家伦理所特有的君子人格的担纲者。此一身份伦理之功利的理性主义受到下列因素的严格限制：接受一种作为身份习律之构成要素的、传统的、巫术性的宗教性格及其相关的礼仪文献，以及（尤其是）承认对祖先与双亲的恭顺义务。正如家产制源自家子对家父权威的恭顺关系，儒教亦将官吏对君主的服从义务、下级官吏对上级长官的服从义务，以及（尤其是）人民对官吏与君主的服从义务，奠基于孝此一首要德行上"（Weber，1978：1050）。这段文字是韦伯对儒教伦理及其担纲者的全面刻画：士人以祖先崇拜为信仰、以天人合一和家国同构为方法、以孝顺为共同伦理、以官方祭典为仪式，将君子人格与孝顺义务、父子关系与君臣关系的比附与拟制、俗世伦理与巫术性宗教、君子人格与出仕期求等看起来并不搭界甚至相互冲突的范畴圆融地统一在自己的伦理之中，形塑出"一套绝地性的、受官方所认定的教理"（韦伯，2004a：294）。基于这套"官僚哲学"（Weber，1978：1050），"中国就趋近于一个'教派的'国家"（韦伯，2004a：294）。在这个伦理体系中，士人一方面怀疑主义地打量鬼神信仰，另一方面对祖先崇拜矢志不移。但是，祖先崇拜之路是孝道，是完美地适应此世，由此决定了"儒教完全是入世的俗人道德伦理。并且，儒教是要去适应这个世界及其秩序与习俗"（韦伯，2004a：220）。中国人说的"缘情制礼"，印证了韦伯的这个判断。即使儒教伦理自身的系统化和讲究方法的实践让其有很强的合理性，也只是就其适应而非改造现实自然的方式而言的。

这种适应现实自然的伦理被韦伯称为和平主义，印度教如此，俘囚期后的古犹太教如此，儒教亦如此："随着士人取得统治权，意识形态自然愈来愈转向和平主义"（韦伯，2004a：59；Weber，1958：25）。的确，和平主义内在于士人的身份取向以及家国天下一体的儒教伦理之中。这一点自孔子"从'礼'的观点，将事实做了一个有系统而具实际教训意义的修正"并在天人之间建立起确定关联（韦伯，2004a：173）——天人关系到董仲舒手上演变为"谶纬学说"（韦伯，2004a：59），并可以具象化为祖先崇拜——时就确定下来，从来没有改变。叔孙通说的"夫儒者难与进取，可与守成"，就印证了韦伯的判断。"儒者"之所以能"守成"，不在于他们是否有推进行政理性化的技艺，而在于他们是"有教养阶层"，掌握了"家父长制的孝道观念"以及将之实践化的礼仪，让人们在既定秩序中找准自己的位置，"自我抑制"（韦伯，2004a：185）努力践行和适应它，直至"中庸"（correct middle）（韦伯，2004a：235；Weber，1951：163）这一完善状态。总之，此世取向、和平主义和传统主义是合体的，都内在于士人的身份团体性格和伦理性格。

（三）被"家"围困的家产官僚制

理论上说，家产官僚制的权力集中化、效率诉求和理性化内涵会自我驱动着向现代官僚制这一"普遍命运"（universal destiny）前进（韦伯，2004a：109）。在中国历史上，家产官僚制也有类似动力，如科举制、赋税制度从实物税和人头税向康熙的"摊丁入亩"的转变、不时兴起的货币经济尝试等，但事实上，"中国人的智识生活依然完全静止"（韦伯，2004a：102~103；Weber，1951：55）。究其症结，是士人身份团体在帝国的地位及其坚守的伦理跟理性化的专制主义一定程度的对立："帝国统一……独裁君主之理性的、反传统的专制主义，反过来与这股教养贵族，亦即士人之社会势力发生冲突"（韦伯，2004a：88）。结合上文，不难发现，士人身份团体对家产官僚制是既支持又约束的关系，不仅影响后者的运作逻辑，也对经济伦理、法律性格有决定性作用。

第一，被约束的中央集权。如前所述，科举制以及其他考核、监控制度并没有让中国历史上的官僚制走上"精确而统一的"（韦伯，2004a：94）的理性化之路（Weber，1978：1048）。这固然是许多客观因素使然，如幅员辽阔、有效统治所需要的技术支持尚未出现等，但根本性症结在于士人身份团体。首先，士人身份团体具有分权倾向。这个团体独占官僚体制，"没有一个独立于这些利益集团的不涉及自身利益的执行机构"（Weber，1951：60）可与之抗衡。在此背景下，包税制、俸禄制以及官员的高流动性，强化了官员利益攫取的动机，造成"各州省的特殊主义，主要是财政上的特殊主义"（Weber，1951：61），进而致使任何中央集权和理性化改革都困难重重："各种利得机会……被流官这一整体身份集团所占领。正是这个身份集团集体地反对干预，并极端憎恨地迫害任主张'改革'的理性思想家"（韦伯，2004a：108；Weber，1951：60）。韦伯（2004a：94）由此断定，帝制中国看起来是一个专制主义的政权，其实"是在一个教皇领导下的总督辖地的联邦"。其次，家产制在官僚制实践中变相再生产。士人作为"君子不器"的教养阶层虽然通过了科举取士，但并无专业行政技能，任期短也让他们无法熟悉辖区情况，只能"以家产制的方式，自费雇佣仆役来担任治安与细琐的公事"（韦伯，2004a：158）。仆役身份的公私不分，不仅造成顾炎武所谓的"吏有封建而官无封建"的普遍现象，而且强化了地方官员对包税制的维护。

　　第二，宗族的坐大。"宗族，在西方的中世纪时实际上已经销声匿迹了，在中国则完整地被保留在地方行政的最小单位，以及经济团体的运作中。"（Weber，1951：140）无处不在的宗族无疑同中央集权相反动，"家产官僚制主要要面对的，除了随处可见的商人和手工业行会，就是作为土生土长的代表地方权力象征的宗族"（Weber，1978：1047）。商人和手工业行会本来就未曾摆脱宗族力量，故家产官僚制的最终敌人还是宗族。这种对立，官僚制甫现时就已暴露，商鞅变法时实行的"户口登记、家族共同体（family communes）的强制分割、分家后的租税奖励、高度生产的徭役减免、禁止私斗"（韦伯，2004a：130；Weber，1951：79）等政策就是明证。这些政策在秦以后一直有效，将赋税考虑同提防官僚群体同宗族力量勾结而成为"独立于帝国行政之外的领土君主或封建诸侯"（韦伯，2004a：160）捆绑在一起。

　　但是，从儒教角度看，宗族恰恰是应该弘扬的。一则是儒教伦理的内在要求，没有宗族，祖宗崇拜就无载体，以孝道为基石的政治和社会伦理就如无本之木，只有通过宗族的日常实践才能不断形塑孝道，才能为"天下为家"的家产制提供强大且稳固的民情支持。这也是儒教伦理支持的皇权不得不接受的，因为其与皇权继承制的正当性来源是一致的，是"天下乃高祖之天下"之正当性依据。二则宗族确实可以成为社会治理的正当单位，可以用"家父长制宗族完整的活力与无所不能"来弥补"皇权不下县"形成的"家产官僚制行政的疏放性"，构成官僚制难以替代的自治力量（self-government）：有共同的祖先崇拜和基于此的共同祭祀仪式；有共同的长老和以男性为中心的议事机制，甚至还有仲裁的权力；有一致对外的意识和准备；有共同的族产和支持"家户的自给自足"的道德经济；有共同的福利制度和教育机构以及奖掖后学的教育辅助政策；还有韦伯没有提及的宋以后高度发达的族规和乡约体系。一言以蔽之，这类"宗族共同体"或曰"累积性的家共同体"发挥了很好的社会保护和基层治理效应（韦伯，2004a：151~152；Weber，1951：95-96）。三则现实中的宗族同士人身份团体不可分割地纠缠在一起。宗族之壮大能为科举制输送源源不断的生源，个人科举成功也是宗族祖先崇拜的成功，有助于将宗族提升成"世袭性官职贵族"（hereditary office baronies）。上述因素共同敦促着儒教在 8 世纪全面获胜后（韦伯，2004a：237）士人"敬宗收族"的实践。总之，宗族通过占据官僚体制和为皇权提供伦理支持两种方式进入家产官僚制，成为其构成性部分，但其伦理实践又必然对家产制和官僚制产生反动作用，二者处在相生相杀的关联中。

但是，从理性化角度看，宗族是典型的反动力量。宗族不仅是儒教伦理的根源，更是其具象化，从实体和伦理两方面约束理性化的进程。第一，影响甚至决定官僚制的经济观念和能力。具体表现为经济上的自然主义，不能推行"认真的货币改革"（韦伯，2004a：34）。政府的任何经济干预都与统一且长远的经济政策无关，而"是基于独占专卖或国家税收的理由"（韦伯，2004a：200）。这又反过来强化士人维护俸禄制和宗族的保护主义激情，形成相互强化的循环。第二，妨碍"纯粹市场资本主义"的发轫。这不仅是因宗族和国家的道德经济和平均主义取向，也因儒教的亲疏远近、内外有别、因人而异而非"理性的去人格化"（rational depersonalization）（Weber，1951：85）伦理："部分而言，宗族的凝聚力是各种政治和经济组织的基本结果，这些组织本身同人格性关系捆绑在一起。它们很大程度上缺乏理性的就事论事、非人格性的理性主义，也缺乏抽象的、非人格的、目的性结社的本质。特别是在城市里，真正的'共同体'缺失，因为没有任何经济组织和管理组织或公司是纯粹目的性的。……所有共同体行动都以纯粹人格性关系特别是亲属关系为条件，并被其吞噬"（韦伯，2004a：326；Weber，1951：241）。第三，扼杀城市自治的可能性。在祖宗崇拜支配下，"城市的住民，尤其是那些富有的人，与其宗族、祖产、祖庙所在的故乡，一直保持着关系，也因此与其家乡所有重要的祭奠及人际关系都维持着"（韦伯，2004a：44~45）。在职业分工上，家族力量虽不似印度种姓制那么严密，但手工业"严格的家族秘密"（韦伯，2004a：52）也广泛存在。行会组织也摆脱不了宗族的牵绊。第四，经济组织及其载体城市的特殊主义性格同儒教反对程序正义的伦理内在勾连，相互强化。家产制下的皇权本来是任意和专断的，但儒教通过谶纬学说、祖宗崇拜、君子理想和父爱主义等一套伦理将皇权原则上引上了符合正统要求的轨道，即将家父长制内在的"宗教的和功利主义的福利国家性格"（韦伯，2004a：199；Weber，1951：136）注入政权之中，既建构皇帝的卡里斯玛来维护其正当性（韦伯，2004a：68~69），又引导其按照"君父"的伦理要求来自我修正。但家父长逻辑必然同时塑造官绅行政的"反程序主义"性格，被这种伦理引导的家产制，只能以"实质正义"而非"形式法"为目标。这样，司法行政始终以儒教

"正统"（orthodoxy）为取向，"停留在通常用以刻画神权政治的福利正义这一本性上"（韦伯，2004a：158~159；Weber，1951：101-102）。

五　总结与讨论

（一）家与特殊主义

在《中国的宗教》的第六、八章，韦伯大篇幅比较了清教和儒教，从清教角度分析中国走不出传统主义的各种制度和精神原因，其中最为根本的是儒教缺乏彼世观念，全然只关注此世的幸福（韦伯，2004a：210）。但是，经验地看，此世与彼世的分立并非走出传统的充分条件，因为即使救赎宗教也有对此世即"自然状态"（status naturae）的妥协，如天主教和路德宗（韦伯，2007b）。必须像基督教新教那样，将此世和彼世的对立转化为理性主义对自然状态的彻底克服：耶稣会的"修道僧生活已发展成一套理性生活样式之系统化建构的方法，目标在于：克服自然状态，让人摆脱非理性的冲动与对此世以及自然的依赖，使人臣服于至高无上的坚定意志，使其行动服从于他自己的不断控制和对行动的伦理后果的审慎思量"（韦伯，2007b：102~103；Weber，2002：81）。如前所述，走出自然状态，首先要割断"家"的束缚。

如帕森斯指出的，亲属关系内含着特殊主义的伦理取向。这是韦伯对印度教和古犹太教的共同判断，但更适应于儒教。韦伯看来，"家"在儒教中的中心地位，首先表现为孝道伦理，"中国伦理在自然生长的人格主义组织或者隶属于（抑或模仿）这些组织的其他组织之中发展出其最强大的动力"（韦伯，2004a：319；Weber，1951：236）。这一伦理的宗教渊源是祖先崇拜，其历史起点是宗法制的封建制，其实践地盘是宗族，其担纲群体是深扎于封建制的士人身份团体。这一伦理不只适应于具体的家庭和宗族，还可从家推扩到整个天下，是中国人想象宇宙、政治、社会、法律和经济秩序的总体性范畴，本文第二部分涉及的各个范畴包括家产官僚制都应被置于这个伦理之下方能理解。由于封建制被想象为儒教的理想形态，因此，以家为原型的制度、信仰和伦理建构又被等同于重回封建制，家与家产官僚制的关系，由此转化为家产官僚制和封建制的关系，作为理解中国文明特质和形成史的基本线索。

（二）外部视角及其意义：如何评价韦伯的中国论述

韦伯的洞见，同中国历史上绵延千年的封建郡县之辨若合符节，体现了其对中国文明总体特征的准确领会。最为重要的是，韦伯抓住了士人身份团体这个官僚制和儒教的共同担纲者，呈现了家产官僚制和封建制之间相互渗透、难以脱嵌的复杂关联。

当然，我们在钦佩韦伯非凡的洞察力、用韦伯的眼睛来重释自己浸润其中的文明时，也应看到第三只眼睛与在中国文明内成长起来的视角之间虽然细微但并非不重要的差别：后者是站在中国语境中来理解封建与郡县范畴对中国历史和文化的决定作用的；前者则是在历史之外使用这个范畴。因此，后者更能体受家产官僚制和儒家伦理各自的现实困境，却因缺乏外部视角故而难以走出封建和郡县的羁绊；韦伯不受这对范畴之束缚，但也少了一些对这种紧张在中国历史上绵延两千年所根基的内在合理性的体受。

要理解其中的合理性，需要从对家产官僚制的解析开始：一方面，它仍然是一种家父长制，皇帝是最大的家长。但这个时候的家长跟父爱主义脱离了干系，只是一个至高无上的、拥有绝对权力、可以任意处置其王土和王臣的专制统治者，所谓"一君万民"是也。另一方面，由于秦统一后的帝国地大物博、广土众民，单靠皇帝本人无法治理，但又要将大权集于一身，因此不得不推行郡县制，建立官僚队伍。但是，在这种纯粹利益和权力背景下，无论是君对臣，还是官对民，都不可能以"正当性"为依据，而只能依赖暴力，特别是"君"的绝对地位，没有任何力量可以制衡。换言之，家产官僚制也好，家产制和官僚制的合作也好，都只能以暴力和利益为基础。秦二世而亡，是对这种"以利为利""以暴易暴"的制度的否证。正是这一点，构成往后统治者及其幕僚反思统治方式的依据。这个节骨眼上儒教的引入和儒教士人占据官僚机器起到的作用，不只是韦伯看到的降低理性化和中央集权程度，而是通过"拟家"的伦理建构，一方面对绝对专制权力和官僚权力进行事实上的引导和限制，另一方面从伦理上建构对家产官僚制的情感和道德接受，即赋予"正当性"。从这个角度看，封建制与家产官僚制或曰士人身份团体与家产官僚制之间，并非全然对立，而是相互支持的关系，特别是前者对后者的支持。

当然，韦伯看到的紧张也从未离去。在"天下为家"这一根本前提下，就如汉密尔顿关于"孝"的社会结构意义的阐述所显示的，儒教想象通过礼制和法律构建起统一的政治和社会秩序，即家的金字塔，皇室处在金字塔顶端，其他家庭在金字塔结构中找自己的位置、各安其位，每个个人作为家庭成员又在各自家中各安其位。支持这个金字塔的伦理也源于"家"，即将"孝"从亲亲推到尊尊，从父子关系推到臣民关系、君臣关系，整个国家俨然是一个大家庭。这种金字塔结构的想象是儒教为适应家产制变动而对宗法制的改良，既承认家产制的正当性又规避家产制的不稳定性。但是，这种想象同家产官僚制存在本质性冲突：家产官僚制下，为确保皇权的绝对性，实行的是"一君万民"，普通家庭在政治上没有正当性；但儒教的家国同构想象不仅给皇室以正当性，而且给所有普通家庭以正当性，更给大家庭以正当性，这是北宋以来士人积极倡导"敬宗收族"的基本背景。家国矛盾或曰普通家庭与皇家之间的矛盾，以及韦伯看到的宗族与官僚制之间的矛盾，也由此凸显出来：首先也是最为普遍的现象是忠孝何以两全，譬如，"既然个人神圣的社会伦理义务有可能自相矛盾，它们就必须被相对化。这明显表现在家族利益与国库利益的强制性划分，以及父亲宁愿自杀而不愿亲自逮捕（谋反的）儿子上"（韦伯，2004a：290）。其次是宗族自身在伦理上的正当性有可能削弱和抵制官僚制和皇权。由此可以说，韦伯关注的封建制与家产官僚制之间的紧张其实是皇权和其他族权之间的紧张。但是，对地方宗族势力的打击，又是对儒教伦理正当性的否定。这种悖论，始终缠绕着官僚制。但是，一般而言，宗族与官僚制之间的冲突并不会全面激化，因为不仅有从亲亲到尊尊、从孝到忠和诚的家国一体的伦理体系作为黏合剂，而且现实主义地看，官僚制的担纲者士人的另一只脚深深嵌入在宗族关系中。费孝通（2012；2015a；2015b；2015c）关于皇权与绅权关系的讨论，就提供了这样的答案。这样看来，士人身份团体、宗族及儒教伦理的确都在降低官僚制和家产制运作的效率、形式正义和理性化，一言以蔽之，妨碍了普遍主义的经济和政治伦理的可能性，但反过来看，当所有想象力都局限于封建和郡县这两个选项时，儒教伦理与士人身份团体向家产官僚制的渗透，亦有助于阻遏家产制和官僚制或相互配合的独断专行或彼此反动的肆无忌惮。家产官僚制的独断专行，正是韦伯批评的传统中国没有独立教权制而唯有"国家理由"的典型体现。韦伯如果看到这一点，或许会在书中表达几句对儒教的同情。当然，这样来言说儒教与家产官僚制的关系，并非否定韦伯的洞见，恰恰相反，唯当韦伯这样的外部视角进入我们的想象时，我们才有可能走出封建郡县之辨。如果不能理解韦伯的中国论述蕴含的这种意图，则可能出现两种想象：一种是与韦伯的论述相反，简单地同情儒教的正当性，另一种是简单地关于韦伯是在张扬家产官僚制的理性主义。这两种想象都没有超越封建郡县之辨，但第二种想象的现实危害性会更大，因为它通往的是放弃儒教和封建制想象关于家产官僚制的所谓效率和理性清理路障的方向，即从"国家理由"出发，无所忌惮地"以利为利"或"以暴易暴"。

（三）比较历史社会学何以可能？

不同文明之间进行直接比较是韦伯写作的特点，《宗教社会学文集》的"前言"从多个角度罗列了欧洲文明不同于其他文明类型的独特之处（韦伯，2007b；Weber，2002：356-372），《印度的宗教》开篇即彰显该文明的发达；《儒教与道教》在第六、八章亦有大量儒教与清教的对比。如果我们只就这些比较来理解韦伯的比较历史社会学，会发现其中存在的各种矛盾完全无法自圆其说。

与此相关的是，韦伯的问题是其"作为现代欧洲文明之子"所独有的问题，其目的是寻找欧洲社会的独有特征（转引自 Roth，1978：lxiv），其参照框架也是基于欧洲历史建构的，其他文明只是作为欧洲文明的"衬托"才被发现（Barbalet，2017：3），那么，韦伯何以凭此准确把握其他文明类型的特质？

韦伯的社会科学认识论早就承认，问题的提出有赖于某种价值支持。但是，对韦伯而言，直观比较与其说是得出结论，不如说是提出问题；而且，答案不是来自参照系，而是蕴藏在每种文明自身之中，只有找到构成该文明之本质的内核和独特机制，才能回答直观比较提出的问题。当然，文明比较需要以预设为基础。韦伯不是从进化论预设不同文明都有走向共同终点的内在动力，而是预设人类共同的自然起点，是后续的文化和社会因素导致了文明的多样化，"愈往上溯，愈能发现中国人及中国文化与西方的种种相似之处"，"中国基本的特质……或许纯粹只是历史与文化影响下的产物"（韦伯，2004a：314）。在韦伯时代，将"家"作为人类的起点是一个共识，但对"家"的结构及其历史演变的想象也五花八门。有鉴于此，韦伯一方面把"家"作为所有文明的共同起点，另一方面又着力呈现不同文明中"家"的具体形态及其在该文明建构中的具体机制和效果。本文力图呈现的就是韦伯视野中的这种家与文明的具体关系：基督教文明是一个挣脱家、将家在公共领域中清理出去的文明，个人主义和基于个人主义的普遍主义伦理是其文明的本质特征。在犹太教中，家在公共领域中的地位虽然逐渐消隐，但无论是在誓约军事同盟时期还是俘囚期后"犹太人"从"从政治团体演变为宗教团体"（韦伯，2007a：418），按照内外有别的家逻辑来区分自己与他人的思维始终占据中心，决定了犹太人的贱民民族性格。在印度教中，家的逻辑以世袭性的宗族卡里斯玛在职业分工中发挥作用，充实雅利安人入侵印度大陆时建立起来的依照人种差异建构的阶序制度，建立起牢不可破的种姓制，将职业、伦理都锁定在种姓边界之中。儒教文明中"家"的作用更为复杂，其独占该文明建构和维护的总体性地位。总之，韦伯的比较历史社会学就是比较不同文明理解和处理"家"的不同方式，其效果会在经济、社会组织、支配模式、法律内涵、宗教类型等多方面得到体现。一种文明只要将"家"的逻辑保留在其核心地带，就必然被内外有别、亲疏远近的伦理和法律逻辑即特殊主义而非普遍主义所支配。由此，韦伯（2007b；Weber，2002：356）回答了自己提出的问题：为什么"在——且仅在——西方世界，曾出现朝着（至少我们认为）具有普遍性意义即价值的方向发展的某些文化现象"？

韦伯的文明研究在细节上屡受批判，但其对文明个体的总体判断却多被接受。对比韦伯和杜蒙的种姓制研究，杜蒙（2017）强调种姓制的内在合理性而韦伯批判其反普遍主义，但若撇开这种立场分殊而从事实角度看，二人对种姓制的实际构成的界定并无差别。艾森斯塔特（2019：第一章）虽然批评韦伯只从宗教角度理解犹太文明过于狭隘，忽视了犹太文明的发展性，但并未质疑韦伯关于古犹太教的基本结论。他对中国文明的论述，也遭遇各种批评（Hamilton，1984；苏国勋，2007，2011，2015；Barbalet，2017），但其关于士人阶层的历史转型，关于家产官僚制与封建制、官与吏、家族与皇权、中央与地方以及不特别重要的大同与小康等范畴的讨论，不经意地跟中国学者从中国历史经验中直接提炼的范畴一一对应：封建与郡县、法与儒、官与吏、皇权与绅权、央地关系、道统与政统，他把家产官僚制与封建制的关系视为上述范畴中最为基本、通贯中国历史和伦理的范畴，也同中国学者的认识如出一辙（费孝通，2012，2015a，2015b，2015c；渠敬东，2016；肖瑛、薛金成，2019），即"抓住了几乎所有重要问题"（Sprenkel 语，转引自 Barbalet，2017：3）。而且，韦伯没有止步于这些范畴，而是进入其根基"家"中，对之展开抽丝剥茧的条分缕析。此种研究效果，一方面在于韦伯对所有文明的共同点的准确想象，另一面源于其比较历史研究方法，即普遍历史与历史个体既相互对立又彼此嵌入。[①] 这种在欧洲史研究中建立"一般化的历史概念"，然后以之为参照深入其他非欧洲文明中，在普遍概念之下对诸文明的特殊性做出准确的"历史解释"（Hamilton，1984），让比较成为可能的方法，是韦伯给我们的最大启示。这一方法有助于规避比较研究的三条主要歧路：要么只是在宏观上推展像韦伯在提出问题时铺陈的那种直观对照，要么在进入历史实质分析之后以相对主义来否弃可比性，要么以"××中心论"为借口拒斥任何一种比较尝试。

参考文献

艾森斯塔特，2019，《犹太文明》，胡浩等译，中信出版集团。

杜蒙，2017，《阶序人：卡斯特体系及其衍生现象》，浙江大学出版社。

费孝通，2012，《乡土重建》，岳麓书社。

——，2015a，《论绅士》，《皇权与绅权》，费孝通、吴晗等，华东师范大学出版社。

——，2015b，《论"知识阶级"》，《皇权与绅权》，费孝通、吴晗等，华东师范大学出版社。

——，2015c，《论师儒》，《皇权与绅权》，费孝通、吴晗等，华东师范大学出版社。

郭湛波，2013，《近五十年中国思想史》，岳麓书社。

克尔贝尔，2010，《解读马克斯·韦伯的博士学位论文》，载《中世纪商业合伙史》，马克斯·韦伯著，陶永新译，东方出版中心。

李荣山，2017，《历史个体与普遍历史：历史主义脉络中的社会变迁》，《社会》第1期。

——，2019，《自然状态的历史化与共同体学说的兴起》，《广东社会科学》第6期。

帕森斯，2003，《社会行动的结构》，张明德等译，译林出版社。

渠敬东，2015，《返回历史视野：重塑社会学的想象力》，《社会》第1期。

——，2016，《中国传统社会的双轨治理体系：封建与郡县之辨》，《社会》第2期。

斯威德伯格，2007，《马克斯·韦伯与经济社会学思想》，何蓉译，商务印书馆。

苏国勋，2007，《马克斯·韦伯：基于中国语境的再研究》，《社会》第5期。

——，2011，《韦伯关于中国文化论述的再思考》，《社会学研究》第4期。

---

① 这对范畴在一定程度上可以置换为我们所熟悉的宏观历史与微观历史范畴（应星，2016）。

——，2015，《重读〈儒教与道教〉》，《江海学刊》第 1 期。

——，2016，《理性化及其限制》，商务印书馆。

韦伯，1997，《古典西方文明衰落的社会原因》，《民族国家与经济政策》，生活·读书·新知三联书店。

——，2004a，《中国的宗教　宗教与世界》，广西师范大学出版社。

——，2004b，《比较宗教学导论》，《中国的宗教　宗教与世界》，广西师范大学出版社。

——，2004c，《中间考察——宗教拒世的阶段与方向》，《中国的宗教　宗教与世界》，广西师范大学出版社。

——，2004d，《支配社会学》，广西师范大学出版社。

——，2005，《印度的宗教——印度教与佛教》，广西师范大学出版社。

——，2006，《经济通史》，上海三联书店。

——，2007a，《古犹太教》，广西师范大学出版社。

——，2007b，《新教伦理与资本主义精神》，广西师范大学出版社。

——，2010，《中世纪商业合伙史》，东方出版中心。

肖瑛，2017，《家国之间：柏拉图和亚里士多德的家邦关系论述及其启示》，《中国社会科学》第 9 期。

肖瑛、薛金成，2019，《“天下为家”与封建郡县的相对相寓》，《新视野》第 1 期。

阎步克，2015，《士大夫政治演生史稿》，北京大学出版社。

应星，2016，《“把革命带回来”：社会学新视野的拓展》，《社会》第 4 期。

张江华，2020，《科举、商品化与社会平等》，《社会》第 2 期。

Adams, J. 2005. "The Rule of the Father: Patriarchy and Patrimonialism in Early Modern Europe." In *Max Weber's Economy and Society: A Critical Companion*. Stanford, CA: Stanford University Press. pp. 237-266.

Barbalet, J. 2017. *Confucianism and Chinese Self*. London: Palgrave Macmillan.

Bellha, R. 1999. "Max Weber and World-Denying Love." *Journal of American Academy of Religion* 67（2）.

Charrad, M. and Adams, J. 2011. "Patrimonialism, Past and Present." *The Annals of the American Academy of Political and Social Science* 636.

Fahey, T. 1982, "Max Weber's Ancient Judaism." *American Journal of Sociology* 88（1）.

Gerber, M. 2009, "Family, the State, and Law in Early Modern andRevolutionary France." *History Cmpass* 7（2）.

Hamilton, G. 1984. "Patriarchalism in Imperial China and Western Europe." *Theory and Society* 13（3）.

Karlberg, S. 1994. *Max Weber's Comparative-Historical Sociology*. Cambridge: Polity Press.

Parsons, T. and Smelser, N. 2005. *Economy and* Society. England, UK: Routledge.

Rosenberg, M. M. 2019. "Conflict, Order, and Societal Change in Max Weber's *Ancient Judaism*." *Max Weber Studies* 19（2）.

Roth, G. 1978. Introduction. In *Economy and Society*. Oakland, CA: University of California Press.

Weber, Max. 1927. *General Economic History*, Clencoe. Illinois：The Free Press.

——. 1946a. "Social Psychology of the World Religions." In *From Max Weber：Essays in Sociology*. New York：Oxford University Press.

——. 1946b. "Religious of Rejections of the World and Their Directions." In *From Max Weber：Essays in Sociology*. New York：Oxford University Press.

——. 1951. *The Religion of China*, Glencoe. Illinois：The Free Press.

——. 1952. *Ancient Judaism*, New York：The Free Press.

——. 1958. *The Religion of India*, Glencoe. Illinois：The Free Press.

——. 1978. *Economy and Society*. Oakland, CA：University of California Press.

——. 2002. "Prefatory Remarks to Collected Essays in The Sociology of Religion." In *The Protestant Ethic and the 'Spirit' of Capitalism and Other Writings*. London：Penguin Books.

——. 2013. *The Agrarian Sociology of Ancient Civilizations*. London：Verso.

（原载于《社会学评论》2020 年第 3 期）

第三部分

近代以来的家庭与个人

《家庭与性别评论》第 11 辑

第 171~198 页

© SSAP，2021

土地集体化与农村传统大家庭的结构转型[*]

王天夫 等

摘　要　本研究使用年龄在 70 岁以上的农村老年人的口述史资料，分析他们在 20 世纪 50 年代中期土地集体化之前、50~70 年代的土地集体化时期与 70 年代末期后家庭联产承包责任制时期的农村家庭生产与生活情况，以及这三个时期农村家庭结构的变化。研究发现，中国传统大家庭向小家庭的转型并不是由工业化促成的，而是土地集体化过程彻底改变了传统家庭生产与生活的组织方式，改变了父权制度下的代际关系与结构，进而启动了家庭结构转型的历史进程。这一解释有别于经典的家庭变迁的"现代化理论"。

关键词　土地集体化　传统大家庭　结构转型

一　问题的提出

在风起云涌的近现代历史变迁中，中国家庭经历了沧海桑田般的巨

---

*　王天夫，清华大学社会学系教授（北京，100084）；王飞，清华大学社会学系博士研究生（北京，100084）；唐有财，华东理工大学社会学系副教授（上海，200237）；王阳阳，清华大学社会学系博士研究生（北京，100084）；裴晓梅，清华大学社会学系教授（北京，100084）。本研究的部分工作得到教育部人文社会科学研究规划项目"社会变迁与家庭结构组织形式"（10YJA840041）与清华大学人文社科振兴基金研究项目（2010WKYB009）的资助。

变，出现了明显的家庭规模小型化趋势。这种转变被视为社会现代化的一部分，也被称作"家庭模式的现代化"。针对宏观社会变迁背景下的这种家庭结构变动趋势，古德做出了最具代表性的论述。他指出，随着世界范围内工业化和城市化进程的推进，世界各地的家庭形式都在或快或慢地走向夫妇式家庭（conjugal family）的结构形式（Goode，1963）。这就是著名的家庭模式"趋同理论"。仔细审视古德理论中一系列有关家庭结构变迁过程与机制的论述，可以得出工业化与城市化是推动家庭结构核心化的动力这一结论。

我们坚持认为，"趋同理论"在讨论社会变迁与家庭结构变化过程时存在因果机制的缺损，即工业化直接导致的是生产与生活组织方式的变化，进而导致家庭结构的变化。事实上，除了工业化及其伴随的城市化，历史变迁中的其他机制与力量也可能导致家庭结构的变化，甚至可促使家庭结构转型为"趋同理论"所预言的核心化。

我们通过当代中国半个多世纪的农村家庭变迁历史过程，提出传统中国大家庭结构瓦解的动力并非趋同论所言的工业化与城市化，而是农村土地集体化所带来的农村家庭生产与生活组织方式的变化。

二　家庭结构变迁理论与中国家庭变迁

（一）"趋同理论"及其修正

古德在其经典论著《世界革命与家庭模式》中明确提出了"趋同理论"：工业化正以革命性的姿态席卷整个世界，各个社会中的家庭虽然身处不同的变化起点与速度，但它们都朝着核心家庭的结构形式演化（Goode，1963：368）。他明确指出，工业化开启了经济生产范畴的变革，削弱了宗族与家庭亲属关系，因此成为家庭结构核心化、夫妇式家庭涌现的根本原因（Goode，1963：6）。古德的理论深刻影响了后来的家庭理论研究，几乎所有有关家庭结构变迁的讨论均基于"趋同理论"展开。[①]

这一研究模式不仅在西方学界具有显著的影响力，也同样深深地影响了中国的家庭研究。在探讨中国家庭结构转型的讨论中，以往的研究基本

---

① 当然，围绕"趋同理论"有大量的理论与史料的争论，但本文的讨论暂不涉及这些。

上都采用现代化理论分析框架（唐灿，2010），具体来说就是把工业化视作中国家庭模式转型的主要推动力（杨善华，1995；杨善华、沈崇麟，2000；唐灿，2005）。因此有学者提出，已有的大多数研究以 20 世纪 70 年代末开始的改革开放为界，将之前视作中国婚姻家庭的传统时期，之后视作后传统的变革时期（王跃生，2006：33～34）。[①] 显然，这种传统社会大家庭与现代社会核心家庭的对立与转型，以及将工业化视为这种转型背后的核心推动力的研究思路，与古德的论述具有高度一致性。

在我们看来，这正是需要反思的地方。无论是从"趋同理论"出发，还是从对当代中国家庭变迁的关注角度，都应当深入思考家庭结构变迁背后的机制和逻辑，而不是简单地将"趋同理论"套用于中国家庭变迁的实践中。首先，古德的论述更多的是一种功能论式的解释，缺少详细表明的机制作用。作为宏大社会变迁的工业化需要通过中介机制才能影响到家庭变迁的进程，那么连接工业化与家庭结构变化的中介机制到底是什么？其次，"趋同理论"几乎将当代家庭结构变迁的启动因素囿于工业化这个唯一的动力。是否有其他的独立于工业化之外的力量也可能推动近现代家庭结构的转型？

古德的分析路径可用图 1 来概括。

工业化、城市化 ⟶ 家庭结构变化

图 1　古德的因果路径

我们认为，在工业化、城市化与家庭结构变化之间，还必须存在一个承接工业化影响作用并进一步传导给家庭结构变动的中介机制。这一机制就是家庭经济生产与生活组织方式以及家庭财产制度（Thornton & Fricke，1987：746-779）。[②] 工业化带来的家庭之外的工厂承担了社会生产的组织

---

① 参见王跃生《社会变革与婚姻家庭变动：20 世纪 30～90 年代的冀南农村》，生活·读书·新知三联书店，2006，第 33～34 页。在本书中，作者显然并不完全赞同现代化的理论框架，认为历史上的农村土改已经开始了缩小农村家庭规模、改变农村家庭结构的过程。

② Arland Thornton 和 Thomas Fricke 详细论述了东西方家庭由于组织模式的不同，导致了东西方家庭结构的巨大差异。正是受这一思想启发，我们提出家庭经济生产与生活组织方式、财产制度的变化决定家庭结构的变化这一观点。参见 Arland Thornton and Thomas Fricke："Social Change and the Family：Comparative Perspectives from the West，China，and the South Asia，" *Sociological Forum*，vol. 2，no. 4，1987，pp. 746-779.

功能，也改变了家庭在组织生产与生活过程中的角色与行为。

修正后的因果路径可用图 2 来概括。

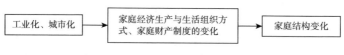

图 2　修正后的因果路径

根据这一机制分析路径，可以得出一个推论：如果有其他力量导致了家庭经济生产与生活组织方式以及家庭财产制度的变化，那么，这种力量也可以构成家庭结构变化的主要推动力。这意味着，家庭结构变化的主要推动力完全可以是独立于、不同于工业化或城市化的其他力量，如政治行为、土地和财产制度变化等。

更加完整的分析框架可用图 3 来概括。

图 3　一个更加完整的分析框架

我们认为，在 20 世纪 50 年代中期，土地集体化进程改变了家庭经济生产与生活组织方式，从而开启了中国传统家庭的变化历程。当时，广大农村家庭一直从事传统农业生产，没有经历工业化与城市化的洗礼。20世纪 70 年代末期之后的工业化进程，只是在家庭结构已经转型之后巩固与加强了小型化的趋势。本研究的分析框架可用图 4 表示。

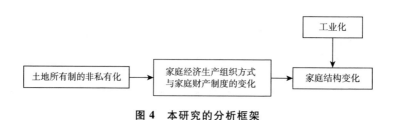

图 4　本研究的分析框架

（二）作为生产与生活共同体的中国传统家庭

传统的中国家庭首先是一个基本的生活单位，一个人的出生、成长、成家、立业、养老、离世等所有的重要人生历程，都在家庭里完成与实现。其次，家庭还是一个基本的经济单位，是一个自给自足的经济实体。

传统中国家庭经济具有两个鲜明的特征：土地等主要生产资料的私有制形式与家户主在家庭经济中的支配地位。就前者而言，农业社会最主要的生产资料——土地以及牲畜、农具等都属于家庭的私有财产，家庭对它们拥有自主支配的权力。因此，家庭可以依靠自己的力量从事经济生产。就后者而言，家户主，通常就是家庭中的男性长者，是土地等生产资料以及家庭财富的所有人。他在家庭经济生产过程中，扮演着支配、指挥和管理的角色。他不仅支配家庭中物的因素，即土地、牲畜、农具、房屋、钱财、生活用品等，而且支配家庭中人的因素。费孝通指出，大家长掌管着传统家庭这个生产单位所有的经营与财务活动，形成了父权制度的经济基础（费孝通，1982）。显然，土地的家户私有制形式是家户主支配家庭财务的先决条件。

与家庭经济和生活密切相关的另一个主题是家庭财富的累积与继承。从单个代际的角度来理解家庭财富累积，它就是一个家户主从继承家产开始到将家产分给儿子结束。这一财富累积过程就是家庭在家户主的组织领导下单个代际内的经济活动历程。从多代际的角度来理解家庭财富累积，它涵盖家庭财富的代际转移与继承，是一个延续的过程。家庭财富本身就包含了代际转移的成分，因为土地、牲畜、农具、房屋、钱财、生活用品等很大一部分都来自继承；此外，代际转移是家庭财富累积的一个主要渠道。

基于传统中国"诸子均分"的家产继承制度，一个新家庭成立时，必然拥有一定数量、得自父辈的家庭财富。新家庭就以此为基础，在新家户主的领导和组织下，开展家庭经济的生产，维持家庭的存续和发展。于是，就有了家庭财富"继承——累积——继承"的循环推进过程。这既是父权家长制再生产的过程，也是传统家庭模式不断再生产的过程。

（三）传统家庭的生命周期与结构

建立在上述家庭生产组织方式、财富累积与继承模式基础上的家庭结构又会是何种状况呢？

据有关学者研究，历朝历代的家庭人口数少则低于3人，多则超过6人，大多居于5人左右（袁祖亮，1991）。一些散见的民国数据记载显示，当时的家庭人口数也在5人左右，而三代及三代以上的复杂结构家庭比例仅仅在15%左右（李文海，2005）。但是，传统中国家庭结构的确显示出了与西方不同的复杂结构特征（费孝通，1982；Hajnal，1982：449-494；Thornton & Fricke，1987：746-779；Goody，1996：1-20）。① 这种传统中国家庭的偏好模式与文化理想，是在家庭的生命周期中得以实践与延续的（王天夫、王飞，2014），也形成了与此相关的繁复的社会与法律制度（滋贺秀三，2013）。

本文无意争论三代及以上复杂家庭在传统中国是否占更大比例，而是在给定这样的偏好模式与文化理想的前提下，讨论这种复杂家庭结构在家庭生命周期的循环往复中逐渐趋于消亡，并深入探索启动这一趋势的制度性动力机制。

传统的中国家庭的生命周期显示出了不同阶段不同特征的特点。为了分析的便利，我们先以由分家而出现的小家庭作为讨论起点。它一般包括一对夫妇，同时也可能包含他们的未成年子女，以及土地、房屋、牲畜、生产工具、生活用品等。此后，这个家庭在男性家户主的带领下，开展经济生产并累积财富，随后子女也相继长大成婚。这意味着家庭规模开始膨胀，家庭结构也变得更加复杂。具体而言，从核心家庭成长为主干家庭或扩大家庭。当然，大家庭并不会一直持续下去，老家户主的辞世、诸位兄弟全都成家或由于家庭事务而导致的家庭成员之间矛盾的增多，都有可能导致大家庭的解体，并最终通过分家的形式分裂为多个小家庭。但是，分家并不等于大家庭的彻底消失。分裂出来的多个小家庭本身又在朝着大家庭的方向演化。这样，就形成了一个"小家庭（核心家庭）——大家庭（扩大家庭②）——小家庭——大家庭"的发展周期。

从家庭生命周期的角度，我们将发现，传统社会中大家庭的比例即使不高，但每一个人几乎都可能在大家庭里生活过。应当注意到，从一个核心家庭成长为扩大家庭至少需要一代人二十多年的时间，而从一个复杂的

---

① 诸多历史学、人类学文献与文学记载都呈现了传统中国大家庭的结构特征。
② 包括多代际、多对夫妇的主干家庭或扩大家庭。

扩大家庭分裂为多个小型核心家庭有可能在一天之内就可以完成。时段上的差异决定了任何一个时点的横截面统计考察都将得出核心家庭比例较高的结论；而从整个家庭发展周期来看，大家庭与小家庭又总是稳定地交替出现。在传统社会中，大家庭是家庭结构选择的偏好形式与文化理想，只要条件具备，小家庭一般都会成长为大家庭形式。

（四）土地所有制变化与家庭结构转型

特定的家庭生产与生活的组织形式，决定了作为生产与生活共同体的中国传统大家庭的结构特征。传统中国家庭的生产与生活方式的制度性基础正是延续两千多年的家户私有制制度，[1] 其中最为核心的是土地的私有制与家户主的支配地位。我们认为，如果土地的所有制形式发生了变化，家庭的组织结构也必然会发生变化。发端于20世纪50年代的土地集体化彻底改变了农村家庭的生产与生活组织形式，以及家庭财富的累积和继承模式，从而改变了原有的家庭关系模式，并最终导致了中国传统大家庭结构的转型。因此，土地集体化构成了近现代中国家庭组织结构转型的主要推动力。

20世纪中叶以后，中国农村经历了多次土地改革。早期的改革，强化了原有的农民土地私有制，其后的土地改革则朝着土地非私有化的方向推进。到了农业合作社的高级社阶段（1955年左右），土地的所有权性质才真正发生了变化，参加合作社的农民必须将土地及其他重要的生产资料上交，变成集体所有（中华人民共和国国家农业委员会办公厅，1981：567）。至此，千百年来的土地私有制在中国的历史舞台上走向消亡。而1958年开始的人民公社，也将农业集体化运动推向顶峰（张乐天，2012）。

伴随着土地、牲畜、农具等主要生产资料由家庭私有变为集体公有，家庭经济的生产组织方式也发生了根本的变化。在农业集体化时期，生产的组织者、领导者、分配者是生产队长或村民小组组长。组织生产的"工分制"是一种土地集体所有，家庭成员参加集体劳动，劳动方式、劳动内容以及劳动报酬的计算都由生产队统一核算安排的劳动制度（张江华，2004）。

---

[1] 公元前四世纪中叶，秦孝公施行商鞅变法开始便确立了土地私有制度。

新的生产组织方式也进一步导致了财富累积和继承模式的变化。在传统家庭中，家庭成员的劳动收获由家户主统一分配，并不以劳动报酬的方式进行发放。因此，这种情况下的家庭经济是一笔"糊涂账"，没有办法清楚地核算单个家庭成员的劳动贡献与消费支出（费孝通，1983）。这就导致子代成员对家庭财富的贡献无法量化，所有家产归家户主一人。因此，财富继承一般指的是继承父代的家产。在土地集体化时期，由于采用了工分制，每个人的劳动所得都以具体、明确的数额的形式表现出来。更重要的变化在于财富继承内涵的转变：每个家庭成员清楚自己在家庭财富累积过程中的贡献，分家时子代家庭所分得的财富一般就是他们自己创造出来的，而非继承父辈的财富。

概括来讲，在农业集体化的冲击下，家庭不再作为一个独立的生产单位，家户主失去了控制土地等生产资料的权力，进而失去了安排家庭成员劳动和为家庭成员分配劳动产品的权力。与此同时，子代的生产活动与劳动所得在家庭中变得相对清晰与独立。当子代结婚构成新的家庭时，其财富的累积可以独立完成以避免稀释到父代控制的大家庭中，这必将导致潜在的分家。因此，农业集体化消解了家庭的生产组织角色，削弱父权制度，增加了子代独立生产与累积财富的潜力，从而导致了大家庭向小家庭的转型。

土地集体化以后，传统家庭生命周期随之而改变。当生产与生活组织支撑结构坍塌后，复杂家庭结构的偏好与理想难以为继。一种可能是子代选择"成家即分家"的策略。这是因为子代成员可以独立创造财富，从而为自己的小家庭发展做积蓄。这种情况下，小家庭根本就没有机会成长为大家庭。另一种可能是，大家庭维系的时间将大幅度缩短。在传统家庭模式中，分家一般会发生在老家户主逝世以后，或者所有子代男性成员成婚以后；而现在老家户主的权力衰弱，无力阻止子代小家庭的分家和自立行为。这意味着，即使偶然出现了大家庭，它的维系时间也会大幅缩短。同理，老家户主逝世后，寻找其他成员担任新家户主继续维持大家庭的情形几近消失。由此可见，无论哪一种可能，小家庭发展为复杂大家庭的潜力已经不存在了，复杂家庭结构在家庭发展周期中趋于消亡。

三 研究方法与资料收集

根据本研究目的，需要获取能够展现中国家庭近 60 多年来变化情况的资料，以比较土地私有制时期（集体化之前）、土地非私有化时期（集体化之后）、联产承包责任制时期三个时段的农村家庭结构状况。同时，收集的资料中需要包括家庭人口、家庭日常生活、代际关系、生产安排等各个方面的详细情况。显然，任何形式的历史性统计资料都难以满足本研究对资料的要求。因此，我们决定深入访谈老年人，获取他们的口述生活历史资料。

本研究的田野工作时段为 2009~2010 年，选择的访谈对象均为 70 岁以上的老人。这些老人出生在 1940 年以前。20 世纪 50 年代时他们至少是十多岁的少年，对土地私有化时期其父辈或祖父辈担任家户主的家庭生活已经有了一定的印象；20 世纪 50 年代至 70 年代，即土地非私有化时期，正是他们成家立业的时期，也见证了土地非私有化这一历史进程对于家庭组织结构的影响；20 世纪 70 年代末期以后，即施行家庭联产承包责任制以来，他们已经到了祖父辈的年龄，也经历了改革开放时期家庭生活的新变化。在此一历程中，中国农村家庭在没有经过工业化洗礼的时候经历了土地非私有化的过程，也经历了后来改革开放带来的工业化的冲击。通过对这些资料的分析，可以重构 20 世纪中叶以来中国农村家庭生活方方面面之深刻变化的图景，描绘中国家庭结构变迁的路径。

田野访谈地点包括山西省永济市徐家村与河南省巩义市方家村。① 由于本研究的目的是提出一个新的理论思路，来修正以往研究的结论，因此从调查资料中是否能够合乎逻辑地归纳出理论思路成为考量的重心。我们与这两个村庄有着密切的联系，使得进入村庄调查访谈变得相当便利。显然，选取这两个访谈地点就是为了尽最大可能获取详尽的口述史资料。

在进入村庄后，首要的任务是选取访谈对象。通过全面梳理村庄 70 岁以上老年人的名单和挨家挨户初步接触，排除语言表达不清与记忆不清的老年人，确定剩余老年人作为访谈与收集资料的对象。在山西徐家村，我们访谈了满足全部要求的 18 位老年人；在河南方家村，我们访谈了满

---

① 文中的村庄名及受访人名均为化名。

足绝大多数要求的 8 位老年人。

访谈内容主要涉及各个历史时期的以下方面：1. 家庭的规模和结构：包括家庭人口数、谁是家户主以及家庭成员之间的关系；2. 家庭经济生产：家庭经济开展方式、家庭财产和收入的管理和分配方式；3. 分家：主要涉及分家的时点与过程。

四　土地集体化与家庭组织结构的转型

为了比较分析的目的，我们以时间为序，分别考察 20 世纪 50 年代以前的土地私有制、20 世纪 50~70 年代的土地集体所有制，以及 20 世纪 70 年代末期以后家庭联产承包责任制三个时期的家庭组织结构状况。在分析中，重点关注以下议题：谁是家户主，家庭生产与生活开展的方式以及家庭的组织结构。

（一）20 世纪 50 年代以前的土地私有时代

通过访谈对象对少年时代家庭生活的回忆，我们可以了解土地私有时期的家庭状况。

1. 谁是家户主

根据老人们反映的情况，在他们年幼时，家户主一般为祖父或父亲。

爷爷奶奶去世早，没有印象了。父亲他们是三兄弟，在黄河边住，一次黄河发大水，村子冲掉了，大水退了三兄弟再回来，就各自种自己的地了，算分了家。分家后，父亲当家。父亲当家的时候，家里有十多口人，我们兄弟就有 5 位。父亲靠全家的劳动，给我们 5 个都娶上媳妇，结婚之后也是在一起过。（山西徐家村康英豪）

爷爷是做生意的，父亲是独子，家里还有 4 个小子、3 个女子。这个十口人的大家庭在爷爷手里没有分家，就是爷爷当家。（山西徐家村兰世珍）

爷爷当家，有 4 个儿子，家中有二十多口人。（河南方家村方高升）

父亲当家，挣的钱都给他，用着了再问他要。（河南方家村方近山）

不过，也存在由其他家庭成员担任家户主的情况，如大伯、叔叔、奶奶、母亲、兄长等，这多半是因为祖父或父亲过早离世、能力不足以及其他因素。男性家户主的逝世一般并不会立即导致大家庭的解体，而是会从家庭中选出一个成员继续担任家户主，维持大家庭的运转。

> 爷爷在我五六岁的时候就死了。爷爷死后，大伯开始当家，继续过大家庭的生活。（山西徐家村古开兴）
>
> 爷爷是日本人来的时候被杀死在庄稼地里的。从我有印象起，就已经是大伯当家了。我父亲他们一共兄弟3个，父亲是老二，老三是教员，大伯当家，当时的大家庭有十几口人。（山西徐家村肖炳芬）
>
> 爷爷去世早，先是奶奶当家，后来是大伯当家。我父亲那一辈是2个儿子、4个女儿。到两兄弟分家时，大伯家有3个儿子、4个女儿，我们家是3个儿子、3个女儿。（河南方家村楚玉莲）

2. 家户主的职责与家庭生产组织方式

对于家户主来说，这一角色究竟意味着什么？其在家庭中的地位又是如何体现出来的呢？访谈的资料显示，除了为子孙后代安排婚姻大事以外，家户主更多与劳动、钱财联系在一起。

> 爷爷死后，我大伯当家……这个大家庭种着30亩土地，在大伯手里进一步积攒家业，在原来3个门房、6间厢房的基础上又买下旁边的土地，把纵向的门房改成了横向的门房，加盖了3间车房。在这个大家庭中，只有当家的大伯掌着家里的经济大权，其他人就是给他干活，管饭不给钱，到过年的时候给几个未成年的孩子发几毛钱的零花钱，大人一年四季没有私房钱。（山西徐家村古开兴）
>
> 解放前一直都是公公当家。家里的钱财也全部由公公掌握。我丈夫虽然在外面工作（陕西某乡信用社），但每次回来都是把工资全部交给父亲，小家庭一个钱也不留。我们小家庭的私房钱就是自己养几个鸡，下了蛋，卖几个小钱。（山西徐家村兰世珍）
>
> 爷爷当家时，家里有二十多口人，大家就做一大锅饭，在一起吃。家里买家具或牲口等，都是爷爷管，其他各家的小花销他就不管了。家里有事不用开会，当家的说怎么就怎么。（河南方家村方高升）

> 爷爷去世早，就由奶奶当家。当时家里有二十多口人，家里事情
> 都是奶奶一个人说了算，钱什么的都是奶奶管。粮食在一起，不用
> 分，都是大锅饭。轮着做饭。挣回来的钱都给奶奶，用着钱的时候就
> 问奶奶要。（河南方家村方文前）

可见，无论谁当家户主，其职责都是统管家庭中的经济财务大权。以
上内容基本反映了土地私有时期家庭经济和家庭生活的概貌，也与前述分
析一致：家户主一方面给家庭成员分派劳动任务，生产家庭所需要的产
品，努力扩充家产；另一方面负责分派劳动产品供全家消费，维持家庭的
存续和发展。可以说，整个家庭都在围绕家户主而运转，他在家庭中拥有
最高权力，其他家庭成员都必须服从其安排和领导。

3. 家庭组织结构

有关土地私有时期家庭的组织结构，康英豪的口述资料描述了其当时
的家庭状况及分家过程；他讲述的信息如下：

> 一家（整个大家庭）人干活挣钱给小的娶媳妇……到我娶了媳
> 妇两年后（1958 年、1959 年左右）三门峡修水库，我们家就成了移
> 民。上一次发大水避水的时候在寨子有两间房子，我和媳妇就住在这
> 两间房子里，父亲和 4 个兄弟他们被安置在另外一个村里。这样就算
> 分家了。（山西徐家村康英豪）

康英豪的两段回忆呈现了两次家庭组织结构变动的情况，第一次是从
祖父到父亲，第二次是从父亲到自己。尽管祖父母去世较早，但仍然可以
判断出他们在世时的家庭结构，即祖父母和三个儿子以及各自的媳妇，甚
至还有孙子孙女，这是一个规模庞大的扩大家庭。祖父母逝世后，这个大
家庭并没有立即解体，而是继续维持了一段时间（应该是长兄当家），后
因黄河发洪水才分了家。分家后，康英豪老人当时所在的家庭就是一个核
心家庭：父母和自己的兄弟姐妹。然后，由于父亲先后给五个儿子娶上了
媳妇，这个核心家庭开始膨胀，先是主干家庭然后是扩大家庭，且结婚
后，大家庭仍继续维持，直到移民才分了家，分裂出各自的小家庭。根据
康英豪的回忆，他所在家庭的发展周期是"扩大家庭——核心家庭——
主干家庭——扩大家庭——核心家庭"，总体而言，是一个大家庭和小家

庭交替出现的发展历程，这也与我们前文的理论分析一致。

而其他访谈对象的回忆，也基本再现了这种典型的家庭发展周期。

> （大伯当家的大家庭里）有奶奶、大伯和伯母、父亲母亲、堂兄夫妇、大哥夫妇、我，还有我弟弟。这个大家庭大概坚持了五六年，大伯 50 多岁的时候，他觉得自己快老了，就决定分家。大伯和父亲两兄弟就一分为二。分家后，自己家庭就由父亲当家，家里有父亲母亲、大哥夫妇、我和我老婆、我弟弟（未婚）、大哥家 1 个孩子。父亲身体不好，50 多岁就去世了……父亲死后，我们三兄弟还是没有分家，改由大哥当家，当时我已经结婚，有了 1 个孩子，弟弟还未结婚。后来，弟弟十二三岁的时候，大哥和母亲商量给弟弟定了亲，后来就结婚了。（山西徐家村古开兴）

> 开始是爷爷当家，家里有二十多口人，父亲一辈有 4 个兄弟，父亲排行第二……1935 年分的家，分家时父亲他们 4 个兄弟都已经结婚。分家后，我父亲是 1942 年去世的，母亲去世也早，自己十几岁就当家了，当时领着 3 个弟弟、1 个姐姐过日子……自己 3 个弟弟除了一个在新疆自己找了媳妇，其他两个都是我看着结的婚。（河南方家村方高升）

（二）20 世纪 50~70 年代的土地集体化时代

土地集体所有时代，用访谈对象的话就是"入社"，即土地并入高级社或人民公社的时代，根据前文的讨论，这直接意味着家庭生产组织形式的变化。

1. 土地集体化时代的生产组织形式

> 生产队时，丈夫是大队干部，我在生产队挣工分。（山西徐家村兰世珍）

> 入社之后我们夫妻两个就在生产队挣工分了。（山西徐家村沙文芝）

> 婆婆在家做饭带孩子，我们夫妻在生产队干活。（山西徐家村朱小芬）

　　　　生产队时，我们夫妻两个在生产队挣工分，跟大部分家庭没什么两样。（山西徐家村肖明芸）

　　　　当时丈夫在生产队当过 8 年的会计，我在生产队挣工分。（山西徐家村苏莲秀）

　　　　我嫁过来时已经是集体劳动，集体食堂吃饭，也是集体分配。（河南方家村楚玉莲）

　　　　我嫁过来时已经入社了，集体劳动，（河南方家村崔香花）

　　　　当时在集体食堂吃饭，个人领个人的票，以后不发票了，又开始按人口发粮食。（河南方家村方近山）

　　由此可见，在生产队干活、挣工分就是当时的劳动形式，而生产队根据工分给每个人分配劳动产品就是当时的分配形式。家庭已不再是一个自给自足的经济体。尽管家庭经济还在继续，家庭依然要积累财富，但是家庭经济活动的组织者和领导者不再是家户主，传统家庭经济中家户主所拥有的权力被削弱。子代成员可以不用在家户主的领导和指挥下独立创造财富，他们独立、自立门户能力相应增强。父代权力削弱、子代能力增强，反映着代际关系的重心向子代倾斜，必然进一步推动家庭结构的变化。

　　2. 土地集体化时期的家庭结构

　　有关家户主的情况。

　　　　我自己当家的时候已经是生产队了。我们夫妻俩白天在生产队做活，母亲不当家，我们供她吃食就行了。（山西徐家村徐文风）

　　　　入生产队的时候公公已经不怎么管事了，家里是我丈夫当家。我们有 5 个男孩、2 个女孩。公公就在家看孩子，我们俩在生产队挣工分。（山西徐家村肖明芸）

　　　　生产队时，公公被安排去看城门（以前寨子有土墙围护），检查干活回家的人是不是私带地里的庄稼回家。不过，那时公公年事已高，已经是我丈夫当家了。（山西徐家村陈凤莲）

　　　　六几年在社里的时候分的家。分家后母亲和我住在一起，母亲光管吃饭，其他啥都不管，做成啥吃啥。我自己当家。（河南方家村方劲波）

分家大概是在 1962 年、1963 年，我们是弟兄 3 个。大哥比我大 5 岁，我比弟弟大 9 岁。分家时我们都已经结婚了，大哥已有 2 个子女，自己有个大女儿。分家主要是当时在集体食堂吃饭，个人领个人的票，以后不发票了，又开始按人口发粮食。票分开，就没再往一起去，就相当于分家了，谁也顾不住谁了。（河南方家村方近山）

2 个儿子是结婚之后都有孩子了，分的家，领不住了就分了，因为没东西。分家时老大有 2 个女儿、1 个儿子，老二有 2 个儿子、1 个女儿。分家时都是自力更生，也没分啥，那时还在社里，都没分地。（河南方家村何成梅）

可见，与土地私有时期相比，一个明显的变化在于祖父辈当家的情形已经没有了，这也意味着，那种由多对夫妇组成的多代际扩大家庭亦不复存在。尽管家庭中依然有祖父辈成员，但他们一般都处于边缘位置，最多就是照看孙子，或者啥事不管、只管吃饭。正是由于家庭中代际关系的变化，导致了小家庭中子代男性当家的情形普遍出现。这一方面是由于子代独立创造财富的能力增强，如同上述访谈对象所表述的，他们分别在生产队的不同岗位劳动挣工分，不受祖父辈的约束和领导。另一方面，农业集体化时期的劳动报酬发放制度也容易导致小家庭从大家庭中独立出来。以河南方家村的两个案例为例，粮票放在一起就是一家，粮票分开就是各自分家了。事实上，各个小家庭在分家之前已经各自独立了。

有关农业集体化时期的家庭结构。在土地私有时期的案例讨论中，山西徐家村古开兴的案例展现了爷爷死后大伯当家（大家庭）、父亲当家（大家庭）、父亲死后大哥当家（大家庭）的家庭结构形式，实现了大家庭在代际的延续。不过，到了农业集体化时期，上述大家庭模式消失。

我们三兄弟分家大概在 1952 年、1953 年左右，分家前家里有母亲、三兄弟及各自媳妇、各自小家庭的孩子。因为土地入了社，家里情况开始困难。本来是大哥当家，但他无法再维持一家人的生活开销，只好分家各自想办法维持生计。分家以后我就自己当家了，当时，家里有我们夫妻俩、两个男孩、两个女孩，母亲是轮流照顾……后来经人介绍，大儿子娶了媳妇、生了孩子，但那时家里还是没有钱，他们小孩病了打针问我要 3 毛钱，我也没有，老大只好找出嫁的大姐借。在这种情况下，大媳妇就不干了，闹着分家。老大提出分家时，老二还没结婚。但不分也不行，因为不分，老大一家就不好好干活，日子也过不成。先是老大分出去，分了一间房，他们自己搭个伙房，一套厨具，按人头分了当年的粮食，就自己过去了。老二跟我们一起过，等攒钱给老二娶下媳妇以后，我们老夫妻就分开另过了。分开没几年，地就分开了。（山西徐家村古开兴）

在古开兴案例中，扩大家庭分裂为小家庭是由于入社后家庭经济开始出现困难，作为家户主的长兄无计可施，只好分开来各自想办法。如前所述，农业集体化时期，家户主的权力削弱，几乎没有可以调用的资源，除了分家也没有其他更好的选择。分家后，访谈对象自己当了家户主，然后大儿子成婚。但是在二儿子尚未成婚的情况下，大儿子提出了分家。按照访谈对象的说法，"不分也不行，因为不分，老大一家就不好好干活，日子也过不成"。由于安排劳动任务、分配劳动成果的权力不在家户主手中，如果大儿子一家不好好干活，家户主自己的劳动成果还要白白分给大儿子一家。于是，分家成了迫不得已的选择。不仅如此，待二儿子成家后，再次分家，访谈对象选择了单独居住，而不是固定或轮流与儿子同住。由此可见，传统的扩大家庭模式在农业集体化时期基本消失，即小家庭只是短暂地发展为主干家庭，根本没有机会扩展成为扩大家庭。

大儿子在公社的时候在供销社上班，后来调到永济盐业公司当经理，二儿子在家种地。二儿子娶了媳妇之后，二媳妇比较厉害，两个媳妇吵得过不成，就分家了。两个儿子各一家，我、老伴与母亲住在一起。（山西徐家村康元放）

大儿子结婚之后他们就分出去了，我们老两口跟老五一起过（老二、老三、老四送人了，家中就老大和老五是男孩）。分家不久，我丈夫就因病去世了，我就一直跟着老五，老五结婚后也是一起过。（山西徐家村肖明芸）

大儿子结婚后多年都没分家，二儿子结婚之后就马上分家了，因为老二媳妇"弯里劲大"（厉害），家里吵得过不拢，那时候三儿子（老六）才3岁（1976年）。分开后，大儿子一家、二儿子一家，我和我丈夫还有婆婆跟三儿子一起过。三儿子结婚后，我们3个老人就

单独过了。(山西徐家村肖炳芬)

我嫁过来时已经入社了,集体劳动。公公去世早,丈夫这边还有1个弟弟1个妹妹,我丈夫当家。这个大家庭维持了8年后,弟弟家提出分家。因为他能干,而且只有2个子女,而我们家有4个子女(3男1女),最大的才9岁,他嫌累赘得慌。就分家了,分开也算完,自己的难自己受,分开供学生,不分开得一起供,分开对着嘞。(河南方家村崔香花)

这几个案例中,小家庭成立后立即与父母分开居住是一种类型;大儿子婚后还留在大家庭里,不过一旦二儿子成婚,扩大家庭迅速分裂是第二种类型;崔香花的案例是第三种类型,维持八年的扩大家庭,由于访谈对象的弟弟提出分家要求而分裂为两个核心家庭。不过,在我们的访谈中,农业集体化时期能够维持长达八年的扩大家庭,仅此一例。

综上所述,农业集体化时期土地由家户私有转为集体所有,改变了农村家庭生产与生活的组织方式,也改变了家庭财富的累积与传承模式。第一,家庭成员的劳动形式和劳动产品的分配形式不再由家户主决定而是由生产队领导统一安排,这从根本上改变了传统的家户主统一管理的家庭经济生产组织形式,从而导致代际关系向子代倾斜、家户主地位的衰落。第二,家庭成员创造的财富不再记名在家户主头上。农业集体化时期子代家庭成员可以独立创造财富,为小家庭积累财富的诉求使得分家的要求越早提出越好,这样自己的劳动所得就不会"稀释"到大家庭中去。

所有这些反映在家庭结构上,就是多代际扩大家庭日趋消失。即使出现三代家庭,这类家庭中的祖父辈成员基本处于家庭中的边缘位置。与此同时,兄弟姐妹同住的模式消失。农业集体化时期独特的劳动形式和分配形式为小家庭的独立和自立创造了条件,从而推动了婚后即分家,或次子婚后不愿与父母、长子家庭同住的居住模式。传统家庭结构表现为小家庭与大家庭交替出现的发展周期。在农业集体化时期,传统意义上的扩大家庭在家庭发展周期中趋于消失。

(三)20世纪70年代末期以来的新时期

70年代末期,土地制度再度改革,农村施行家庭联产承包责任制,其明显特征在于把土地和生产资料重新分给农户,由农户自主经营。与土地私有时期相比，土地依然属于集体所有，农户不得出卖或购买土地；而与土地集体所有时期相比，农户的经济自主权在最大程度上得到恢复，即农户可以自主决定在自家土地上种植何种农作物，劳动任务由各个农户自己安排。这样一来，家庭又成为一个独立的经济生产单位。那么，这是否会导致原有的家庭模式复兴呢？访谈显示，这种现象并没有发生。需要注意的是，70 年代末期以后，访谈对象的子代已经到了成家立业的年龄。

1. 分家

> 分家是一个一个分出去的，就是一个儿子娶了媳妇，再给他盖上三间房，再给他置办一套锅碗瓢盆就分一个出去。其他的就跟着我们干，攒钱给下一个儿子结婚盖房子，直到最后一个老五。老五结过婚，我们老两口就搬到滩里包了九亩地单过了（1985 年开始滩涂承包）。（山西徐家村康英豪）

> 老大老二结婚后就把他们松掉了，他们钱财就自己管了，结婚一个放一个。后来五个儿子都结婚分出去了，我就和丈夫单独过了。（河南方家村楚玉莲）

由此可见，分田到户以后，传统的家庭组织模式并未恢复。从上述访谈资料中我们可以得知，结婚一个分家一次，儿子全部成家后父母单独住成为两地共同的分家模式。在这种分家模式与家庭发展周期中，家庭结构一直保持小家庭状态，最多是父母与其中一个子代家庭组成主干家庭。

2. 家庭经济与财富累积

在前述分析中，家庭的组织结构是围绕家庭生产组织和家庭财富的累积而展开的，那么，就有必要考察上述家庭发展周期背后的家庭经济状况。

> 儿子夫妇俩在家种地，她们有 1 个男孩、1 个女孩。孙子刚娶媳妇，以前在外间打工，孙女也在外间打工。现在孩子打工挣钱基本上不上交了。（山西徐家村沙文芝）

> 生产队分了以后，我和老伴在滩里包了 9 亩地种苹果树。大儿子贩过水果。二儿子当兵，后来回了永济，有个门市部。三儿子在家种地。（山西徐家村徐贵发）

自己几个儿子出去做活，一般都是在砖厂，那是正经活儿，回来把钱一五一十都交给我了。儿子工作熬夜需要吸烟的话，我也会给点钱。我丈夫只管事，不拿钱，后来他们结婚还都是他们交给我的钱。结婚后，他们自己挣的钱就让他们自己拿着了。（河南方家村楚玉莲）

与土地私有时期家户普遍以务农为主的情况不同，20 世纪 70 年代末期以后，农村居民尤其是年轻人外出打工的现象越来越普遍，家庭成员的生产活动无法由家庭来组织。工业化来临，家庭之外的非农生产大规模地吸纳了年轻农民外出务工。

3. 工业化与家庭结构变动

在家庭联产承包责任制实施的同时，中国也开启了改革开放的进程，引入市场经济机制，工业化——以工厂作为组织生产单位，并将农民大规模转化为产业工人的社会化生产方式——开始真正影响到中国农村，这也是访谈中出现的农村居民纷纷在乡镇企业或是外出从事非农工作的一个宏观背景。正是这样的工业化创造了诸多的非农就业机会，才使得农村家庭的经济生产方式、财富积累模式并未恢复至 50 年代以前的传统模式。

给女儿招下女婿，慢慢就由女儿女婿当家了。孙子辈有 3 个孙女、1 个孙子。3 个孙女都考了学，老大在运城当医生，老二老三当教员，小孙子不爱读书，初中毕业学修车，现在北京修汽车。孙子在北京有了媳妇，还有 1 个孩子，他不舍得放回家里养，就一直带在身边。（山西徐家村徐文凤）

我们夫妻俩还能干，住在黄河滩，种几十亩果树，自己做自己吃，想要什么自己骑车到街上买。儿子一家住在村里，儿子做过木匠、种过果树，平时外出打工。儿子有 1 个男孩、1 个女孩……孙子考上了大学，但上了一年多就自己跑了，打工去了。孙女学的技校，在广州打过工，因为生病回家了，现在在农民协会小额贷款部做事。（山西徐家村徐光亮）

大儿子当兵之后就在外面落户了，现在也是一年回来一趟，12 年前把老婆孩子也接走了。二儿子以前在家种地，现在蒲州街开木匠店，已经有一儿一女。（山西徐家村朱小芬）

女儿毕业后分到开封工作，在那儿安了家；二儿子大学毕业后又到美国留学，现在留在美国工作；三儿子研究生毕业后留在郑州工作，在郑州买房结婚安了家；只有大儿子一家在村里。二儿子三儿子出钱在村里建了新房子，三年前我们老两口就搬到新房子里住，离大儿子家也就百十米远。现在与大儿子家是分锅吃饭，平时是他不管俺，俺也不管他，俺有时还得倒贴他嘞。（河南方家村崔香花）

工业化进一步强化了土地集体所有时期出现的家庭结构小型化与核心化趋势。先是土地非私有化改变了传统的家庭发展周期，从而导致家庭结构转型。此后，工业化与市场经济接续施加影响，加快了家庭结构小型化与核心化趋势。

综上，我们分析了三个不同时期的家庭组织结构模式（见表1），分别对应着不同土地所有制与不同的家庭生产与生活的组织形式。显然，其中最重要的变化发生在土地集体化前后。土地集体化从根本上改变了家庭生产与生活的组织形式，改变了家户主权力的经济基础和家庭财富累积与传承的形式，形成了子代成员结婚后构成小家庭的分家动力，进而导致传统大家庭向小家庭的转型。家庭联产承包责任制以及此后的工业化、市场经济等现代化因素进一步强化了土地集体化时期涌现的新的家庭结构模式。

表1 三个时期的家庭模式

时期	家庭生产组织形式	财产记名	消费支出	分家	家庭结构
20世纪50年代以前，土地私有化	家户主组织家庭成员开展农业生产并分派劳动任务、分配劳动产品	家户主是家庭财产所有人	家户主统一安排	尽量保持大家庭状态，一般为一次性分家	大家庭为偏好模式，总体呈现为大、小家庭交替出现的周期模式
20世纪50~70年代，土地非私有化	所有家庭成员接受生产队的领导，由他们安排劳动任务、按工分分配劳动产品	一般为劳动者本人，每个人清楚自己对于家庭财富的贡献	家户主名义上有安排支出的权力，但要尊重家庭成员的意志	结婚即分家；或者一次性分家，但时间提前	大家庭分裂为小家庭，核心家庭纷纷涌现

续表

时期	家庭生产组织形式	财产记名	消费支出	分家	家庭结构
20 世纪 70 年代末期以来，家庭联产承包责任制	老一辈种地，子代成员多转向非农活动	每个人的劳动所得记在每个人的名下，家户主亦不例外	各人安排自己的消费支出	系列分家，结婚一个分出去一个	一般为小家庭，或短暂的主干家庭

在土地私有化时期，家庭组织结构是一个大家庭和小家庭交替出现的发展周期模式，其中，大家庭是偏好模式。我们之所以认为土地非私有化构成了家庭组织结构转型的主要推动力，是因为它打破了上述家庭发展周期，使得扩大家庭在家庭发展周期中趋于消失，或者即使存在扩大家庭，也只是短暂的一段时间而不是偏好模式。同时，家庭成员对这种家庭模式的认同度，以及家庭成员之间的关系，尤其是父代与子代之间的权力关系，也都与土地私有时期完全不同。此后，20 世纪 70 年代末期以来的工业化与市场经济改革，又进一步强化了土地非私有时期涌现的这种家庭模式。

五　讨论

本研究的目的是重新定义工业化与家庭结构变化（大家庭向小家庭的转型）之间的关系。以下将进一步拓展我们的论断，将之与其他地方的家庭变化进程做横向比较，同时也与更长历史时期的中国家庭结构的变化趋势做比较。

（一）工业化、家庭生产和生活组织形式与家庭结构转型的复杂关系

土地集体化进程是传统中国大家庭组织结构转型的动力，这一观点的提出绝不是为了简单地否定"工业化导致了核心家庭的流行"这一经典命题，而是力图表明历史变迁的复杂性。在我们看来，直接决定家庭组织结构转型的是家庭经济的生产方式和家庭财富的累积和继承方式的变化。在很多社会中，启动它们变化的确实是工业化与城市化。但是，在特定地

区的特定历史时段，启动它们的并不一定是工业化与城市化。

如果存在工业化以外的其他机制改变了家庭经济生产方式和家庭财富累积和继承的方式，那么家庭结构转型就存在其他推动力，而非只有工业化这一种力量。同时，如果工业化的进程没有改变家庭经济生产方式、家庭财富累积与继承方式，那么工业化与城市化也并不一定就注定带来家庭结构核心化的趋势。

根据社会生产方式是否为工业化生产（对比农业生产），家庭是否承担组织生产与生活的功能，表 2 以理论上的 2 乘 2 划分以及跨历史时期与跨区域的比较，来说明工业化、家庭生产和生活组织形式与家庭结构转型间关系的历史复杂性。

表 2　工业化、家庭生产和生活组织方式与家庭结构转型关系

	农业生产	工业化生产
家庭化生产与生活组织方式	传统中国农村家庭 1. 20 世纪 50 年代前 2. 土地私有 3. 家庭组织生产与生活 4. 扩大家庭、小家庭循环	台湾地区经济起飞早期家庭 1. 20 世纪 60~70 年代 2. 土地私有 3. 家庭作坊式的工业化生产 4. 扩大家庭增多
非家庭化生产与生活组织方式	中国大陆农村集体化时期家庭 1. 20 世纪 50~70 年代 2. 土地集体化 3. 生产队组织集体化生产 4. 家庭小型化趋势	工业化之后的西方家庭 1. 工业化以来 2. 土地私有 3. 工厂组织生产 4. 家庭核心化

以左上的传统中国农村家庭作为起点，家庭的变化可以朝着其他三个方格的方向（根据历史上工业化、土地制度的实际变化情形）推进。

首先，表 2 中的左上与右下两个方格，构成了一个完整的现代化理论所描述的家庭结构趋同发展变化的过程。此一过程揭示的是，工业化所带来的西方家庭生产组织方式的瓦解与家庭外产业化工人的出现与壮大，导致家庭结构向核心家庭转变（Goode，1963：746-779）。这也是以往中国家庭结构研究中强调的，改革开放带来的工业化社会生产方式导致家庭结构的小型化趋势。

其次，表 2 中的左上与右上两个方格，显示社会生产方式由农业生产转向工业化生产，但是家庭生产与生活组织方式没有发生变化，其代表是

20 世纪 60~70 年代经济起飞早期台湾地区的家庭。在台湾地区早期的工业化进程中，由于特定的工业化路径的选择，加上中国大家庭生产协作的传统，工业化的推进模式更多是以家庭作坊或小型家庭工厂的形式开展。这就形成了西方与台湾地区在家庭生产组织形式上的差异，从而进一步导致了家庭结构上的差异——西方断然走向核心化，而台湾地区的大家庭比例反而在工业化早期上升了。①②

随着台湾地区工业化进程的推进，家庭作坊与家庭工厂发展成为现代型的大规模工厂，家庭再也无法完成组织生产的功能，同时也无法维系大家庭结构的组织方式，从而使得台湾地区的家庭结构转型在工业化深入的背景下走向核心化。

最后，表 2 中的左上与左下两个方格，显示了社会生产方式保持不变（仍然是农业生产），但是家庭在组织生产与生活中的角色发生了根本性变化，其代表是 20 世纪 50~70 年代中国大陆的农村家庭。中国大陆在 20 世纪 50 年代经历了一个土地从私有变为非私有的重大转变；与此同时，中国农村家庭却没有经历工业化的过程。正是由于土地所有制度的变化，使得当时的中国家庭在没有经历工业化的情况下，原有家庭生产组织方式走向瓦解，而生产队与人民公社成为组织生产与生活的重要实体单位，从而导致传统大家庭向小家庭转型。

上述的比较显示了非常深刻的关于家庭结构变化的理论意义。

1. 无论是否经历工业化，只要家庭继续承担组织生产与生活的重要角色，家庭结构就会表现出大家庭的结构形式（表 2 左上与右上的对比）；

2. 即使没有经历工业化的洗礼，只要家庭生产与生活的组织形式发

---

① 一般认为，20 世纪 60 年代是台湾地区工业化、城市化发展最为迅速的时期，1973~1981 年则为台湾地区工业化的中期阶段。参见杜雪君、黄忠华，2009。

② 葛伯纳和葛瑞黛夫妇、雷伟立、胡台丽的研究分别代表了工业化推动家庭规模扩大的三条路径。虽然工业化改变了家庭经济生产的内容或形式，但没有从根本上改变家庭组织经济生产的形式；反而因家庭的工业化生产所带来的对劳动力的需求以及家庭经济条件的提升，而导致大家庭结构形式的重生。葛伯纳和葛瑞黛的研究显示，工业化导致家庭经济生产从农业转向非农业，而且子代成员也在从事不同的非农工作，但大家庭形式得以保留，甚至比传统大家庭更有凝聚力（Gallin and Gallin,1982）。雷伟立的研究显示，工业化没有改变家庭农业生产的内容，但在形式上吸纳了工业化的要素（比如规模化、机械化生产），从而走向家庭农场的道路（Lavely, 1990：235-251）。而在胡台丽的案例中，家庭工厂成为家庭经济生产的组织形式，尽管生产的内容从农业转向了非农业，但家庭成员在家庭工厂中依然采取传统的关系模式，从而保留了大家庭的形式（Hu, 1984）。

生了根本变化，大家庭朝向小家庭的转型趋势就会得以启动（表 2 左上与左下的对比）。

可以得出，西方因为工业化进程的影响（没有类似中国的土地所有制变化），中国大陆在 20 世纪 50 年代因土地所有制变化（没有经历工业化），都促成了家庭在组织生产过程中的原有角色的衰退或消亡，从而最终走向相同的家庭结构小型化与核心化的趋势。

在不同的区域或不同的历史时期，家庭结构变化的目标可能一致，但是启动这一变化的动力机制却可能完全不同。家庭结构历史变迁的图景比"趋同论"描述的要复杂得多。

（二）中国家庭结构转型的时间节点

有关中国家庭结构转型时间节点的争论至少有两个重要结论。一个是"家庭革命"发生于 20 世纪早期，特别是新文化运动对于一切旧思想观念的革新，使得中国传统家庭开始疾风骤雨般地变革。[①] 另一个是中国家庭一直没有根本性的变化，直至 20 世纪 70 年代末家庭联产承包责任制开始前都可以归为传统家庭，只有改革开放带来的工业化与市场转型才从根本上启动了中国农村家庭的结构转型（唐灿，2010）。

本研究显然不同意上述观点。在我们看来，中国家庭结构转型的时间节点既不在 20 世纪初，也不在 20 世纪末，而是在 20 世纪中期。在 20 世纪 50 年代中期开始的土地集体化进程，从根本上改变了支撑中国传统大家庭结构的生产与生活组织方式，启动了家庭结构转型。[②]

首先，直到 20 世纪中期以前，中国家庭的组织结构并未发生根本变化。杨庆堃曾对此有过精彩的论述（Yang，1958）。19 世纪晚期以来，"家庭革命"逐渐成为中国社会变迁的重要维度，但是这一革命始终处于"兴起—高涨—高潮—衰落—幻灭—再次兴起"的发展周期中，杨庆堃分别以辛亥革命、新文化运动、1937 年抗日战争作为节点，描绘了这一周

---

① 巴金的小说《家》是描绘这一变革的生动写照。

② 王跃生认为土改以来的诸多农村社会变革导致了农村家庭结构的转型。参见王跃生《社会变革与婚姻家庭变动：20 世纪 30~90 年代的冀南农村》，生活·读书·新知三联书店，2006。我们则更为明确地指出土地集体化开启了农村传统家庭结构转型的进程，并讨论了土地集体化改变家庭生产与生活组织方式、代际权力关系以及家庭财富的积累与传承，进而导致家庭内部结构转型的动力机制过程。

期性的运动（Yang，1958：208-209）。在此期间，尽管"家庭革命"的观念或思潮越来越流行，但事实上的家庭制度并未发生根本的变化。考虑到近代中国较低的城镇化水平，绝大部分人生活在农村，如果农村的生产与生活组织形式没有根本性的变革，家庭制度不可能发生根本性变化。

在杨庆堃看来，从1937年兴起的"家庭革命"运动，随着1953年以后的国有化进程而放缓（Yang，1958：208）。我们的观点与之不同。正是这看起来并非为改造家庭结构而实施的农业集体化运动，才真正导致了家庭制度的彻底转型，因为它改变了传统家庭制度的根本基础，即农户的土地私有权。农村的集体化进程席卷了几乎全国所有的农村和家庭。就农村集体化对于家庭制度的影响而言，无论是彻底性还是广泛性，都是之前的家庭革命运动所不能比的。

其次，土地集体化运动，在工业化与城市化开始作用于家庭制度之前，已经导致了家庭组织结构的根本变革。所以，中国农村家庭组织结构转型的第一推动力是土地非私有化，而不是工业化或城市化。

（三）为什么在20世纪70年代末期以后没有回归大家庭模式

那么，为什么在20世纪70年代末家庭联产承包责任制重新恢复了农村家庭作为组织生产与生活的基本单位后，却没有恢复大家庭的结构形式？

至少有四个原因使得大家庭的结构形式的恢复变得不可能。首先，作为家庭财富累积根本所在的土地并没有恢复私有化，不能私有买卖，也无法进入家庭财富的传递中。在土地私有时期，土地是农民积累家庭财富的基础。但20世纪70年代末期以来，土地属于集体所有，不允许自由买卖，每个人拥有多少土地由村民小组统一划分，有着明确的数额。父代与子代之间没有私有的土地份额可传递。

其次，家庭作为组织经济生产与生活的功能已经不可能得到完全的恢复。这是因为，农村改革后家庭之外的非农务工很快成为普遍现象，非农收入成为农村经济收入的重要来源。人多地少、农业生产效益低下使得寻找非农工作成为农民增加收入的必然选择。尽管土地等主要生产资料重新分配到农户，农户也有了经营自主权，但家庭经济开展的过程及形式，无法恢复为土地私有时期的家户主主导的生产模式。

再次，农民家庭收入分配与财富积累的形式发生根本变化。年轻一代的非农工作是在家庭之外的工厂完成并领取工资，他们的劳动以及劳动所得与家庭没有直接关系。经济生产形式的变化导致家庭收入分配、代际经济分割以及收入分配方式等各种生活组织形式发生变化。

最后，随着改革开放的展开，工业化、市场化以及农民工进城务工成为改变社会经济生活的重要机制。为适应这样的变化，农民家庭更快、更彻底地走向小型化。在此过程中，众多的农民家庭成为被割裂为城市—农村两部分的"分裂的家庭"。

六　结论

描述家庭在工业化与城市化背景下走向小型化的"趋同理论"，没有明确指明其间的因果传导机制，这一缺损的中介机制就是家庭在组织其生产与生活过程中的形式。我们使用两个村庄年龄在 70 岁以上的老年人的口述史资料，详细描述了在 20 世纪 50 年代中期土地集体化之前、20 世纪 50~70 年代的土地集体化时期与 20 世纪 70 年代末期后家庭联产承包责任制时期的农村家庭生产与生活情况，以及这三个时期农村家庭结构的变化，提出近现代中国农村传统大家庭向小家庭的转型并不是直接由工业化与城市化促成的，是土地集体化彻底改变了传统家庭生产与生活的组织方式，消解了家庭原有的生产组织角色，削弱了父代对家庭生产与生活的控制，增加了子代独立生产与累积财富的潜力，进而启动了家庭结构的根本性转型——传统大家庭不再是家庭成长周期中的偏好模式，并逐渐在家庭的成长周期中成为极其短暂的现象，甚至趋于消亡。而 20 世纪 70 年代末期来临的工业化只不过是巩固与加强了这一转变趋势。

上述论断不是为了否认工业化对于家庭结构变化的影响作用，而是力图强调除工业化外，其他形式的社会变革也带来了独立于工业化之外的影响作用。家庭结构的历史变迁具有超出我们想象的复杂性与多样性。与西方家庭转型以及台湾地区经济起飞初期家庭转型的比较，进一步确认了工业化对于家庭结构转型的影响作用需要通过家庭生产与生活组织方式这一中介机制。这也正是我们用来剖析家庭变迁历史复杂性的关键点。

我们的理论显然是对原有家庭社会学理论的补充：经典的"趋同理论"认为，世界各地的家庭因为同一类工业化的原因，将朝着核心化的姻亲家庭迈进；而我们的理论则认为，即使世界各地家庭变化的结果可能相同，都是朝向小型化家庭的趋势，但是启动这一变化的动力机制可能各不相同，并显示出多样化的特征。土地集体化的过程是一个建立新型生产关系的政治过程，与工业化的进程并不重叠。显然，由此建立的新型生产关系根本上改变了传统中国大家庭组织生产与生活的方式，从而改变了家庭本身存在的结构模式。

显然，我们的结论改变了以往有关中国传统大家庭结构转型的动力机制与时间节点的看法。既然中国农村家庭变革的动力机制不是20世纪70年代末期开始的工业化，而是20世纪50年代中期的土地集体化进程，那么以往认为中国传统家庭结构转型开始的时间节点就往前推移了20多年。事实上，20世纪50年代中期集体化以后的中国农村家庭财产的所有与继承、生产活动的组织、劳动产品的分配、家庭权力的分布、代际关系的维系以及家庭成员之间的互动模式等都发生了翻天覆地的变化，家庭结构模式也与历史上的中国传统大家庭有着根本差异。

本文的经验材料来源于两个村庄的老年人访谈资料。但是，我们相信本文分析的历史背景事件在全国各地均有发生，我们分析经验材料并从中提炼的理论论断在归纳逻辑上是合理的。当然，我们也充分认识到，本文更多是通过有限的经验材料提出了一个理论假说。即使这一理论展现的因果机制是合乎逻辑的，它也需要更多的历史材料或数据材料来检验它。因此，本文的结论远非中国传统大家庭转型这一复杂历史社会议题的定论，而仅是一个不同于以往结论的引玉之砖。

未来可能的研究可以考虑使用数据来证明本文提出的观点。获取20世纪50年代中期前后家庭变迁的数据资料也许非常困难，但获取20世纪80年代中期以后的大样本数据还是可能的。如果我们提出的关于工业化对于家庭结构的影响必须以家庭生产与生活组织方式为中介传导，那么我们在改革开放初期就应该观察到农村家庭结构的变化，应当与台湾地区家庭结构变迁的历史经验一致。事实上，有一些不成系统的材料已经侧面证实这一点（赵喜顺，1985）。

参考文献

杜雪君、黄忠华，2009，《台湾工业化与城市化发展经验及启示》，《台湾研究》第5期。

费孝通，1982，《论中国家庭结构的变动》，《天津社会科学》第3期。

费孝通，1983，《家庭结构变动中的老年赡养问题——再论中国家庭结构的变动》，《北京大学学报》第 3 期。

李文海，2005，《民国时期社会调查丛编·乡村社会卷》，福州人民出版社。

唐灿，2010，《国内家庭研究的理论与经验（1995~2007）》，载唐灿编《转型社会的家庭与性别研究：理论与经验》，内蒙古大学出版。

唐灿，2005，《中国城乡社会家庭结构与功能的变迁》，《浙江学刊》第 2 期。

杨善华，1995，《经济体制改革和中国农村的家庭与婚姻》，北京大学出版社。

杨善华、沈崇麟，2000，《城乡家庭——市场经济与非农化背景下的变迁》，浙江人民出版社。

王天夫、王飞，2014，《中国传统大家庭的数量为何被低估》，《中国社会科学报》7 月 25 日，第 A08 版。

王跃生，2006，《社会变革与婚姻家庭变动：20 世纪 30~90 年代的冀南农村》，生活·读书·新知三联书店。

袁祖亮，1991，《西汉至明清家庭人口数量规模研究》，《中州学刊》第 4 期。

张乐天，2012，《告别理想——人民公社制度研究》，上海人民出版社。

张江华，2004，《工分制下农户的经济行为——对恰亚诺夫假说的验证与补充》，《社会学研究》第 6 期。

赵喜顺，1985，《专业户家庭特点浅析——四川省农民家庭抽样调查情况》，《社会科学研究》第 1 期。

中华人民共和国国家农业委员会办公厅编，1981，《农业集体化重要文件汇编（1949~1957）》（上册），中共中央党校出版社。

滋贺秀三，2013，《中国家族法原理》，张建国、李力译，商务印书馆。

Gallin, B. & Gallin, R. 1982. "The Chinese Joint Family in Changing Rural Taiwan." in Sidey Greenblatt et al., eds., *Social Interaction in Chinese Society*, New York: Praeger Publishers.

Goode, W. 1963. *World Revolution and Family Patterns*, New York: The Free Press of Glencoe.

Goody, J. 1996. "Comparing Family Systems in Europe and Asia: Are there Different Sets of Rules?" *Population and Development Review*, vol. 22.

Hajnal, J. 1962. "Two Kinds of Preindustrial Household Formation System." *Population and Development Review*, vol. 8.

Hu, T. L. 1984. *My Mother-in-Law's Village: Rural Industrialization and Change in Taiwan*, Taipei: Institute of Ethnology, Academia Sinica.

Lavely, W. 1996. "Industrialization and Household Complexity in Rural Taiwan." *Social Forces*, vol. 69, no. 1.

Thornton, A. & Fricke, T. 1987. "Social Change and the Family: Comparative Perspectives from the West, China, and the South Asia." *Sociological Forum*, vol. 2, no. 4.

Yang, C. K. 1958. *The Chinese Family in the Communist Revolution*, Massachusetts: Massachusetts Institute of Technology Press.

（原载于《中国社会科学》2015 年第 2 期）

《家庭与性别评论》第 11 辑

第 199~216 页

© SSAP, 2021

关爱父职的艰难转向：
基于对男性护理假的考察

王向贤

摘　要　男性护理假，作为当代中国罕有的直接关乎父职且已实行 20 余年的社会政策，其实是从文化承认和经济政治再分配角度推动缺席父职向关爱父职转向的初步尝试。缺席父职的代际传递，扩展家庭对于缺席父职的再生产，用人单位通过人性化共识制造的有限父职，男性护理假的地方先行和中央未予承认共同造成了缺席父职的现行模式：父亲应该为子女提供日常照顾，但只是帮手，短暂护理假是新晋父亲承担父职的适宜方式。这不但促使部分父亲希望积极提供日常照顾，获取亲密情感的新需求、新责任和新权利未能得到正视和承认，还进一步将男女有别、男外女内和父赚钱母照顾巩固为中国当代关乎利益、伦理和情感的生育性别分工。然而，在低迷生育率亟须生育分工变革、积极提供日常照顾既是父亲劳动权利和情感权利，也是新兴公民社会权和整个社会情感文明新发展的当下，关爱父职转向不应该步履艰难。

关键词　男性护理假　父职　生育　性别分工

一　研究问题与研究方法

在中国，男性护理假始于 20 世纪 90 年代中期。当时的各地方政府纷纷通过当地的人口与计划生育条例，要求用人单位为符合计划生育奖励标准的男性员工在妻子分娩和孩子出生时提供若干天的护理假。2010 年颁布的《中华人民共和国社会保险法》和 2012 年实施《女职工劳动保护特别规定》各自的征求意见稿公开前后，部分学者和媒体要求将该假上升为全国法律，并由生育保险覆盖。2016 年全面两孩政策施行后，各地方政府再次修改当地人口与计划生育条例，除大幅延长女性产假外，还有限延长了男性护理假或降低了该假的适用门槛。但迄今为止，男性护理假仍未能成为全国法律，仍未进入生育保险。

男性护理假不被全国法律承认并非偶然，而是有着广泛民情基础。2010 年第三次全国妇女地位调查发现赚钱养家被普遍认为是父亲的首要责任，赞成男主外女主内、挣钱养家主要是男人事情的被调查者均近六成（杨菊华、李红娟、朱格，2014；刘爱玉、佟新，2014）。再加上多项全国性调查显示，男性极低的幼儿日常照顾承担比例和一般家务承担比例（吴帆、王琳，2017；杨菊华，2014），我们可以将当代中国的主流父职概括为：赚钱养家+缺席父职，即主要负责为子女提供经济支持，很少提供日常照顾。与此形成鲜明对照的是 20 世纪 70~80 年代掀起欧美社会鼓励父亲参与育儿的浪潮，即要求父亲通过积极参与子女的日常生活，向子女提供充足的照料、指导和陪伴等。1974 年瑞典成为世界上第一个承认就业男性也有育儿假的国家，并通过 1995 年起的只能由父亲来休、否则作废的父亲带薪育儿假，明确承认了为子女提供日常照顾和享受亲子情感既是父亲的需求和责任，也是父亲权利（Johansson and Klinth，2008）。

不过，尽管缺席于子女日常照顾是当代中国父职的主流，但数以亿计的父亲显然并非同质，而是处于从缺席父职到关爱父职连续谱的不同位置。《父母必读》等主流育儿杂志自 20 世纪 80 年代起就初步倡导改变传统的缺席父职情况（李光玲，2011），学者们在 21 世纪初和两孩政策以来对父亲多承担子女日常照顾责任的呼吁（徐安琪、张亮，2009；郑真真，2015），《爸爸去哪儿》等真人秀节目树立的角色示范，均促使关爱父职从声望体系的边陲向理想父职的高度提升。由此，男性护理假所受到的推动与受挫其实涉及三重争执。第一，缺席父职是否应转向为关爱父职。第二，对于被明确提出的父亲照顾新责任，是否应通过正式入法和生育保险所覆盖，承认带薪护理假是男性就业者应当享有的劳动权利。第三，是否可将男性护理假进阶为父亲育儿假，从而在社会政策上正式启动从普遍就业模式向普遍照顾模式的转变。①

因此，男性护理假并非只涉及对生育的限制或鼓励，而是关乎一代代新人口的生育、养育如何在个人、性别、代际、家庭、用人单位和政府之间进行分工，是当代中国父职变迁的一个缩影，从男性护理假入手的父职研究具有重要的理论意义和应用价值。首先，在普婚普育的中国，尽管成为人父是几乎所有男性重要的人生经历之一，是家庭生活、劳动力市场、人口生产、社会政策和文化价值的重要组成部分，但迄今为止，父职基本还未成为当代中国社会学界的独立范畴，父职研究稀少且零散。其次，男性护理假作为当代中国罕有的直接关乎父职且已实行 20 余年的社会政策，众多父亲使用护理假的经验和当下中国亟须摆脱低迷生育率的迫切需要，都促使该假成为理解父职现状与未来方向的切入点，成为事关家道国运的基础议题。然而，国内目前对男性护理假的讨论主要集中于政策条文本身，缺乏该假如何落实、如何构建父职的一线深入调研。由此，本文将开展以下研究。一、父亲们如何使用男性护理假，他们本人、家庭、用人单位和社会政策对男性护理假和父职产生了哪些影响？二、男性护理假如何从需求、责任和权利角度影响着父亲对子女的日常照顾？蕴含的关爱父职转向，在现实中如何进行？

由于各地男性护理假制定时间和具体内容有所不同，所以本文以较早出台护理假的 A 市为研究对象，研究对象均来自地处东部沿海的 A 市。1994 年 A 市人口与计划生育条例首次提出，对于符合计划生育法律法规且晚育的国家工作人员和企业事业单位职工，其所在单位给予 7 天护理假，其间工资照发。在 2016 年的修订版中，7 天护理假得以延续，但去掉了工资照发的字样。由于父职是多个层面的共同构建，所以本研究共访谈了 30 名父亲，8 名母亲，2 名爷爷/姥爷，2 名奶奶/姥姥，8 名用人单位的人力资源主管或私营企业主，A 市某区人力资源与社会保障局、卫生与计划生育委员会的工作人员各 1 名。在对受访者进行抽样时，努力通过本人特征（如受教育程度和收入等）和单位特征（如职业类别、行业、

---

① 弗雷泽提炼出分担家计的三种模式。普遍就业模式，要求男女都承担赚钱养家的责任，但不触动子女日常照顾责任的母亲化和父亲缺席。照顾者平等模式，要求男性以赚钱养家为主，女性通过兼职或全职主妇承担日常照顾的主要责任，国家视日常照顾子女和赚钱养家为平等劳动，给予不同形式不同程度的认可。普遍照顾模式，即父母平等地身兼日常照顾者和有酬工作者的双重身份。参见弗雷泽，2009。

企业规模等）增加全面性和代表性。所有访谈均于 2016 年完成，录音并誊写成文。对访谈资料采取三级编码的分析方法。在熟读资料、现有理论与资料不断相互比照的基础上，寻找意义单元，用类属进行理论编码，用核心概念串联类属，提出理论机制。

二　文献综述

（一）男性护理假的政策意涵

在男性护理假性质方面，研究者指出：该假是奖励，不是权利；是地方法规，不是全国法律；是对女性生育的支持，而非明确的维护男性自身权益；是只向特定男性提供的排他性奖励，具有功利性和歧视性（徐安琪、张亮，2009）。在执行上，由于没有《社会保险法》和《劳动法》等上位法的支持，是否提供该假依赖于用人单位的自觉、所有制性质、盈利状况和规模等，使男性护理假近似于纸面福利（梁文明，2005）。数次尝试入法均未果的根源有二。第一，中韩日均属于东亚发展型福利体制，以 GDP 为中心的发展主义和东亚社会的劳动分工传统相结合后，形成幼儿照顾责任的女性化，男性日常照顾子女的责任被豁免、休带薪护理假的权利被忽视（熊跃根，2007）。第二，对生和养的混沌处理，加剧了生育性别分工方面关于平等与差异的理论僵局。除分娩和母乳喂养这两项女性独有功能外，男性本可以提供其他所有育幼劳动，但女性产假的最新一轮大幅延长，再次强化了育幼劳动的女性化（南储鑫，2016）。在男性护理假正式入法方面，研究者们指出，虽然中国目前法律法规没有明确提出男性生育权这一概念，但《人口与计划生育法》和《婚姻法》对夫妻是抚养子女平等主体的规定，先后继替的《企业职工生育保险试行办法》和《社会保险法》均以所有员工工资总额为资金池的做法和义务权利对等性的基本原则，都为男性护理假入法和生育保险覆盖提供了法理依据（蒋小民，2010；唐芳，2012）。同时，在生育保险基金的来源上，"政府点菜"、单位付费的方式不合理，政府应通过转移支付等方式承担较大比例。（马春华，2015）因此，男性护理假作为重构育儿分工的关键，不仅会促进生育责任在全社会的公平分配，而且会促进每一名女性、男性和儿童的合理权益的实现（李慧英、刘澄、吕频，2011）。

（二）父职的社会构建

男性如何做父亲，并非天生，而是由个体层面、家庭层面、职场层面、社会政策和文化价值层面共同构建的。由于上文已综述了最后一个层面的研究现状，这里简要介绍其他三个层面。在男性个体层面，年龄、受教育程度、收入和城乡差异等均会影响其父职实践，包括对关爱父职理念的接触与履行（徐安琪、张亮，2007）。弥散于制度与民情的缺席父职力量强大，即使是对关爱父职高度认同的新型父亲，也普遍存在对于新旧父职的相互收编。如照顾子女时间虽然增加，但在心态、责任和可及性等方面仍只是育儿帮手（王舒芸、余汉余，1997）。在家庭层面，妻子的资源占有、性别观念、育儿专家身份和承担的密集母职，都直接影响着丈夫的父职实践（邹盛奇、伍新春、刘畅，2016）。在育儿责任再家庭化的转型时期，双方年长父母在经济、劳务和情感方面与子女结成的代际网络和严母慈祖等责权新分配（肖索未，2014），都影响着下一代父职的构建。

在职场层面，计划经济时期的单位制在通过托幼服务分担幼儿日常照顾的同时，又将其构建为归根结底的母职本分和家庭私责（宋少鹏，2012），从而间接地产生着父职缺席。20世纪90年代推行现代企业制度以后，托幼成为最早被剥离的单位福利之一。但有研究者发现，企业推卸社会保障的趋势受到两方面的遏制。一是社会主义企业的福利印记，计划经济时期单位制社会的传统会在减缩、调整、维持和扩散后对市场经济中的企业福利产生影响（韩亦、郑恩营，2018）。二是现代企业社会责任，企业被认为需要担负包括经济、法律、伦理和慈善在内的社会责任（黄群慧等，2009），企业对于员工需求的理解和供应直接影响员工的企业认同、工作效率和人员流动，从而对企业经济效益产生根本影响。

（三）父亲亲子情感的增强

迄今为止，虽然父职尚未成为中国社会学界的明确范畴，但由于育幼是家庭生活和生产新一代劳动力的必然选择，是社会学的经典研究主题，所以可以从相关研究中爬梳出理解当代父职的宝贵资源。

费孝通基于20世纪40年代的乡土中国，指出父权社会为促使男性恪尽父职，需要将父子之间本为三的生物联系、社会联系和情感联系合并为一，但父亲被分配的社会性抚育却制度性地生产着父子之间的情感疏离

（费孝通，2000）。即，为代表成人社会将不谙世事的"小畜生"约束成人，父亲需要刻意保持严父不可狎。费孝通没有进一步探讨儒家社会为弥补父子之间制度性缺失的情感联系是如何转而营建生物联系和社会联系的，但其他学者提出的两个概念对此颇有启发。一个是父子合一，男系家庭链条上多个世代的父亲和儿子形成互相所有关系：祖先共享、姓氏绵延和财产传递（许烺光，2000）。另一个是血亲迷思（陈安琪、谢卧龙，2009），通过血缘必定蕴含亲情的文化构建，将心理上相距遥远的父亲与子女预定为必须亲密的家人。然而，这些精巧的三合一技术终归都是在维护父亲权威的前提下通过文化规范刻意打造的父子情感，相形之下，当代社会的双元孝道则为父亲与子女之间自然且深厚的情感提供了更制度化的生产空间。叶光辉和杨国枢（2009）认为，在反对父权家长制、崇尚平等民主的当代社会，存在两类孝道。一类是父权要求子女必须孝顺父母的权威型孝道，另一类是两代人共同生活累积而得的厚实情感所促发的相互型孝道，而且前者没落，后者彰显。由于父道是孝道的反向，我们可以推知，两代之间平等的、密切的日常互动较易自然地生产出父亲对子女的深厚情感。

此外，以下社会变化为父亲亲子情感的增强提供了更多动力：子女情感价值的遽增（泽利泽，2008），亲密关系变革下的纯粹情感取向（吉登斯，2001），风险社会中家庭情感功能的强化等。霍耐特（2005）关于权利、情感和价值的承认正义观，则促使我们认识到：父亲通过积极参与子女日常生活享有亲子情感，正在成为父亲的一项新权利；父母双方均从亲子关系中获得情感满足，正在成为情感民主、情感平等和性别平等的一个新面相。

三 男性个体：强烈的父亲亲子情感需求

在儒家父系父权文化中，血缘传递意味着儿子具有文化和实用功能：继嗣延宗和养儿防老。但面对宪法和基本国策确认的男女平等、多年独生子女政策的冲击、女儿养老时常比儿子养老更加可靠的情境，男孩偏好已大为减弱。表现之一是大多数受访父亲对孩子性别没有要求。然而，男孩偏好的明显减弱，并不表示通过父子一体再生产父系父权的文化机制已经式微，或父子一体就失去了召唤父亲情感的功能，而是通过以下变化来经权相倚。首先，正如大多数受访男性所说的，不管儿子女儿，都是我的孩子，父子一体中"子"的资格主体从原先只限于儿子扩展为儿女均包括的孩子。其次，父子一体的链条缩短，从漫长的遥远祖先和未来子孙缩短至父子两代之间，亲情由宽泛和抽象转为浓稠和具体。最后，父子一体的构建方式正由以文化规范为主，转为以密切照顾和日久情深为主。一位国企管理员工提供了典型案例。他是家中独子，晚婚并曾想丁克，但在生了唯一的儿子之后，主动提出让孩子随母姓。这些均显示，这位父亲很不在意父系家族的血脉传递。在第一眼看到孩子时，虽然感到高兴，但"一开始觉得也就那么回事"，随着对孩子日复一日的细致照顾，他对孩子的情感变得极为深厚。"有这孩子我心情就好，看见他我就高兴。有时候遇到什么事，一想到我孩子就觉得都不是事了。有时候走马路上，我就想亲他。"

由此，通过上述三方面的自我革新，父子一体在继续生产父子情感的同时，显示出与父系父权分离的趋势，然而这一分离遭遇到强大的韧性。血缘、父姓继承、父子情感对父亲与子女之间生物联系、社会联系和情感联系的熔铸，历经千百年后，这些人造的文化规范已深入人心至浑然不觉。孩子基因一半来自父亲、一半来自母亲早已成为常识，受访父亲稍加反思便意识到孩子随父姓其实只是文化规范，并无生物基础，但当笔者询问是否孩子可随母姓时，大多数人显然从未有过该念头，一些人则予以拒绝。换言之，父权父系文化规范虽然正在权变和松动，但依然是打造父系父权对子女所有权的有效方式，继续稳定且有效地产生着父亲的亲子情感。

在受访的父亲中，"做父亲感觉很幸福，为孩子付出的一切都非常值得""我觉得有了孩子特别好，很满足"等表述比比皆是，孩子成为父亲安顿情感、寻求生命意义的不可替代者。访谈发现，父亲对子女的情感并非一蹴而就，而是随投入的增加而加深。在孩子未出生之前，多位男性通过陪伴妻子产检、参加培训班、查阅孕产资料等方式形成了相对抽象的父亲情感。第一眼看到孩子时，不少受访者感动、惊奇、震撼，甚至会痛哭，或半夜挨个给好朋友打电话报喜，成为形成父亲对子女情感的关键起点。然而，如果要形成足以支撑多年辛勤育儿劳动的深厚情感，需要投入大量的照顾时间，努力提高照顾能力，包括如何抚触婴儿、判断孩子需求、应对被严重干扰的睡眠、培养耐心等，才能将生物意义和文化规范上的父职转化为情感上深刻联系的父职，将逐日逐年的照顾累积为不问回报和难以撤销的惯习。如一位每天起夜悉心照顾新生儿的父亲，在喂奶连续一个月比较劳累后，他自觉亲子情感明显加深，"我天天起来喂奶，我一口一口奶喂大的，感觉（亲子情感）特别强烈"。

既不同于男性研究中传统男性气质通常要求男性压抑情感，也不同于费孝通发现的，乡土社会严父慈母的分工与父亲在父权与父爱之间的进退维谷，受访父亲们普遍显示出对亲子情感的强烈渴望和对孩子深情的自如表达。这直接源自受访男性对自己童年的反思。一位受访男性给自己年幼时父亲的父职履行情况打了 70 分，认为 30 分失在"他有爱，但是很内敛，我可能很费劲才能感受到，我得爬一座山才能感受到他的爱。"由此，多数受访男性汲取父辈教训，主动要求自己从缺席父职向关爱父职转变。然而，在或短或长的父职实践后，受访男性们普遍发现自己的父职履行情况与父辈相比未有明显改观。从受访男性们自身而言，这直接源自父职的代际传递。通过回忆和评价自己年幼时父亲的父职履行情况，特别是自己成为父亲，两代父亲达成视域融合之后，受访男性理解了父亲的默默工作、努力赚钱就是父亲爱自己的方式，但也正是理解与和解，以赚钱养家为主、疏于日常照顾和情感表达的缺席父职得以代际传递。从生态社会结构来看，受访男性们渴望成为关爱型父亲的难以如愿，下文显示，这源于扩展家庭、用人单位和社会政策对缺席父职的构建，和对父亲亲子情感的忽视和拒绝。

四　扩展家庭：对缺席父职的再生产

20 世纪 90 年代中期以后的育幼责任再家庭化和精细化育儿模式的兴起，促使育幼所需的照顾人手增加，双方老人成为主力。访谈显示，通常从妻子怀孕后期起，老人们开始提供各种细致服务，至少一位老人最短也会提供从分娩到月子结束的全天候服务。老人们的全力支持使得新晋父亲们在护理假期间通常只有两类工作。一类是签字等医院要求必须是产妇的丈夫或新生儿的父亲所做的事。另一类是根据性别和代际形成的最外围照顾工作，"最亲密那层是小孩他妈，然后是姥姥姥爷，我属于最外围"。新晋父亲被分配采购、（妻子住院时）送饭、做粗活、做力气活等外围活计，亲密接触孩子的照顾劳动如洗澡等，通常留给两代母亲。只要不是必须由新晋父亲做的事，双方老人一般都愿意包揽，从而既促成年轻父亲免于日常照顾的特权，又造成他们缺少机会与孩子形成深厚情感的亏损。

新晋父亲对老人的付出表示非常感谢的同时，通常有两种反应。一种是体会到做好父亲极为辛苦，于是就势让责，安享最外围角色。"姥姥姥爷喜欢孩子，不让他们管都不行，我们就是太省心。"另一种是不愿被边缘，自觉地向关爱型父亲转变，积极介入老人因年长而不易经常提供的夜间照料：起夜、喂奶粉、为孩子做便后清洗、换尿布、哄睡觉等。为成为关爱型父亲，他们的努力不止于此，有的父亲不再认为工作必定优先于家庭；有的大量减少了夜间的社交活动；有的为了能有更旺盛精力照顾孩子而开始积极健身；有的则有了积德行善的想法和行为，希望通过幼吾幼以及人之幼，促使孩子得到别人的善待。总体来看，除非新晋父亲自己有积极向子女提供日常照顾，与孩子产生亲密情感，做关爱型父亲的觉悟、动力和需求，否则双方老人在向年轻夫妇辛勤提供大量育幼劳务的同时，会促成缺席父亲的再生产。最直接的后果就是一些父亲因照顾人手充足、自己无事可做，使得原本已相当短暂的护理假都用不完。在未休完护理假的受访男性中，除一位是因担心失去工作岗位外，其他男性均是在护理假期间工资津贴照发、工作单位并没有要求其返岗、少休护理假也不会得到经济或精神奖励的情况下，主动提前回去工作。如受访的一位小学教师父亲：

> （七天护理假）只休了两三天就回去上班了，因为不需要我照顾，我也不会照顾。当时是双方老人都在，所以他们就能完成这些事了。我也就是能送个饭，你说抱孩子我也不敢抱，害怕弄坏了。待在家也没啥用处。

与双方老人的促成相比，访谈发现，年轻夫妻会对缺席父职进行改良。通常最有动力促进丈夫形成关爱父职的妻子，在短短的男性护理假期间，把关作用并不明显。这主要是因为分娩造成的身体巨变和新生儿出生带来的新鲜感和忙乱成为新晋妈妈的压倒性感受，只要有充足人手和时间照顾新生儿与自己（如双方老人、雇佣的月嫂或家政工；自己在法定产假结束后以年假、病假和事假等名义继续休假或直接辞职做完全的家庭主妇），只要丈夫能够履行最基本父职，如完成签字等必须由丈夫完成的医疗手续，在产房外迎接新生儿，在分娩前后花一些时间照顾和陪伴妻子或孩子等，新晋妈妈们通常就会满足于丈夫所提供的这些最外围的照顾。只有当丈夫日常育儿参与过少，妻子感觉明显不公或造成孩子与父亲不亲近时，妻子会要求丈夫减少缺席程度、向关爱父职方向靠拢。一位全职母亲的经历就是非常典型实例。

> 我在这方面觉得最不公平的地方，我总说他，你看你每天，从躺到睡着，睡个自然醒，然后我一晚上就得起好多次（喂奶、把尿等）……晚上这个睡眠质量就特别差。我说老公时，他就说'我身上没有奶啊，我恨不得我身上长奶'。（问：他不能把尿吗？）我闺女小的时候是挑人的，就是他爸爸想把，她都不让把，因为跟他相处的时间少，主要是我带嘛。孩子什么都要让妈妈做，喂饭、把尿、出去玩，就是基本上爸爸来去对她没什么影响的那种，想回到家，就回来了，想走呢，你就走，也无所谓。

面对妻子的不满和孩子的疏远，该丈夫增加了对孩子的日常照顾，但作为全家四口人中唯一的赚钱者，他增加的育儿时间有限。其实，该丈夫对性别平等比较支持，不但非常认可妻子承担的育儿劳动的价值，而且还是访谈涉及的所有丈夫中，唯一曾提出自己可以做全职主夫的人。夫妻二人也的确曾就此事商谈过，结果发现，虽然妻子的硕士学历高于丈夫的本科学历，但妻子毕业后直接全职育儿已六七年，这显然使她在劳动力市场至少是起初几年难以找到高薪工作。丈夫基于女性有乳房有乳汁，从而将子女日常照顾本质化和扩大化为母亲专职的观点，和这一观点没有受到妻子反驳的事实表明，从对性别平等的抽象赞同到事实的生育分工之间存在如何理解性别、父职和母职的中间变量，男性个体觉悟到的应从缺席父职向关爱父职转变既受到劳动力市场等级的结构性限制，又因性别本质论而倾向于小幅改良而非彻底变革。例证之一是，在所有的受访者及其家庭中，全职主妇共有五人，全职主夫完全不存在，表明"母亲"可以是女性的唯一身份，但男性不能只囿于"父亲"身份。即使是把"父亲"纳为自己的关键身份之一，有父亲都长期拒绝，受访女性表示理解，"我（认同母职）都花了一年半，何况他是男的"。这表明，性别本质论是母亲照顾父亲缺席的基石，母职是女性无法摆脱的宿命，父职的游离则是可理解和应耐心对待的。不过，性别本质论正在面临质疑，不少受访者观察到夫妻、儿女存在着不符合性别刻板的方面（如男性细心、女性粗心），而且认为从家庭利益最大化的角度来看，当妻子工资更高或工作时间更长时，妻子未必应该是承担日常照顾子女主要任务的一方。由此，本质论初步向构建论让步，少量父亲认为日常照顾责任的分配应该以能力、兴趣和现实条件为依据，而非性别。

五　用人单位：通过人性化共识制造有限父职

访谈所涉及的用人单位，除大学外，目前均提供男性护理假，或是主动告知员工，或是应员工要求。其中，一家国企直至 2013 年 A 市颁发新版人口与计划生育条例前，一直不知道男性护理假的存在，所以长年未曾执行。在单位执行的动力上，最常见的表达是：这是政府法规，必须服从。然而本研究显示，男性护理假本身的法律效力确有影响，但远非关键（如上述国企从未因未落实该假而受到惩处），员工与企业达成的人性化共识才是更重要的驱动力量。即男性护理假是人之常情和社会底线，员工要求得理直气壮（"孩子都要生了，能不给假吗"），企业表现得通情达理（"孩子、媳妇都躺医院里了，干啥不让他休啊"），并由此形成缺席父职的职场共识：父亲应该为子女提供日常照顾，但只是帮手，短暂护理假是新晋父亲承担父职的适宜方式。

访谈显示，用人单位能否与员工达成这一共识，是否愿意提供带薪护理假，首先考虑的是责任归属和经济理性。8 家用人单位均认为，男性员工为妻子和新生儿提供护理，是员工的私人责任而非企业责任。即使是比较认可此假的两位人力主管也认为，该假虽然可以算是广义企业社会责任中的伦理责任，但不能与经济效益最大化这个企业至尊目标相比。然而，仔细权衡后，用人单位认为，提供该假其实会促进而非损害经济理性。首先，强制不休护理假会导致男性员工工作效率低下（"他心不在这儿"），而且事先安排好的话并不会影响企业运转。其次，独生子女政策和中国已持续多年的低生育率，使得员工平均终身只生育一两次，每次只休七天，与该员工可能要提供数年或数十年的服务相比，成本小到经济效益较好的单位完全可以承受。最后，单位依法提供护理假，其实是在向政府和员工传送公司经营正常和管理良好的信号，企业通过男性护理假对男性员工父职的初步承认，会激发和增强员工信任与忠诚于企业的正面情感，促使员工自觉努力工作，减少员工流失率。因此，无论是2016年前老版条例笼统规定的"工资照发"，还是2016年新版的不再强制该假期为带薪假，8家用人单位执行法规时就高不就低，除少量到岗才发放的津贴外，发放了几乎所有的基本工资、补贴津贴和奖金。

社会主义企业的福利印记为用人单位普遍将提供男性护理假视为企业人性化底线提供了历史积淀和制度基础。在计划经济时期，虽然相关法律法规一直未制定正式的男性护理假或男性产假，但职工可以休非正式假期。如1987年生育的国企退休工人回忆，当时"国家单位照顾你，给三天时间"。国家与单位的照顾根源于马克思主义关于劳动乃社会本体和社会主义应满足劳动者作为人的全面需求的基本立场，和计划经济时期协调生产与人口再生产的私嵌于公、单位办社会的机制。使其为产妇和新生儿提供照顾，作为初为人父的男性员工的基本人性和基本父职，能够被社会主义企业所接受，并成为非正式的福利或权利。20世纪90年代中期以后，企业原有的托幼等福利被视为社会主义大锅饭和管理陈旧的标志而被剥离。一直非正式存在的男性护理假或男性产假，由于名义上并不存在，所以无可剥离，反而在社会主义企业将职工生活纳入企业管理的残存福利印记下，在企业落实计划生育国策基本单位的路径依赖下，于1994年首次正式制定了男性带薪护理假，并产生了规范父职的效果。首先，该假通过正式命名，承认了原先国企和民间都存在的孩子出生时父亲的实际休假，使得该假由面目模糊转为师出有名，并成为设立后会呈现的刚性福利。其次，与98天或128天女性产假形成鲜明对比的7天男性护理假，通过再次确认子女日常照顾的母职化，定量地确定了父亲的辅助之责。由此，初为人父者需在孩子出生时在场、陪伴与照顾，从企业和员工都认可的人性底线和民情义理，依靠当时的制度资源和权力结构，凝结为短暂的男性护理假，成为职场关于缺席父职的共识的组成部分：父亲有责任提供照顾，但只是帮手。

这一职场共识并非只源于计划经济或市场经济时期，而是更加深远。以上文提及的2013年以前一直未提供护理假且已有近百年历史的国企为例，人力主管指出，"我们老字号的性别分工比较传统，从单位初期，女的就干女的活，男的就干男的活"。由此，与多年未向男性员工提供护理假形成鲜明对比的是，早在A市实施98天女性产假的时候，该公司就已形成半年女性产假的传统，在法定产假结束后，允许有需求的女性员工以哺乳假、年假、病假、事假等方式拼出另外的 3 个月。由此，新晋父亲的基本父职作为男性劳动者的人性需求，在历史与当下、在法规与惯习的彼此呼应和叠加间，被具体化为 7 天的带薪护理假。

在孩子出生之际，除几乎所有受访者都认可的父职底线外，父亲应当提供怎样的陪伴与照顾，用人单位应当如何应对，特别是当男雇员的身份与初为人父的身份冲突，7 天带薪护理假的极简规定远不能为雇佣双方提供完备的父职契约时，访谈发现，企业和员工都需通过人性化这一模糊的道德责任和伦理底线来伸张权利和约束彼此。在人力主管方面，最常见的做法是视护理假为企业出于人性底线提供的福利，远不能与员工必须创造经济价值这一根本目标相比，所以会理直气壮地要求在工作与父职冲突时，男性员工须以工作为优先。在是否提供该假期和天数方面，访谈发现，如果知晓单位提供该假，男性员工一般都是根据规定休假；如果不知晓，则通常是出于最基本父职的人性底线，依靠平时积累的庇护、依附关系，要求领导给予非正式的护理假。如果被拒，员工们并不认为是自己的法定权利受损，也不会去劳动部门申诉或申请仲裁。当 7 天护理假不能满足需求时，在领导默许的情况下，受访父亲们一般会通过存班倒休、轮休、年假、事假、人情假和小假不言①等五花八门的形式拼凑时间，同时也强化了照顾子女是员工私人责任的属性。

用人单位对有限父职的制造并不只是通过男性护理假孤立进行，而是依托于日常例行。长期义务加班是常见例行之一，使得男女员工均不易为孩子提供稳定可及的充足日常照顾。例行之二是三班倒、大轮班（指连续上一整天班再休息几天的排班方式）、出长差或出远差等工作，倾向于派给男性员工，从而系统性地制造缺席父职。更微妙的例行之三是排斥父职身份在职场的显现。如在"知识分子成堆"的一家受访单位，母职或父职均被认为不适合职场，由于照顾子女被视为女性天职，所以当女性员工经常在单位谈论孩子时，尚可被容忍，但当一位男性员工经常谈论孩子时，男性员工不但会被侧目，而且会被揶揄地称为"居家男人"。经历这些微妙事件的教化后，男性员工习得了职场情感整饬的一个原则：关爱型

---

① 如一位人力主管所说，"人家就私底下自己调节了，不用走办公室请假这个流程，就是那种小事不言的请假，人家可能自己科室就安排了"。

父亲的角色不宜在职场显现，不可与有酬工作者的身份并行。男性对职场这一标准的内化和谙熟，即使是一些高度关爱子女的父亲也自觉在职场和职场的延伸——下班后的应酬场合，几乎从不主动谈论孩子，也不轻易参与女同事们发起的孩子话题。

六　结论与讨论

初步触动缺席父职、未得到中央政策支持的男性护理假地方政策，成为没有监督考评、政策追踪、用人单位自由裁量、缺乏政策丛支持的近乎飘浮的独苗法规，不但缺失于 A 市劳动监察大队每年向用人单位下发的《劳动监督通知书》和《劳动保障书面审查报告书》，而且缺失于受访地区人保局工作人员多年的劳资仲裁经历。男性护理假对于照顾是母亲主责、父亲辅助的确认和强化，催生了用人单位关于生育会降低女性生产力的信念，导致了女性、生育和生育保障的污名化（"女性一旦怀孕生育，社会就认为她生产力下降了"，"生育这个事不能再把男性拖进去"），并将关爱父职归为与男性气质不相符合的行为（"男性不能成天陪着孩子"）。目前男性护理假因生育政策调整而增加的假期天数和降低的准假门槛，显示其正从奖励变普惠的政策转义，但由于未能摆脱生育性别分工的平等与差异僵局，所以转义前后的男性护理假在打破僵化且不公正生育分工上的能量有限、效果矛盾。

综合以上层面的社会生态结构分析，对于本文开头提出的问题，我们的简洁回答如下。在子女出生之际，父亲的在场、陪伴和照顾被视为几乎不可再削减的父职和人性，由此，不论是出于福利、权利、民情，还是庇护，新晋父亲们普遍都休了正式或非正式的护理假。部分父亲出于对亲子情感的强烈渴望，希望从缺席父职转向关爱父职。虽然有少量学者和媒体呼吁社会政策对此予以承认和支持，父亲有责任照顾但只是帮手的缺席父职的现行模式，通过个体认同、家庭生活、企业治理和社会政策成为当代中国的文化、经济和政治基础，基本不被承认为子女积极提供日常照顾和获取亲密情感是父亲的新需求、新责任和新权利，从而使得关爱父职转向艰难。

鉴于父职的历史性，我们的回答可以进一步深入：生育、婚姻、家庭和相应的父职母职作为人类社会延续几乎不可或缺的设置，必然是悠久历史与现代民族国家互动的产物。具体到中国，儒学三期孝道（先秦至汉代强调代际相互责任、汉至明清力推极权孝道、民国之后启动现代变革）（徐复观，1993；叶光辉、杨国枢，2009）和可以据此推导的三期父道，宋元之际亲职核心从道德训导到督促举业的转化和相应的父职母职发展（熊秉真，2000），新中国成立前乡土社会缘情制礼和因礼成义的父职运作，清末至民国年间现代父职的隐秘构建和承上启下（柯小菁，2011；王向贤，2017），新中国成立后随城市工业化和农村土地集体化而被显著削弱的父系家长制物质基础（陈皆明，1998；王天夫等，2015），计划经济时期通过单位制进行的经济生产和人口再生产公私相嵌，市场经济时期育幼责任的再家庭化等，都促使我们认识到当代中国父职脱胎于儒家父道，初生于清末之后的近现代转折，发展于社会主义计划经济和市场经济时期。

经过纷繁复杂的历时变化，权变和边缘地带的多元差异，男女有别、男外女内和父赚钱母照顾成为中国当代关乎利益、伦理和情感的生育性别分工，为关爱父职艰难转向打造了日常生活逻辑和社会底蕴，并在男性护理假所涉及的性别特质与性别公正方面，形成双向错误承认。即，以被豁免了照顾责任的男性为职场标准员工，要求女性在勉力照顾的同时成为和男性一样的无家庭责任分心的员工；以女性的怀孕、分娩和母乳喂养为亲职标准，对无法提供这些育儿劳动的男性在生育主体资格、需求、责任和权利上进行忽视和贬斥。男性护理假由此形成类似于女性主义三种认识论（经验主义、本质主义和后现代主义）中的父亲版经验主义，"加点父亲，再拌匀"。在缺席父职的整体框架下，寥寥数日的、非正式权利的护理假无法保障父亲成为有差异但平等的生育主体。

因此，对于"赚钱养家+缺席父职"的当代主流父职进行层层谱系学分析，辨识和解构总体风格为隐约有迹但晦暗不彰的儒家父道和现当代父职，[1] 是从文化上清理父职错误承认的必须，但并不足够，还可以参照弗雷泽（2009）关于衡量性别平等的综合体系，从反贫困、反剥削、收入平等、休闲时间平等、尊重平等、反边缘化和反大男子主义等维度进行父职母职的再分配。20 世纪 90 年代以来男性护理假的出台和变化，其实就

---

① 如在儒家典籍中，固然有《韩诗外传》对何谓慈仁父道的解释（参见韩婴，1980），但与繁复详备至如何色养的孝道相比，父亲应如何对待子女是强调父权的汉代以后儒家典籍总体匮乏的，参见赵园，2015。

是从文化承认和经济政治再分配的角度对当代父职进行变革的初步尝试。

在最近不断传来的计划生育将完全放开的政策风声中，依托于计划生育的男性护理假面临转折点，或许随着计划生育政策的消失而消失，从而形成缺席父职的新一轮强化，或许通过劳动法、社会保险法的承认得以成为男性就业者的劳动权利，从而在社会政策上正式启动从缺席父职到关爱父职的转向。何去何从，根本上取决于是否承认应对低迷生育率的根本之道不在于一味延长女性产假，而在于在父职母职之间进行公正平等的分工；是否承认带薪护理假和未来的父亲育儿假既是男性的劳动权利，也是新兴的公民社会权；是否承认从缺席父职转向关爱父职，既是父亲的情感权利，也是整个社会情感文明的新发展。在强调社会公正、获得感和幸福感的社会主义新时代，关爱父职转向不应该步履艰难。

参考文献

陈安琪、谢卧龙，2009，《从隐身静默到众声喧哗：论父子亲密关系之跨世代影响》，《应用心理研究》夏季号。

陈皆明，1998，《投资与赡养——关于城市居民代际交换的因果分析》，《中国社会科学》第 6 期。

弗雷泽，2009，《正义的中断——对"后社会主义"状况的批判性反思》，于海青译，上海人民出版社。

费孝通，2000，《乡土中国 生育制度》，北京大学出版社。

黄群慧、彭华岗、钟宏武、张蒽，2009，《中国 100 强企业社会责任发展状况评价》，《中国工业经济》第 10 期。

霍耐特，2005，《为承认而斗争》，胡继华译，上海人民出版社。

韩亦、郑恩营，2018，《组织印记与中国国有企业的福利实践》，《社会学研究》第 3 期。

韩婴，1980，《韩诗外传集释》，许维通校释，中华书局。

蒋小民，2010，《论"男性护理假"入〈社会保险法〉的可行性》，《劳动保障世界》第 4 期。

吉登斯，2001，《亲密关系的变革——现代社会中的性、爱和爱欲》，陈永国、王民安译，社会科学文献出版社。

柯小菁，2011，《塑造新母亲：近代中国育儿知识的建构及实践 1900~1937》，山西教育出版社。

刘爱玉、佟新，2014，《性别观念现状及其影响因素——基于第三期全国妇女地位调查》，《中国社会科学》第 2 期。

李光玲，2011，《父母角色理想变迁：1980~2010——以〈父母必读〉为例》，华中科技大学硕士学位论文。

李慧英、刘澄、吕频，2011，《增加男性护理假 加入条款正当其时》，《中国经济导报》11 月 26 日，第 B03 版。

梁文明，2005，《地方人口与计划生育条例有关奖励优待和社会保障规定分析》，《人口研究》第 3 期。

马春华，2015，《重构国家和青年家庭之间的契约：儿童养育责任的集体分担》，《青年研究》第 4 期。

南储鑫，2016，《应将男女共享带薪育儿假纳入公共政策》，《中国妇女报》3 月 15 日，第 B01 版。

宋少鹏，2012，《从彰显到消失：集体主义时期的家庭劳动（1949~1966）》，《江苏社会科学》第 1 期。

唐芳，2012，《从奖励到权利——生育护理假的正当性论证》，《中华女子学院学报》第 1 期。

徐安琪、张亮，2007，《父亲参与：和谐家庭建设中的上海城乡比较》，《青年研究》第 6 期。

徐安琪、张亮，2009，《父亲育儿假：国际经验的启示和借鉴》，《当代青年研究》第 3 期。

熊秉真，2000，《童年忆往——中国孩子的历史》，麦田出版社。

徐复观，1993，《中国孝道思想的形成、演变及其在历史中的诸问题》，载徐复观主编《中国思想史论集》第四卷，台湾学生书局。

许烺光，2000，《祖荫下：中国乡村的亲属，人格与社会流动》，南天书局。

肖索未，2014，《“严母慈祖”：儿童抚育中的代际合作与权力关系》，《社会学研究》第 6 期。

熊跃根，2007，《国家力量、社会结构与文化传统——中国、日本和韩国福利范式的理论探索与比较分析》，《江苏社会科学》第 4 期。

叶光辉、杨国枢，2009，《中国人的孝道——心理学的分析》，重庆大学出版社。

杨菊华，2014，《传续与策略：1990~2010 年中国家务分工的性别差异》，《学术研究》第 2 期。

杨菊华、李红娟、朱格，2014，《近 20 年中国人性别观念的变动趋势与特点分析》，《妇女研究论丛》第 6 期。

吴帆、王琳，2017，《中国学龄前儿童家庭照料安排与政策需求——基于多源数据的分析》，《人口研究》第 6 期。

王舒芸、余汉仪，1997，《奶爸难为——双薪家庭之父职角色初探》，《妇女与两性学刊》第 8 期。

王天夫、王飞、唐有财等，2015，《土地集体化与农村传统大家庭的结构转型》，《中国社会科学》第 2 期。

王向贤，2017，《承前启后：1929~1933 年间劳动法对现代母职和父职的建构》，《社会学研究》第 6 期。

泽利泽，2008，《给无价的孩子定价——变迁中的儿童社会价值》，王水雄等译，格致出版社。

邹盛奇、伍新春、刘畅，2016，《母亲守门员效应——概念结构、理论解释与研究展望》，《北京师范大学学报》（社会科学版）第 6 期。

赵园，2015，《家人父子——由人伦探讨明清之际士大夫的生活世界》，北京大学出版社。

郑真真，2015，《从家庭和妇女的视角看生育和计划生育》，《中国人口科学》第 2 期。

Thomas, J. and Roger, K.. 2018. "Caring Fathers: the Ideology of Gender Equality and Masculine Positions," *Men and Masculinities*, 11（1）.

（该文英文版"The Difficult Transition to the'New'Caring Fatherhood:
An Examination of Paternity Leave"
原载于 *Social Sciences in China*，2020 年第 1 期）

《家庭与性别评论》第 11 辑
第 217~250 页
© SSAP，2021

走出家庭与巩固家庭：抗日战争时期
陕甘宁边区的妇女解放（1937~1945）[*]

王　颖

摘　要　在抗日战争时期的陕甘宁边区，共产党的妇女政策经历了与家庭分离、与集体整合、家庭与集体的整合三个阶段，毛泽东提出的"走出家庭"与"巩固家庭"成为妇女解放的路径。一方面，共产党通过纺织小组和合作社将妇女组织起来纺线织布、表彰妇女劳动英雄和改造不劳动的"二流子"使妇女走出家庭；另一方面，通过婚姻自主改革和建设新家庭，实现巩固家庭。走出家庭与巩固家庭之间的统合和张力围绕着劳动、集体化、传统伦理和革命理想的糅合这三个主要议题展开。"延安模式"实现了马克思主义妇女解放理论的本土性提升。

关键词　走出家庭　巩固家庭　劳动　妇女解放

一　引言

1937 年 9 月陕甘宁边区成立。至此，继瑞金苏维埃时期之后，共产

---

*　本文为北京市社会科学基金项目"北京市妇女社会组织在精细化治理中的角色研究"（项目编号 16SRC031）阶段性成果。文章在撰写过程中得到刘琼、蒋勤、宋少鹏、孟庆延、杭苏红等师友及编辑和匿名评审专家的修改意见，致以感谢。特别是匿名评审专家不但提出细致并极富建设性的评阅意见促使笔者在实质问题上做出进一步思考和论证，更无私分享其深刻见解，使本文得以完善和提升。

党开始了在农村推行的第二次社会改革实验。中国共产党领导的陕甘宁边区在政治、社会和经济各方面的发展和革命过程被赛尔登称为延安模式。① 这一时期的革命实践和理论是共产党妇女解放最重要的历史经验之一。恩格斯指出："妇女解放的第一个先决条件就是一切女性重新回到公共的事业中去；而要达到这一点，又要求消除个体家庭作为社会的经济单位的属性。"② 列宁对家务劳动的贬抑更指向性地强调，"让妇女参加社会生产劳动，使她们摆脱'家庭奴役'，从一辈子只是做饭、看孩子这种使人变得蠢鲁、卑微的从属地位中解放出来。"③ 不同于简单地将妇女解放定义为参加社会生产，抗战时期陕甘宁边区的妇女解放实践给出了全新的回答，即毛泽东提出的"走出家庭"与"巩固家庭"。

1944 年 7~8 月间，艾思奇完成了题为《把新民主主义社会的基础建立在家庭里》④ 的《解放日报》社论文章，毛泽东亲自修订并改名为《改善家庭关系，建设新家庭》。但这一文章并未正式发表，因其有两个没有解决的根本问题：首先是要把"家庭改造与群众运动联系起来，"其次"新民主主义社会的基础是工厂与合作社，不是分散的个体经济"。这一迥异于同时期宣扬的建立新式民主家庭的话语，事实上是对以家庭为中心的根据地革命路径的反思，"我们是提倡'走出家庭'与'巩固家庭'的两重政策"。⑤

在走出家庭与巩固家庭之间，共产党如何塑造妇女解放话语，改变妇女、劳动、家庭和集体的内涵、关联和意义，是本文关注的中心。基于相关历史文献，本文通过对妇女解放的现代理念的形成及本身可能内涵的悖谬，以及在实践中发生的转换及其机制来对妇女解放的"延安模式"予以梳理和回答。

---

① Mark Selden, *China in Revolution: The Yenan Way Revisited*, Armonk, N. Y.: M. E. Sharpe, 1995.

② 恩格斯：《家庭、私有制和国家的起源》，载中共中央马克思恩格斯列宁斯大林著作编译局编译《马克思恩格斯文集》第 4 卷，人民出版社，2009，第 88 页。

③ 列宁：《迎接国际劳动妇女节》，载中共中央马克思恩格斯列宁斯大林著作编译局编译：《列宁全集》第 38 卷，人民出版社，1986，第 204 页。

④ 艾思奇：《改善家庭关系，建设新家庭》，载艾思奇主编《艾思奇全书》第 3 卷，人民出版社，2007，第 459 页。

⑤ 毛泽东：《给秦邦宪的信》，载《毛泽东文集》第 3 卷，人民出版社，1996，第 206~207 页。

二　妇女解放与乡土社会：共产党妇女政策的转变

在民族统一战线的背景下，1937 年至 1940 年初，陕甘宁边区的妇女解放以政治性地发展妇女组织和动员妇女参战为方针，号召妇女支持共产党和边区政府的革命事业。① 抗战初期，妇女走出家庭参加与抗战相关的工作被赋名为解放妇女，但究竟如何解放却并未予以言说。这一时期，共产党认为妇女运动的主要弱点和缺点是“最大多数的妇女仍是无组织”和“妇女干部的缺乏”。②

1937 年边区提出以妇女抗日救国联合会（以下简称“妇救会”）来组织妇女参加抗战。③ 动员的主要是青年妇女，因其是“妇女中最容易进步最积极的分子”。④ 延续着苏维埃时期经验，边区发动妇女参与生产，特别是春耕和秋收，动员的办法是建立与扩大妇女参加生产的组织。边区通过劳动互助社、妇女学习小组、义务耕田队、妇女生产组等组织妇女参与集体耕种，⑤ 但这时期的动员是非常政治性的。⑥

这一时期妇女工作存在的问题，第一，理论上过于理想化——延续着生发于城市的五四话语、教条地强调脱离家庭的妇女解放路径未必适合陕甘宁边区复杂的乡土社会现实，反而引起了不满和混乱。第二，早期共产党妇女干部大多来自南方，她们与本地北方农村妇女语言不通、沟通不畅，导致在边区政府训练出一批本地妇女干部之前社会改革计划基本上流

---

① 《陕甘宁边区党委关于边区妇女群众组织的新决定》，载中华全国妇女联合会妇女运动历史研究室主编《中国妇女运动历史资料（1937~1945）》，中国妇女出版社，1991，第15 页。

② 《中共中央妇委关于目前妇女运动的方针和任务的指示信》，载中华全国妇女联合会妇女运动历史研究室主编《中国妇女运动历史资料（1937~1945）》，中国妇女出版社，1991，第 140 页。

③ 《陕甘宁边区党委关于妇女组织的决定》，载陕西省妇女联合会主编《陕甘宁边区妇女运动文献资料选编（1937~1949）》，1982，第 1 页。

④ 《延安县青救会妇救会开展青妇工作的共同决定》，载陕西省妇女联合会主编《陕甘宁边区妇女运动文献资料选编（1937~1949）》，1982，第 7 页。

⑤ 《陕甘宁边区政府通令——关于秋收问题》，载陕西省档案馆、陕西省社会科学院主编《陕甘宁边区政府文件选编》第 1 辑，档案出版社 1986，第 9 页。

⑥ 丛小平：《左润诉王银锁：20 世纪 40 年代陕甘宁边区的妇女、婚姻与国家建构》，《开放时代》2009 年第 10 期。

于纸面。① 同时，妇女干部"主要是外来的知识分子。她们开始时不了解农村的环境，对乡间的许多生活习惯还很隔膜，并且自己也缺少工作经验"，②"对妇女所受封建束缚，了解得非常抽象。……以为妇女可无阻碍地参加社会活动。"③ 此外，妇女干部对妇女工作有很大抵触，"一听到要做妇女工作，不是愁眉苦脸，便是借词推托。……说'我根本就不会做个女人，如何让我去做妇女工作呢？我的个性强，妇女工作太琐碎，两相矛盾，颇不适宜。'"④ 边区批评了这种意见并要求"纠正一切对于妇女工作的轻视、忽视与消极的态度"。⑤ 第三，组织妇女加入共产党领导的社会团体和参与社会活动，并未能真正改善妇女生活，所以妇女本人不积极，家庭更加反感。尽管自上而下的妇女组织普遍成立，但"这些组织的成立及工作的推行，多依靠行政力量用强制方式进行"，⑥ 采用"筛锣开会，不到罚款，以及抄花名册子，按户登记"⑦ 等方式，带来了妇女和乡村社会的不满，"部分妇女把慰劳工作当作无可奈何的'应差事'"。⑧ 个别地方妇女团体变成了官办式的机关，干部变成了女官，专门做妇女动员和组织开会等工作，而妇女们却非常厌恶开会，"开会只比交租好些"。⑨ 蔡畅批评妇联或妇救会以每周至少开两次组织生活要求农村妇女群众，使绝大多数妇女"不能也不愿走进妇联或妇救的门沿；就是已经加入的，也觉得难以完成会员的义务，而要求退出。"⑩

　　共产党逐渐认识到早期以政治诉求为主、通过召集妇女开会进行政治

① Cong Xiaoping: *Marriage, Law and Gender in Revolutionary China* (1940~1960), Cambridge University Press, 2016, pp. 85~86.

② 康克清：《三年来的华北妇女运动》，载中华全国妇女联合会妇女运动历史研究室主编《中国妇女运动历史资料（1937~1945）》，中国妇女出版社，1991，第303页。

③ 浦安修：《五年来华北抗日民主根据地妇女运动的初步总结》，载中华全国妇女联合会妇女运动历史研究室主编《中国妇女运动历史资料（1937~1945）》，中国妇女出版社，1991，第690~691页。

④ 文君华：《妇女应当作妇女工作》，《中国妇女》1939年第1卷第2期。

⑤ 《中共中央书记处关于开展妇女工作的决定》，载陕西省妇女联合会主编《陕甘宁边区妇女运动文献资料选编（1937~1949）》，1982，第52页。

⑥ 同注③，第685页。

⑦ 同注②，第304~305页。

⑧ 张琴秋：《对于妇救会工作的几点意见》，载中华全国妇女联合会妇女运动历史研究室主编《中国妇女运动历史资料（1937~1945）》，中国妇女出版社，1991，第467页。

⑨ 庆树：《改变工作作风》，《中国妇女》1940年第2卷第4期。

⑩ 蔡畅：《如何使抗日根据地的妇女团体成为更广泛的群众组织》，《解放日报》1942年3月8日，第4版。

动员、发动妇女反抗家庭参加抗战这种不顾当地社会实际而将城市妇女运动方法引入乡村的做法过于理想化，开始正视乡土现实并适时调整。

1940 年底到 1941 年，妇女解放从抗战动员为中心转为深入家庭、保护妇女切身利益。共产党注意到家庭在解决妇女问题中的重要性，从单纯地脱离家庭转为强调统一战线原则下的家庭和睦、动员妇女参加生产。

首先，深入家庭，保护妇女切身利益。[1] 关心妇女生活痛苦（如反对缠足、虐待、早婚、买卖婚姻），以改善妇女生活为主要内容开展针对妇女，特别是中青年妇女的反虐待斗争，并通过婚姻条例等保障妇女权益。然而，婚姻自由特别是离婚自由对传统父权制带来极大挑战，由此引发的农村家庭秩序的紊乱和其他社会矛盾使共产党认识到处理性别与阶级冲突的复杂性。随后，边区逐步调整了婚姻法律条例和实践。同时，强调家庭和睦与家庭团结，改变斗争方式，着重统一战线下对中老年妇女的争取和动员。[2] 这一转向伴随着对妇女工作中妇女主义、绝对主义、宗派主义[3]的反对。

其次，以发动妇女参加生产为经常工作的中心。[4] 这一动员缘起于当时边区面临的内外交困。为了克服困难、坚持抗战，边区提出走生产自救的道路。边区政府有计划地发动妇女参加纺织合作社和开荒、种菜、种植棉麻等农副业生产及畜牧生产，并在适合情况下以纺织小组、生产合作社为团结妇女的核心。

然而，许多地区成立的生产小组、互助组多属形式空洞的组织，只有少数妇女参加了集体耕种，没有改善妇女生活及地位却导致了家庭对妇女及妇救会的不满。[5] 组织突击开荒，因路途遥远使农民在开荒时耽误自家土地，摊派更影响了农民的劳动热情。[6] 不懂妇女与家庭关系的密切性，提倡集体上操、上课、开荒、生产、纺织等，影响了家庭经济生活和妇女

---

[1] 王明：《陕甘宁边区妇联工作的任务和组织问题》，《中国妇女》1941 年第 2 卷第 9 期。

[2] 《中共中央为"三八"节工作给各级党委的指示》，载中华全国妇女联合会妇女运动历史研究室主编《中国妇女运动历史资料（1937～1945）》，中国妇女出版社，1991，第 480 页。

[3] 区梦觉：《略谈妇女工作作风》，《解放日报》1941 年 10 月 26 日，第 4 版。

[4] 《陕甘宁边区妇联会第二次扩大执委会大会决议》，《中国妇女》1941 年第 2 卷第 9 期。

[5] 同 220 页注 3，第 686～687 页。

[6] 鲁直：《对"集体"开荒的意见》，《解放日报》1942 年 5 月 9 日，第 2 版。

在家庭中的利益，增加青年妇女新的精神痛苦。① 脱离家庭的集体生产在实践中未能广泛动员妇女，也未能解决性别冲突和矛盾。靠政治性动员成立的妇女组织甚至有名无实，如张闻天在调查中发现大多数村并无妇女小组，乡妇联会主任至多在本村里做些动员工作。②

但这一时期在固临、延川发动妇女纺织的经验，使边区认识到依托纺织的妇女组织可以产生的动员效果。③ 同一时期也有提倡以小规模的手工合作社方式组织妇女，认为不但能协助国防生产、解决妇女独立自给，还能使妇女成为懂得"市面行情"的"有文化教养的商人"和懂得"国家大事"的新中华苏维埃民主共和国的"国民"。④ 但强调消费的经济合作社和培养妇女成为商人这一充满着浓郁的城市妇女解放意味的设想注定无法获得农村妇女和家庭的支持。

外来的妇女解放理念和旧传统的伦理纲常反而使妇女陷入冲突，甚至需要面对双重负担。在五四理念下追求妇女获得工作机会和婚姻自由的解放路径无法解决乡村妇女实际所受的经济压迫。毛泽东指出："边区妇女工作之少成绩，我看主要在没有注意经济方面。提高妇女在经济、生产上的作用，这是能取得男子同情的，这是与男子利益不冲突的。"⑤ 单纯地走出家庭无法解决性别和经济压迫，反而带来一系列的悖论和矛盾，共产党试图寻求解决之道。

在整风运动的背景下，1941 年 6 月蔡畅接替王明任中共中央妇女运动工作委员会代书记。⑥ 1941 年 9 月～1942 年，妇女工作团下乡调查研究，总结出夫妻齐心协力参加生产劳动是中农以上农户家庭经济状况好、

---

① 田秀涓：《1943 年前晋察冀农村妇女工作的初步估计》，载中华全国妇女联合会妇女运动历史研究室主编《中国妇女运动历史资料（1937~1945）》，中国妇女出版社，1991，第 799~800 页。

② 张闻天：《陕甘宁边区神府县直属乡八个自然村的调查》，载张闻天选集传记组、中共陕西省委党史研究室、中共山西省委党史研究室主编《张闻天晋陕调查文集》，中共党史出版社，1994，第 92 页。

③ 徐明清：《陕甘宁边区妇联会第二次扩大执委会的收获》，《中国妇女》1941 年第 2 卷第 9 期。

④ 王里：《妇女与生产合作社》，《中国妇女》1940 年第 2 卷第 2 期。

⑤ 《毛泽东给中共中央妇委的一封信》，载中华全国妇女联合会妇女运动历史研究室主编《中国妇女运动历史资料（1937~1945）》，中国妇女出版社，1991，第 261 页。

⑥ 《蔡畅任中共中央妇女运动工作委员会书记》，载陕甘宁三省区妇联《陕甘宁边区妇女运动大事记述》，内部发行，1987，第 92 页。

家庭关系和睦的经验，妇女参加生产劳动是中心环节。① 这一系列调查为妇女工作方针的调整提供了基础。

1942 年党对群团组织进行改造，提出妇联等组织存在"头大腰细脚板小"，发展会员造名单，未能解决群众困难，"群众还没有把咱们当作他们心上的亲人。……和政府干部混在一起向群众要东西"，②"浓厚的包办代替的作风"等问题。③ 对空泛的政治动员和"要东西"摊派的批评凸显了妇女工作转变的迫切性，要成为"心上的亲人"表明共产党试图通过妇联等群团组织与乡村社会建立行政治理外的情感和心灵联结。

1942 年 10 月 19 日至 1943 年 1 月 14 日，中共中央西北局召开了陕甘宁边区高级干部会议，确定了党政军民各方面工作都要以生产和教育为中心。发展经济的基本方法为公私兼顾的原则下组织劳动力。④由此共产党的工作重心全面转向生产，不但依靠生产实现自救和自给，更重要的是这种转向使共产党与农民生活切实联结，不是通过政治动员而是通过改善农民生活，使农民受益。毛泽东强调"必须给人民以看得见的物质利益"。共产主义的革命家并不是向人民要东西，而是给人民以东西。"我们有什么东西可以给予人民呢？在目前陕甘宁边区的条件说来，就是组织人民领导人民帮助人民发展生产，增加他们的物质福利，并在这个基础上一步一步地提高他们的政治觉悟与文化程度。"⑤

在这一背景下，1943 年始动员妇女参加生产成为广大农村妇女特殊利益的中心和抗日根据地妇女工作的新方向。⑥ 这个"新方向"即由政治动员转向生产动员，在实际生活中改善妇女地位。这一转向包括三个方面的重要内容：组织农村妇女个体与集体的生产；妇女的生产与家庭结合；以生产合作及各种生产方式（如纺织小组）组织妇女。区别于前期喊口

---

① 《妇女工作团下乡调查研究》，载陕甘宁三省区妇联《陕甘宁边区妇女运动大事记述》，内部发行，1987，第 97 页。

② 《群众团体怎样改造》，《解放日报》1942 年 6 月 28 日，第 2 版。

③ 《抗日根据地民众团体的性质和任务》，《解放日报》1942 年 9 月 29 日，第 1 版。

④ 《整风与实际相结合 边区党高干会胜利闭幕 确定了统一领导与加强生产的方针 清算了历史上的错误与今天的偏向》，《解放日报》1943 年 1 月 31 日，第 1 版。

⑤ 毛泽东：《经济问题与财政问题》，载《毛泽东选集》第 5 卷，东北书店，1948，第 876~877 页。

⑥ 《中共中央关于各抗日根据地目前妇女工作方针的决定》，《解放日报》1943 年 2 月 26 日，第 1 版。

号背教条、要求妇女参与集体劳动，这一时期转为动员妇女参加纺织生产，使妇女具有经济能力并使家庭承认其经济贡献，进而增强其在家庭中的地位，提高她们的自主性，使妇女从社会运动中真正受益。"经济工作正是今天妇女对抗战贡献最大与最适宜的工作"，① 妇女解放"须从经济丰裕与经济独立入手"，② 从单纯的走出家庭转为走出家庭与巩固家庭并重。妇女参加生产不仅是生产的问题，还是一个政治问题。基于这个层面，妇女解放运动真正成为民族解放运动的一部分，契合了共产党的革命逻辑。

这一时期的妇女工作改变了原有的单纯强调妇女权利的城市妇女解放思想，"在 1942 年以前，有些妇女工作者把提高妇女经济地位只看作是继承财产，在村子里硬要保证有百分之廿的妇女当选，认为妇女参政就等于妇女解放，不顾及家庭妇女的家务牵累和生理、生活上的限制。……必须打破拿城市（有职业、有知识或有自治能力）妇女的观点来处理农村妇女问题。"③ 不同于斯塔纳罕所言"尽管共产党领导者依照他们所相信的妇女通过参加生产获得平等的马克思主义路线，但是实际政策很少遵循着这一设想而是被地方的社会和经济的需求所重塑"的情况，④ 1943 年的转折重写了中国农村妇女长久以来参与劳动却并未给予劳动价值承认的历史，并非与马克思主义路线相悖而是实现了马克思主义妇女解放理论本土化的提升。1944 年"建设新家庭"的提出，又进一步指向了具有妇女解放意涵的对家庭的改造。由此，"走出家庭"与"巩固家庭"逐渐实现了联结和统合，共产党开始真正介入家庭和乡村社会。

综上，延安时期的妇女政策分为三个阶段，见表 1。⑤ 从初期政治性地发展妇女组织、动员妇女参加与战争相关的工作到家庭与集体整合下的组织妇女生产；从强调妇女解放思想的个体觉醒和婚姻自由的个体诉求，到生产致富、富裕和睦的家庭诉求，并进而到组织起来的集体诉求，这些转变呈现着共产党妇女解放实践在张力、冲突中调整和纠错的过程。

---

① 蔡畅：《迎接妇女工作的新方向》，《解放日报》1943 年 3 月 8 日，第 2 版。

② 同 223 页注 6。

③ 肖岩：《读者往来 关于妇女工作》，《解放日报》1945 年 4 月 6 日，第 4 版。

④ Patricia Stranahan: *Yan'an Women and The Communist Party*, Berkeley: Règents of the University of California, 1983, p. 3.

⑤ 斯塔纳罕认为延安时期的政策经历了分离阶段和部分整合阶段（同上注，第 111 页）。本研究对其进行了重新划分和补充。

表 1　延安时期的妇女政策

	1937 年～1940 年初	1940 年底～1941 年	1942 年～1945 年
方针	政治性地发展妇女组织和动员妇女参战	深入家庭、保护妇女切身利益；以发动妇女参加生产为经常工作的中心	组织农村妇女个体与集体的生产，妇女的生产与家庭结合，以生产合作及各种生产方式组织妇女
主旨	与家庭分离	与集体整合	家庭与集体整合
参加生产的内容	农业生产	农业生产和纺织	纺织为主
组织妇女的方式	妇联/妇教会等妇女组织	合耕队、互助社、公营合作社	民办合作社、纺织小组
婚姻政策	婚姻自由、离婚自由	离婚要严	婚姻自主、离婚要严
家庭政策	斗争、脱离家庭	统一战线下的家庭和睦	建设新家庭
经济角色	传统的/未定义的与战争相关的工作	集体劳动	组织化的家庭/纺织小组和合作社
社会角色	个体觉醒	个体觉醒和集体劳动者	置于家庭中的集体劳动者

三　走出家庭与巩固家庭

延续着五四思想脉络，家庭一直处于共产党妇女解放视域的中心。如何处理妇女与家庭和革命的关系是共产党必须要回答的问题。随着对根据地现实的认知和判断，共产党的妇女政策逐渐从单纯脱离家庭转为深入家庭并进而改造家庭。早期西方学者认为这一时期的政策是妇女解放的倒退。安德思称之为未完成的妇女解放；[1] 斯泰西提出共产党的家庭政策不再是简单地局限于规定结婚和离婚程序转为关注家庭关系，共产党和农民阶级构建了新的家庭道德以与新民主主义父权的家庭经济契合，儒家父权制被新民主主义父权制取代，继而被社会主义父权制取代；[2] 约翰逊认为

---

[1]　Phyllis Andors：*The Unfinished Liberation of Chinese Women* 1949-1980，Bloomington：Indiana University Press，1983.

[2]　Judith Stacy：*Patriarchy and Socialist Revolution in China*，Berkeley：University of California Press，1983，p.172，pp.250-253.

延安道路稳定和恢复了农民家庭而非改造它。① 但这些"基于西方冷战思维"②的研究以西方妇女解放为准核，没有看到共产党通过劳动、民主、集体等话语和意识形态的塑造及革命实践对父权制的冲击。通过将妇女解放作为社会革命的构成，丛小平的研究③彰显了前人所忽视的妇女在应对共产党婚姻改革过程中呈现出的主体性。其后，研究者集中讨论了"四三决定"，认为其标志着妇运方针从婚姻家庭革命转向动员妇女参加生产，④ 同时"既联合又斗争"的"家庭统一战线"的妇女解放方案用阶级内部的性别协商机制取代了性别对抗，妇女参加生产被作为妇女解放的中介，⑤ 纺织生产运动则把妇女组织起来进行新妇女和新社会的建构。⑥ 但这些研究并未将"四三决定"纳入党的革命逻辑中，割裂了家庭和生产这个一体两面的妇女解放问题；未看到共产党基于乡土现实、指向未来的家庭改造的理想目标和革命承诺的路线旨归，从而无法揭示广阔历史进程中共产党对这一问题的原则性坚守和灵活性调试。基于马克思、恩格斯有关妇女解放的理论基础和抗战时期根据地的现实环境，陕甘宁边区在走出家庭与巩固家庭的话语和实践中将性别冲突予以消弭，并使妇女解放真正契合共产党的革命逻辑。这一过程中妇女劳动身份、劳动观念和价值的建立，对妇女和家庭的组织，作为革命力量的劳动妇女对旧式家庭的改造，成为共产党在妇女解放过程中本土化的开创性实践。

（一）走出家庭

妇女参加生产从抗战初期即被作为主要的动员内容。朱德指出，为什么要动员妇女到生产运动中来？首先是因为：发展边区经济建设，求得自给自足，是边区人民在 1941 年度的中心任务。壮丁们上了前线，妇女在

① Kay Ann Johnson：*Women，The Family and Peasant Revolution in China*，Chicago：The University of Chicago Press，1983，p. 87

② 王玲珍、肖画：《中国社会主义女性主义实践再思考》，《妇女研究论丛》2015 年第 3 期。

③ 同 219 页注 6、220 页注 1；丛小平：《从"婚姻自由"到"婚姻自主"：20 世纪 40 年代陕甘宁边区婚姻的重塑》，《开放时代》2015 年第 5 期。

④ 周蕾：《冲突与融合——抗战时期中国共产党家庭政策的变革》，《妇女研究论丛》2017 年第 3 期。

⑤ 董丽敏：《延安经验：从"妇女主义"到"家庭统一战线"——兼论"革命中国"妇女解放理论的生成问题》，《妇女研究论丛》2016 年第 6 期。

⑥ 董丽敏：《组织起来："新妇女"与"新社会"的构建——以延安时期的妇女纺织生产运动为中心的考察》，《妇女研究论丛》2017 年第 6 期。

这方面的责任就尤其重大。其次，妇女要求得真正的解放，必须在经济上能够独立生产。[①] 共产党并未讳言妇女走出家庭对于抗战和边区建设的作用，更确认走出家庭参与生产对妇女解放的重要意义。妇女通过参加生产为何可以获得解放？从事何种生产？这一方式何以确立？陕甘宁边区妇女解放的实践给予了回答。

1. 组织起来纺线织布：从公营合作社到民办合作社、纺织小组

抗战初期，部分妇女参加了农业生产。但是，一方面边区各地土地和人口分布不均衡，在耕地少的地区土地劳作并不需要更多的妇女劳动力（见表2）；另一方面前期动员妇女参加集体农业生产存在"过分夸张妇女劳动能力，好高骛远，订大而无当的计划，以及脱离家庭"[②] 等问题。

表 2　陕甘宁边区土地和人口情况

地别	人口人	每人种地（亩）	每亩收粮（斗）	共收粮（石）	每人消费（斗）	共消费（石）
直属区	386874	12.0	1.000	464248.8	10.0	386874.0
三边分区	105466	13.5	0.625	88976.9	10.0	105466.0
绥德分区	580886	5.4	0.940	294857.7	6.0	348465.6
关中分区	99649	6.0	2.500	149473.5	12.0	119578.8
陇东分区	322457	8.0	2.000	515931.2	11.0	354702.7
总计	1495332			1513488.1		1315087.1

数据来源：中国财政科学研究院主编《抗日战争时期陕甘宁边区财政经济史料摘编》第1编（总论），长江文艺出版社，2016，第12页。

在抗战背景下，国民党的封锁、非生产性人口的增加使穿衣成为当时边区的主要困难。边区原有的纺织基础因洋布倾销、灾害频发被破坏。到了抗战前夕，边区甚至出现"除粮食、羊毛外，其他一切日用所需，从棉布到针线，甚至吃饭的碗，均靠外来"的局面。[③] 布价的涨幅远超于米

[①] 朱德：《动员广大妇女到生产运动中来》，载中华全国妇女联合会妇女运动历史研究室主编《中国妇女运动历史资料（1937～1945）》，中国妇女出版社，1991，第276页。

[②] 彭德怀：《在晋冀鲁豫四区党委妇委联席会议闭幕时的讲演》，载中华全国妇女联合会妇女运动历史研究室主编《中国妇女运动历史资料（1937～1945）》，中国妇女出版社，1991，第681页。

[③] 南汉宸：《陕甘宁边区的财经工作》，载中国财政科学研究院主编《抗日战争时期陕甘宁边区财政经济史料摘编》第3编（工业交通），长江文艺出版社，2016，第2页。

价的涨幅。在农民家庭和边区经济发展的双重需求下，发展纺织被置于边区经济生产的重要位置。边区 1938 年开办难民纺织厂，1939 年到 1941 年提出争取工业品由半自给达到全自给，尤其是布匹的自给。这一时期的布匹需求主要通过公营织厂来解决，但其大部分是供给性质，卖给群众穿用的很少，因此很难动员妇女纺纱。1942 年始边区政府提出依靠公营工厂、民间纺织妇、民间合作社三方面协力逐步发展民间纺织手工业。① 发展纺织成为妇女工作的重心。

边区起初试行过集体化的纺织生产，并建立了纺织生产合作社。1938 年刘景范提出恢复农村家庭纺织业并强调妇女对织厂的纱线供给："延长、固林、延川、安定等县，能纺织的妇女组成生产合作小组有计划地纺线织布，纺线除供给自用外，每人每月给边区纺织厂棉纱一斤。该四县起码能组织三万的纺织妇女，每月可纺三万斤棉纱解决工厂困难。"② 林伯渠指出，人民纺织合作社系家庭妇女在不脱离家庭职业的原则下进行纺织，可以利用每人空闲时间而生产之，因不需脱离原来家庭职务，又无须离开家庭花费往来时间，更无须拿出一宗购置工具和原料之资本便可生产，而且已纺成的纱线，皆由合作社派人到各社员家中收集之。这对于农村妇女是有莫大之方便的。③ "纺织合作社以乡为单位，每乡组织一社，凡住在同一乡的妇女不论成年或女娃（一家越多越好），只要她会纺纱或愿意学习纺纱、织布，都动员她参加纺织生产合作社，把她们依自然村落编成小组，每组 3 人以上但最多不得超过 20 人。每组选组长一人负一组的责任。"④ 1940 年边区党委和政府再次强调组织合作社，广泛发展家庭纺织业，政府购置手工纺织机发给家庭，开训练班，⑤ "首先从城市工厂做起，诱导工厂附近妇女使用新式机器，并有计划的选择群众中的积极分子，受技术训练"。⑥

① 罗琼：《陕甘宁边区民间纺织业》，中国妇女发行社，1946，第 18 页。
② 刘景范：《一九三八年边区经济建设工作的报告》，载《抗日战争时期陕甘宁边区财政经济史料摘编》第 3 编（工业交通），第 8~9 页。
③ 林伯渠：《陕甘宁边区纺织业概况报告书》，载《抗日战争时期陕甘宁边区财政经济史料摘编》第 3 编（工业交通），第 375~376 页。
④ 《陕甘宁边区政府建设厅关于生产合作社组织办法纲要》，载杜鲁公等主编《陕甘宁边区的农业合作》，陕西人民出版社，1994，第 194 页。
⑤ 《陕甘宁边区党委、政府关于 1940 年经济建设的决定》，载《抗日战争时期陕甘宁边区财政经济史料摘编》第 3 编（工业交通），第 16 页。
⑥ 同 221 页注 4，第 31 页。

　　但事实上以行政命令动员起来的合作组织并不能适应各地差异化的纺织需求。农民批评部分合作社"关门主义"，入股没有分红且股金摊派命令。① 以城市和工厂为中心、存在摊派的纺织动员遭到了妇女和乡村社会的反感和抵触。"一九四〇年延安川口高峁湾成立了纺织工厂，用强迫命令方式'拨了'二乡的妇女去学纺织，也终未学成。一九四一年五月，南区合作社在南庄河成立了纺织所，……大家对于过去拨妇女学纺织，仍有坏的影响，既怕'学会了要拨去到工厂'，'赚几个钱，老婆没有了怎么能行'，又顾虑'太笨学不会'，'没工夫'"。② 由于初期单纯动员妇女纺纱以配合政府生产计划、满足公营工厂的织布需求无法解决妇女和家庭的穿衣问题，面对农民家庭本位观念的旧有生活逻辑与为革命和公家的新逻辑的冲突，边区政府转为强调以自纺自织自穿为方针动员妇女和家庭。

　　各分区因产棉数量、纺织基础及组织领导等条件不同，妇女参与纺纱和织布的程度、类型和目的存在差异。由此罗琼指出，在延属西地区、关中分区、陇东分区的绝大部分地区执行纺织并进、自纺自织自穿的家庭手工业方针；在绥德分区、延属东三县提倡纺织并进的商品生产；三边分区则逐步发展棉织和毛织。边区民间纺织业主要有乌阳区模式、陇东合水黄生秀模式、陈家楼子合作社模式、延安南区模式。③ 其中妇女纺纱工厂织布的南区模式一度由于纺线缺乏、合作社收线浪费人力等问题而中断，这一模式并没有在 1943 年的合作化运动中推广，④ 但其民办和互助却成为合作化运动中的重要经验。自纺自织自穿的陈家楼子合作社模式契合了家庭本位和革命需要，被确立为农村环境中发展纺织业的有效办法。

　　历史上陕甘宁边区有变工、札工等形式的互助模式。⑤ 变工还包含着性别之间劳动分工与合作，经济行为背后有着社会关系和人品能力的判断。⑥ 基于互助传统，抗战时期各地发展出变工纺织、纺织互助小组、集

---

① 《鄜县合作社一年半来扩大股金百卅余倍 经营生产运输约占半数资金》，《解放日报》1944 年 8 月 19 日，第 2 版。

② 同 224 页注 1。

③ 同 228 页注 1，第 8~24 页

④ 同 218 页注 1，第 191 页。

⑤ 王丕年、石毅：《关于札工的几个问题》，《解放日报》1943 年 4 月 14 日，第 2 版；丁冬放：《论集体劳动》，《解放日报》1944 年 2 月 9 日，第 1~2 版。

⑥ 郭于华：《受苦人的讲述：骥村历史与一种文明的逻辑》，香港中文大学出版社，2013，第 118 页。

体纺织、妇纺合作社、家庭纺织工厂等形式。① 共产党借助传统的互助和
革命的合作达成了对妇女的组织化。

为了发展纺织，共产党同时推广植棉。面对农民"替公家种的""要
便宜卖给公家"的质疑，边区专门设立"植棉贷款"不收利息以调动农
民积极性。② 1939 年边区植棉仅 3767 亩，1944 年已经达到 295178.2 亩，
产量 3044865.2 斤。③ 同时边区政府也发动贷款计划为家庭纺织生产提供
资金。为适应农产品没有经济市场的现实，甚至将部分农贷改为实物贷
款。④ 边区通过合作社提供原料、贷款或工具，训练织妇、推广传授技
术，实现花、布、纱供销的调剂。

动员使得纺织实现了较大的发展（见表3），1945 年陕甘宁边区有近
十六万名妇女群众参加纺纱，六万余名妇女参加织布，使边区民用布匹自
给达到 47%。⑤ "能把 20 万上下这样广大的妇女力量组织起来从事纺纱织
布，能生产 10 万匹以上的大布，其在国民经济中的价值仅次于农业
生产。"⑥

表 3 边区妇女纺织情况

	纺纱			织布		
	纺妇（人）	纺车（架）	纺纱（斤）	织妇（人）	织机（架）	织布（大匹）
1942 年	75000	68000	785831[a]	13500	12000	14158
1943 年	133457	120255	835849.9	39038	19283	35451
1944 年	152645	145683	1660203	60548	23095	114497

数据来源：罗琼，《陕甘宁边区民间纺织业》，中国妇女发行社，1946，第 8 页。

注：（a）1942 年纺纱数是根据《1942 年建设厅工作总结报告》中的统计数字。参见中国财
政科学研究院主编《抗日战争时期陕甘宁边区财政经济史料摘编》第 3 编（工业交通），长江文
艺出版社，2016，第 423 页。

---

① 米脂县通讯员集体写作：《米脂妇纺的几种组织形式》，《解放日报》1944 年 8 月 4 日，第 4 版。
② 边区银行：《1942 年边区农贷的初步总结》，载中国财政科学研究院主编《抗日战争时
期陕甘宁边区财政经济史料摘编》第 5 编（金融），长江文艺出版社，2016，第 431 页。
③ 中国财政科学研究院：《抗日战争时期陕甘宁边区财政经济史料摘编》第 2 编，长江文
艺出版社，2016，第 69 页。
④ 同上注 2，第 325 页。
⑤ 《陕甘宁边区第二届妇女代表大会关于当前妇女工作的决议》，载中华全国妇女联合会妇
女运动历史研究室主编《中国妇女运动历史资料（1945～1949）》，中国妇女出版社，
1991，第 353 页。
⑥ 贾拓夫：《关于边区工业问题的研究》，载《抗日战争时期陕甘宁边区财政经济史料摘
编》第 3 编（工业交通），第 405 页。

在政府的发动之外，妇女能否被动员起来的关键在于革命者能否满足妇女和家庭具体与迫切的现实需求。为消弭革命理想和现实需要之间的矛盾与张力，第一，共产党在分配方式上强调公私兼顾，算经济账动员妇女和家庭。如陈家楼子合作社通过廉价卖花、精评等级、调整工资、按本买布、奖励股、身钱保分子等方式鼓励妇女纺织。[①] 第二，从强调妇女纺织获得经济独立转变为强调纺织与家庭的一致性。"'婚姻自由'不过仅仅代表部分青年妇女的要求，而生产致富却是绝对多数妇女共同的愿望。"[②]将妇女的个体诉求置换为包含妇女在内的家庭生产致富诉求，共产党在借用乡村传统伦理的同时纳入了妇女解放的革命目标。妇女"家庭经济地位大大的提高，生产以及赚的钱大部分是供自己支配，贫苦农民则供全家使用，所以有许多地方（如礼泉、渭南）有这样说的：'妇女生产比男子还多，妇女有钱变歪了。'现在妇女身上都藏有几十块钱，不像以前完全依赖公婆丈夫生活，并且有了财产使用权（在她自己生产范围内）。"[③]"女人纺织赚钱甚至可以帮助丈夫入股运盐"，[④] "纺纱妇女可以探买布、探用钱、探钱买农具耕牛，许多丈夫劝婆姨纺线好探钱使用"。[⑤] 纺织不仅帮助农民解决穿衣问题，而且使他们有了资金扩大发展农业生产。不少农民甚至纺织起家，高阳以前乞讨度日的张振武在半年里一跃而为丰衣足食的农民。[⑥] 家庭生产致富的目标确立了妇女劳动的正当性："妇女参加生产运动只是对于家庭有利，不会影响家庭的统一战线。"[⑦] 保留家庭的手工业并发展组织化的小组、合作社，既维持了村落社区的经济功能，也维护了家庭的团结。第三，共产党试图在家庭中肯定妇女劳动价值并赋予其一定的经济自主权。边区妇联强调"妇女劳动所得，应尽可能地保护她们的财产使用权，以逐渐提高妇女在家庭的地位。"[⑧] 面对"有些大家庭里，纺妇因恐纺织的成品被男人卖掉或供给家人穿用了，自己得不到收

---

① 同 228 页注 1，第 36~37 页。

② 同 227 页注 2，第 680 页。

③ 《陕西省委妇委关于陕西妇女工作报告》，载中央档案馆、陕西省档案馆主编《陕西革命历史文件汇集 一九四一年（一）甲 16，1993，第 215 页。

④ 刘玉儒：《淳耀一区一乡杨乡长是怎样发动妇女纺织的?》，《解放日报》1943 年 11 月 5日，第 2 版。

⑤ 赵烽：《延安县柳林区二乡的妇女生产》，《解放日报》1943 年 3 月 8 日，第 4 版。

⑥ 《自卫战争中的民间纺织》，《解放日报》1946 年 10 月 19 日，第 1 版。

⑦ 同 220 页注 2，第 313 页。

⑧ 同 221 页注 4，第 31 页。

益；或有些妇女想纺织男人不帮助购买原料，制备工具”等情况，“必须劝说男人们帮助她们解决这些困难，劝说家长们采用奖励或分红的办法使女人有私利可图。”①

综上，以纺织小组、合作社方式组织妇女纺纱织布带来了以下几方面的后果。

第一，共产党推广植棉、发展家庭纺织业，使战前被洋货挤压的农村手工业和农家副业得以复苏，“引起了边区农村经济结构的变化”。② 同时家庭手工业的发展使边区纺织工业逐步实现自给。1941 年以前工厂的手拉木机和铁机都以洋纱为原料，1944 年后土纱织的布质量不低于洋纱织的布。土纱的来源大部分依赖农村妇纺。1948 年纺织业已完全与洋纱脱离。③

第二，纺织不但使妇女走出家门，更获得了经济承认和政治承认。一方面纺织逐步消解着封建父权和乡村社会秩序基于男女有别而对妇女在家庭中的禁锢，“最先领花的男子多，以后一因农忙、二因男人不懂花的好坏，常受婆姨抱怨，于是大部分由婆姨来领花。……她们五里路翻山跳沟或跑一二十里路来领花，交线，换布”④；另一方面妇女纺织成为可以入股、分红等提高家庭经济收入的来源，从而使纺织被提升为和耕种一样具有生产价值的劳动。“在一般劳动家庭中，能够影响女性社会地位——相对于其男性亲属——的一个强有力的因素，是她们被感知到的对家庭财务的贡献能力。”⑤ 共产党借用了传统的耕织文化和生存逻辑，不但以纺织补充农业生产不足和满足穿衣需求，更改变和重塑了传统上被认为是“副业”的纺织劳动的意义和价值。

第三，作为“建立在个体经济基础上（私有财产基础上）的集体劳动组织”⑥，纺织小组和合作社改变了以亲缘关系和临时需要为基础的、

① 《论自纺自织》，《解放日报》1945 年 5 月 13 日，第 1 版。
② 黄正林：《陕甘宁边区社会经济史》，人民出版社，2006，第 358 页。
③ 西北局调查研究室：《边区经济情况简述》，载《抗日战争时期陕甘宁边区财政经济史料摘编》第 3 编（工业交通），第 121 页。
④ 同 231 页注 5。
⑤ 白馥兰：《技术、性别、历史——重新审视帝制中国的大转型》，吴秀杰、白岚玲译，江苏人民出版社，2017，第 130~131 页。
⑥ 毛泽东：《组织起来——十一月二十九日在招待陕甘宁边区劳动英雄会上的讲演》，《解放日报》1943 年 12 月 2 日，第 1 版。

缺乏系统的组织和分配的互助网络，试图实现对于劳动力特别是妇女的集体化、制度化的动员。变工互助的合作社和小组是以自然村为基本单位的。陈家楼子按照居住远近，组成三个组，选举能纺织的婆姨当组长。①银城区十个女孩子组成的集体纺纱组有完善的作息时间、任务分配和劳动纪律。李国华等领导的妇女集体纺织组除纺织外还要识字、读报、学打算盘，在夏秋收农忙时变工集体参加农业劳动。纺织小组将妇女组织起来，不但满足了妇女的群属需求和经济需求，更通过竞赛、学习等共产主义理念的灌输试图教育妇女成为革命新人。更进一步，劳动互助组织扩展到整个村落，依托共产党的行政力量建立互助制度，如杨朝臣组织"全村的劳动力、牛犊都参加变工开荒种地，妇女们则集体纺线，且变工作饭。全村男女老小，没有一个站在生产互助之外。"②

"用合作社方式把公私劳动力组织起来，发动了群众生产的积极性，提高了劳动效率，大大发展了生产。"③这一政策甚至延续到抗战后，"为了使农村妇女生产健全地向前发展，必须正确地贯彻'组织起来'的政策，大力动员妇女群众参加各种合作社。"④ 由此，互助组和合作社不但是行政权力主导的、依靠严格的纪律运行的合作劳动的基层经济生产组织，同时也是具有群众基础的政治动员和治理单位。这种形式本身就是一种重要的制度创新。"以传统互助形式出现的合作化运动，是共产党重构乡村经济的首次尝试。农村经济生活中的各种合作原则，对农业发展、农村生活的核心——社会和政治关系的重新定位有着深远的影响。"⑤ 尤为重要的是纺织小组和合作社提升了妇女的"组织化"程度，并为妇女提供了新的身份——劳动者。如此究竟什么是解放妇女就更多了一层意涵——意指妇女走出家庭参与生产，更进一步，是进入组织化的、集体化的公共生产领域和政治空间，这是面向未来的革命理想和革命承诺。

2. 表彰妇女劳动英雄和改造不劳动的"二流子"妇女

在号召妇女参与纺织生产并给予经济和政治承认的同时，共产党还通

---

① 同 228 页注 1，第 32 页。
② 《杨朝臣村全体居民广泛推行变工互助 变工开荒合伙吃饭集体纺线》，《解放日报》1943年 5 月 18 日，第 1 版。
③ 毛泽东：《论合作社》，载《陕甘宁边区的农业合作》，第 336 页。
④ 《中国共产党中央委员会关于目前解放区农村妇女工作决定》，《人民日报》1948 年 12月 26 日，第 1 版。
⑤ 同 218 页注 1，第 171 页。

过"树典型"的方式动员妇女，将党的价值观推广到地方和乡村社区。
通过表彰妇女劳动英雄和改造不劳动的"二流子"妇女，新的劳动观念
和劳动道德得以建立。

1940 年中央妇委决定三八节表彰各个阵线上的模范妇女，其中妇女
劳动英雄占很大的比重。① 移民代表马杏儿和老年妇女代表刘桂英成为这
一时期的典型人物。1943 年 16 岁的马杏儿被边区政府授予"边区妇女劳
动英雄"称号，表彰她对家庭生产的支持和由劳动而"从经济上造成独
立的人格"。② 刘桂英作为拥有丰富纺织经验的 50 岁妇女，挨门逐户劝纺
教织，召集妇女组成妇纺小组，帮助难民妇女，教育改造"二流子"妇
女，③ 此外，还动员自己的老汉起模范作用，影响了 43 名南下移民。④

毛泽东指出劳模有带头作用、骨干作用和桥梁作用。⑤ 表彰妇女劳动
英雄的用意在于他们在生产劳动中提高劳动标准、调动劳动热情，还通过
劳动改善了家庭地位，更进一步参与了妇女的组织动员、家庭矛盾调解和
村庄管理。妇女英雄成为地方基层的新精英分子和妇女工作的当地力量，
使妇女政策的制定和执行能切合实际进而观照乡土。更为重要的是"英
雄们不仅成为群众学习的模范，他们并成了共产党和民众之间的桥梁，由
于他们的活动，使得边区民众在共产党执政之下而仍能发生平等的感觉。
不问这种平等是真是假，它的确已相当提高了农工的自尊心，而使他们乐
于追随着共产党的政策。"⑥

在表彰妇女劳动英雄的同时，将部分不参加生产的妇女划分为"二
流子"并进行改造，使"二流子变成好劳动"。⑦ 延安乌阳区不务正业的
妇女赵怀亮"虽不做什么坏事，但是游手好闲，不事生产，好串门子"

① 《中共中央妇委为奖励在各个阵线上的模范妇女的通知》，载中华全国妇女联合会妇女运
　动历史研究室主编《中国妇女运动历史资料（1937~1945）》，中国妇女出版社，1991，
　第 262~264 页。
② 《马氏父女生产卓著一年劳动两年余粮 移民生活迅速改善的榜样》，《解放日报》1943
　年 2 月 11 日，第 1 版。
③ 《纺织女英雄刘桂英怎样发展妇纺？》，《解放日报》1944 年 1 月 9 日，第 4 版。
④ 崔璇：《刘老婆组织妇纺》，《解放日报》1945 年 1 月 20 日，第 4 版。
⑤ 毛泽东：《必须学会做经济工作》，载《毛泽东选集》第 3 卷，人民出版社，1991，第
　1014 页。
⑥ 赵超构：《劳动英雄》，载《延安一月》，上海书店，1992，第 215 页。
⑦ 林间：《把二流子变成好劳动——在延市二流子大会上所看到的》，《解放日报》1944 年
　1 月 16 日，第 4 版。

被归入"二流子"之内，但是参与劳动、有不良嗜好不顾家的史玉亮和爱赌但不经常的白三茂因为劳动很好，就不能说是"二流子"，只能说不是好公民①。劳动成为筛选"二流子"的重要标准。民选"二流子"使这一改造成为群众运动，不事生产的日常实践被共产党上升到道德和政治层面，共产党逐渐介入乡村农业生产生活和伦理道德重建中。

共产党采用革命的宣传教育、订生产计划、"二流子"坦白会和展览会等改造"二流子"，更征用了传统伦理和方式如写保条、吃各夥，②并在革命化的群众舆论斗争中借用传统话语："谁不劳动，谁就是废人，谁就没有好日子过。……出门到街上，妇女见了瞪白眼。儿童在后面就呼喊：'二流子，把男人逼跑了！'"③"当二流子很不名望……公家现在来救我，请公家替我想办法，我劳动。"④ 共产党挪用了传统话语中的"废人""不名望"等来增加改造的效力，"公家"成为拯救的革命主体。改造中将乡村地方权威和劳动英雄的劝说感化和革命化的强制处罚相结合，发动"二流子"参加劳动互助组织。

由此，劳动的妇女解放路线逐渐确认。第一，妇女参加劳动获得了身份和地位的承认。"妇女们在生产上的力量，绝不限于旧日制定的'烧锅煮饭，缝衣补烂，养儿刨蛋'，她们还可以参加更多的工作。劳动生产……'既可家庭丰裕，又可帮助抗战，帮助边区'。"⑤ 对"二流子"的改造事实上也是对妇女劳动正当性的确认。第二，塑造了劳动观念和道德话语，劳动本身成为道德评判的标准。"轻视劳动，是剥削阶级的思想。……我们要建立劳动的道德观念，把勤劳看做光荣的事，把游手好闲看做无上的耻辱。……在生产运动高涨的地方，劳动英雄已成为群众第一个尊敬的对象，而二流子却受到群众普遍的鄙视。这种社会道德的力量，已成为农村中改造二流子的一个重要依靠。"⑥ 共产党将妇女勤劳的民间伦理建构到革命的道德秩序中，并打破和纠正了传统的劳动下贱的观点。

---

① 《边区二流子的改造》，《解放日报》1944年5月1日，第4版。
② 《改造二流子》，《解放日报》1943年2月14日，第1版。
③ 鲁妇：《新妇女读本》，新民主出版社，1949，第25～26页。
④ 《生产运动又一胜利 本市二流子纷纷转变 五十余人决心悔改参加生产》，《解放日报》1943年12月22日，第1版。
⑤ 同231页注5。
⑥ 《建立新的劳动观念》，《解放日报》1943年4月8日，第1版。

劳动在情理上的正面化或价值化，使劳动群众因此获得了一种尊严。① 被表彰的刘桂英向妇女宣传"纺的线线好"就能走延安，"这可不是旧社会，只要好劳动，政府全瞧得起。……在旧社会里，你们谁听见过受苦人能当英雄？"② "共产党看得起受苦人，叫咱们吃得好穿得暖，还抬举上台讲话，见毛主席，明年我要照毛主席的话去做，把婆姨娃娃都组织起来，大家纺织，叫大家都过上好光景。"③ 这种被承认的尊严带来了妇女的翻身感、平等感和责任感。

（二）巩固家庭

"从'五四'以来，我们对于家庭问题的解决方向，曾经号召人民反抗旧家庭，走出旧家庭。现在，在陕甘宁边区及敌后抗日根据地这样的新民主主义的政治环境里，我们的要求却是改善家庭关系、建设新家庭"。④ 从脱离家庭、走出家庭参加集体劳动到组织起来参加基于家庭的纺织生产，妇女解放与家庭的连接得以建立。作为基本生产和政治单位的家庭没有被取消而是经过改造后予以巩固和团结，并在共产党指导下建设新家庭。由此妇女解放的"延安模式"跳出了共产国际强调"走出家庭"的理论和实践窠臼。

1. 从婚姻自由到婚姻自主

陕甘宁边区有着复杂的婚姻情况，存在买卖婚姻、招养婚、转房婚、家庭独占婚等多种婚姻形态。⑤ 五四话语批判的"寡妇守节"在边区很少发生，寡妇可以选择再嫁或"坐堂招夫"。婚姻不仅是妇女的个人问题，更涉及家庭和经济问题。⑥

基于马克思主义妇女解放理论和五四新文化运动的妇女观，共产党在进入边区后进行了婚姻改革以使妇女脱离父权制压迫，实现解放。1937年《妇女工作大纲》对不同妇女群体婚姻问题给予差异化的斗争方式和

---

① 蔡翔：《革命/叙述——中国社会主义文学-文化想象（1949~1966）》，北京大学出版社，2018，第 19 页。
② 同 234 页注 4。
③ 同 234 页注 3。
④ 同 218 页注 4，第 460~461 页。
⑤ 秦燕、岳珑：《走出封闭：陕北妇女的婚姻与生育（1900~1949 年）》，陕西人民出版社，1997。
⑥ 同 219 页注 6。

纲领，资产阶级及小资产阶级妇女、女工、城市贫民妇女主张婚姻自由，农村妇女则为"反对一切封建压迫，反对买卖婚姻，主张婚姻自主，反对打骂虐待，反对童养媳制"。① 1939 年制定的《陕甘宁边区婚姻条例》，② 提出男女婚姻以自由意志为原则，规定了单方面提出离婚的条件。初期共产党认为妇女解放最好的办法是自由离婚，③ "只有结婚自由不足以解放妇女，因为一切现存的婚姻关系并不是建立在自愿的基础上的，强调离婚自由就是从旧的封建关系中解放出来。"④ 但这一条例将革命观念凌驾于地方婚俗之上，忽视了地方婚俗作为生存策略具有稳定家庭结构的平衡机制。⑤ 激进的婚姻条例不仅没有实现妇女婚姻自由，有时反而限制了她们先前拥有的空间，如妇女为了生存而招夫被重婚的法律条文禁止。⑥

　　面对地方社会的不满，共产党做出一系列调整。首先将离婚自由的原则转变为离婚要严。提倡家庭和睦就是反对无原则地乱打离婚。对离婚要严，对退婚要宽。处理婚姻纠纷在依据革命原则的同时，"还要根据当地当时的环境与人情风俗"⑦，强调对乡土伦理的尊重和征用。

　　边区婚姻改革的实践从前期单方面离婚的保证转为在"自主"原则下赋权予婚姻纠纷中的妇女。1943 年后改变了单方面要求离婚就批准的简单做法，把离婚诉求分成不同类型，进而决定是否判决离婚或做出调解，试图切断物质获益和婚姻之间的联系，阻止父母对年轻妇女婚姻的主导。边区改革法庭调查和审问模式，发展法庭策略、制造反对家庭暴力的话语以使丈夫或公婆知道虐待是不被政府容忍的犯罪行为，让有虐待行为的丈夫保证不再虐待、找人担保，严重者予以拘留，若夫家虐待，法庭支持分家。这样比简单地批准离婚更能够有效地帮助妇女改变婚姻状况。⑧

① 中共中央组织部：《妇女工作大纲》，载中华全国妇女联合会妇女运动历史研究室主编《中国妇女运动历史资料（1937~1945）》，中国妇女出版社，第 2~3 页。
② 《陕甘宁边区婚姻条例》，载《陕甘宁边区政府文件选编第一辑》，第 221~223 页
③ 同 220 页注 1，第 68 页。
④ 《颁布陕甘宁边区婚姻条例》，载陕西省档案馆全宗号 2，案卷号 65，转引自同注 110，第 147~148 页。
⑤ 同 219 页注 6，
⑥ 同 220 页注 1，第 84~88 页。
⑦ 孟昭毅、王清：《当前妇女运动中两个需要注意的实际问题（节录）》，载中华全国妇女联合会妇女运动历史研究室主编《中国妇女运动历史资料（1937~1945）》，中国妇女出版社，第 528 页。
⑧ 同 220 页注 1，第 150~161 页。

抗日军人家属（以下简称"抗属"）作为战时一个特殊的群体，其婚姻问题在抗战背景下愈发严重。现实中存在抗属另嫁、招夫、胡打游击等复杂现象，与抗属相关的纠纷日益突出。① 边区反对抗属无原则的守寡，也反对随便再婚，动员她们参加工作和生产，培养模范抗属。② 但现实中"不安守候"的抗属们提出再嫁等婚姻诉求，并运用地方文化和习俗，甚至官方的革命话语和说辞来达成目的。妇女的抗争和一系列的冲突实践使边区政府于1943年出台《陕甘宁边区抗属离婚处理办法》规定了女方解除婚约的条件，并"实行战士在一年半内允许一月假期回家制度"。1944年《修正陕甘宁边区婚姻暂行条例》承认订婚，对退婚、退彩礼的条款进行修正。1946年《陕甘宁边区婚姻条例》的司法解释区分了彩礼与买卖婚姻，规定童养媳和"站年汉"在满足结婚年龄、双方自愿的情况下婚姻有效，使地方传统婚仪合法化，限制贪财的女方家长利用婚姻牟利。③

共产党在1944年修改婚姻条例、限制离婚，尤其是抗属离婚，这些举措终受到西方激进女权主义者的批评，可她们忽视了这种限制背后在实践层面上对妇女利益的保护。尽管国家强化了管制，在离婚自由度方面有所收缩以适应"落后的"地方社会的现实，在抗属婚姻问题上对女性有所限制以保障军人家庭的相对稳定，但这种限制不仅是对女性抗属的，也是对男性军人的。一旦抗属因超过年限而另嫁，战士丈夫不得以任何手段追回，女方不必向男方退赔彩礼。此外抗属妇女参与了国家建设和法律修正的过程，并在法律诉讼中表达了她们的力量，甚至导致国家权力必须修法以对。④ 婚姻改革强化了妇女的自主意识。更为重要的是，婚姻涉及的农民生计问题无法通过赋予妇女自主权、强调婚姻自由来解决。边区政府正视妇女婚姻和家庭问题的历史和地域特点并进行了实践的调整。共产党在如何看待妇女问题上形成了从政治层面的理想主义到执行层面的现实实用主义的两级。相比于基层婚姻自主的实践逻辑，婚姻自由仍是共产党坚守的理论原则。⑤

① 《边区的婚姻问题》，载陕西省妇联《陕甘宁边区妇女运动文献资料续集》，内部资料，1985，第372~374页。
② 《抗属的再婚问题（小信箱）》，《中国妇女》1940年第2卷第2期，第17页。
③ 同220页注1，第88~99，161~170页。
④ 同219页注6。
⑤ 同220页注1，第150，245~252，279~281页。

更重要的是强调自主的婚姻改革对新式民主家庭的建设有着重要意义。改革使妇女提升了自主意识，不但缓和了家庭矛盾、改变了家庭关系，同时也为妇女成为改造家庭的主体力量提供了保障。婚姻改革使共产党获得了介入家庭的合法性和正当性，为其组织妇女、组织家庭提供了理念背书。

2. 从统一战线下的家庭和睦到建设新家庭

当意识到初期走出家庭的政策不适宜战时农村，边区政府提倡家庭和睦、建立"家庭统一战线"。1939 年中共中央妇委提出要运用晋察冀边区和陕甘宁边区的经验，[①] 通过拜寿聚餐等传统仪式结合婆媳的联欢会、家庭座谈会等革命化仪式来构建稳定的家庭关系，教育团结妇女和家庭。"家庭和睦口号之提出，其目的是在于：一，建立家庭统一战线；二，争取家庭中的老年妇女——如婆婆等——及保守的农村中的封建势力的一部，及一般中立分子如翁翁男人等——同情妇救会；三，通过这一口号借以达到改善妇女生活——其中最主要的是青年及成年妇女如媳妇等生活之目的。"[②] 初期，农村青年及成年妇女被认为是受到封建压迫最严重的阶级，翁、婆、丈夫等家庭成员作为封建阶级的代表受到批评。但 1941 年后，边区政府转变了对老年妇女的政策，1943 年后对婆婆的斗争几乎很少再被提起，反而对刘桂英等老年妇女英雄进行了表彰。与青年妇女不同，纺织是老中农妇女主要的生产活动，她们有熟练的纺织技术，也是"劳动群众中仅有的有足够资金购买纺车、织机和其他设备以及原材料的人"，[③] 因此在生产运动中占据着重要地位。对老年妇女模范的表彰不仅代表着对于妇女纺织的强调，还彰显着统一战线下共产党动员老年妇女和消解性别冲突的努力。

家庭和睦口号下，妇女解放强调家庭团结而非妇女的家内抗争。如妇联会提出"建立女学校与家庭的良好关系，……反对女学生受教育后，脱离家庭与家庭对立的现象。"[④] "现在不应只是拿女权、自由等教育去和

---

① 同 219 页注 2，第 143 页。

② 亚苏：《二三妇女工作意见谈》，《中国妇女》1940 年第 2 卷第 3 期，第 14 页。

③ 达格芬·嘉图：《走向革命——华北的战争、社会变革和中国共产党（1937~1945）》，杨建立等译，中共党史资料出版社，1987，第 281 页。

④ 同 221 页注 4，第 32 页。

封建压迫对立，而是要提高女子参加农村经济建设的能力。"① 五四时期诉诸自由、权利、离家的妇女解放观念发生了转变。

但实践中存在着"机械了解'家庭和睦'的口号，对于妇女提出的迫切要求和沉重的痛苦搁置不理"② 等情况。面对这些声音，张琴秋、浦安修等提出了与斗争结合③、双方让步的和睦④等方针。这些争论彰显着妇女和家庭面临的危机：妇女个体、传统家庭和乡村社会面对革命所产生的矛盾关系、理念困惑和无法适应的现实冲突。

在未彻底改变的生产关系中如何解决危机、实现妇女解放，共产党指向了对家庭的改造——建设新家庭。通过对妇女劳动价值的承认，民主、平等理念的灌输，生产计划的制定，共产党试图将旧式家庭改造成新的农民的家庭、"劳动者的家庭"。毛泽东在艾思奇文稿上特别加注"团结家庭，使每个家庭都成为有力的生产单位，进一步建立与发展各种集体活动，……这就是我们对待家庭问题的正确方针。"在新民主主义的生产关系之下，就必然要产生新民主主义的家庭。新民主主义家庭关系为家庭行政上争取建立民主集中制度而废除家长专制制度；在家庭经济上建立民主合作的关系；帮助别人，帮助政府同军队，照顾自己的"小公家"之外的"大公家"。⑤ 共产党通过改造具有生产功能的家庭来发展经济巩固根据地，在边区家庭生产力下降的背景下重新激发小农家庭作为传统社会基本经济组织的职能。⑥

第一，将民主纳入新式家庭。彭德怀指出"目前我国不民主的现象，妇女受压迫就是主要表现之一"。⑦ 妇女解放与民主的联结使妇女受压迫不再仅仅是私领域的家事。同时"就家庭来说，一个家庭成员在生产中既担负了一定的任务，他在家庭关系上也必须受到一定的重视，例如对于家庭的生产计划及劳动果实的分配，他必须有相当的发言权，这样才能启

---

① 焕南：《记一女教员同志谈话》，《解放日报》1942年9月21日，第2版。

② 同221页注3。

③ 同220页注8，第467页。

④ 同220页注3，第702页。

⑤ 同218页注4，第465~467页。

⑥ 同236页注5，第118页。

⑦ 彭德怀：《重新认识妇女工作》，载中华全国妇女联合会妇女运动历史研究室主编《中国妇女运动历史资料（1937~1945）》，中国妇女出版社，第672页。

发他在生产中的积极性。"① 在家庭民主话语下，妇女劳动角色的确立使其在家庭中的地位提升获得保障。"谁都有出来做事管事的义务与权利。这是民主的实质。"② 民主这一革命目标和话语不但与"大家来议"等传统伦理结合，同时也与农民家庭的现实需要结合。高岗提出，"民主头一条就是要农民手头里多有些小米，就是要老百姓可以吃得好，穿得好。"③ 妇女、家庭和乡村社区现实生活的改善被视为民主的内涵和基础。④ 妇女解放在民主话语下与农民日常生活需求的契合使以改善生活为目标的新式民主家庭改造获得了乡村的认同。

第二，新家庭的建设内含革命政党对农村家庭生产和生活的介入。建立新式家庭一个重要的内容是通过开家庭会议订立农户计划。在推进农业累进税背景下农户计划被纳入家庭改造，以使边区政府了解农民的家户生产和乡村经济情况，利于征收赋税，达成政党生产目标。更进一步，家庭民主会商的农户计划是政府推动将农业组织起来的形式之一，引导着家庭组织化、集体化。"按户计划，可以把上面一般计划，变成群众自己的计划；可以把群众计划和领导者的计划结合起来。……尤其值得指出的，把散漫的农村生产，给予一定程度上的组织性与计划性。"⑤ "组织起来，先由家庭组织作为第一步，再成为互助组，以户至村，全区、全县，基础才会巩固。"⑥ 由此，"现代权力不只是消极地与生产发生关联，而是把生产作为建设乡村领导权的重要政治场域"⑦。基于集体化的理想旨归，共产党将家庭的生产和生活卷入革命和政治，现代妇女解放思想也必然改造传统家庭。

第三，建设新家庭的内涵，还包括"大公家"的抗战建国诉求。建

---

① 同218页注4，第465页。

② 谢觉哉：《民主政治的实际》，转引自延安民主模式研究课题组主编《延安民主模式研究资料选编》，西北大学出版社，2004，第41页。

③ 同223页注4。

④ 冯崇义认为这种民主的哲学基础并不是自由主义而是"仁政"。冯崇义：《农民、知识分子与晋绥抗日根据地的民主建设》，载冯崇义、古德曼主编《华北抗日根据地与社会生态》，当代中国出版社，1998，第208～209页。

⑤ 《介绍陕甘宁边区做农户计划的经验》，《解放日报》1943年12月13日，第1版。

⑥ 吴殿甲：《襄垣李来成的新式家庭是怎样建立的》，《解放日报》1944年8月9日，第3版。

⑦ 李放春：《北方土改中的"翻身"与"生产"——中国革命现代性的一个话语—历史矛盾溯考》，载黄宗智主编《中国乡村研究第三辑》，社会科学文献出版社，2005，第248页。

立新的家庭关系，"照顾自己'小公家'之外的'大公家'"。① 传统家庭被"小公家"的话语所替换，"公"成为对传统家庭的改造期待和目的，改造的家庭要配合大公家的革命诉求。更进一步，家庭被吸纳到合作社中，合作社成为经营消费、供销、运输、生产、借贷，甚至可以用分红缴交公粮、承担运盐等义务②的"大公家"："群众都有一个家，家里办不了的事，都由合作社办，合作社就变成群众小家上面的大家，有这个大家，我们的生活才能过得更美。"③ 共产党将对长辈的道德责任感、勤劳生产等传统伦理保留以保证乡村对于党的政策和理念的接受，同时将民主参与、批评和自我批评、分配上的公私两利等"大公家"的革命秩序和平等主义结构渗入到传统农民家庭中。这种结构要求农民在遵循传统伦理纲常的同时，接受党的革命目标，并通过参与公共和集体事务，参加互助组、合作社被集体化地建构和吸纳为"大公家"的组成。"帮助抗属，帮助荣誉军人，帮助移难民，参加抗战动员，参加武装组织，参加各种必要的社会活动，参加变工互助组织，帮助别家改造懒汉二流子等"④ 成为"新"家庭的内涵。而更重要的是，如果家庭不顾及边区的革命和政治目标则失去了政治和道德正当性。重建社会关系和家庭关系的革命力量塑造着乡村新的道德规范。

随着革命政党介入家庭生活和乡村经济，妇女也从传统父权家庭和乡村中获得了一定程度的解放。如马杏儿"被娘家和婆家一样的珍视着。由于参加生产，妇女的经济地位提高了，因此也提高了自己的社会地位，并且也因此得以冲破了封建的樊篱，而得以参加社会活动。"⑤ 马杏儿还主持召开家庭会议，⑥ 彰显着建设新家庭可能带来的妇女地位的改变。边区政府将妇女置于改造了的有分工、劳动分红的民主家庭中实现解放，同时妇女通过劳动确立了主体的经济政治身份，成为改造家庭的革命力量。

---

① 同 218 页注 4，第 467 页。

② 同 223 页注 5，第 788~789 页。

③ 《陕甘宁边区合作社联席会决议》，载《红色档案 延安时期文献档案汇编》编委会主编《红色档案 延安时期文献档案汇编 陕甘宁边区政府文件选编》第 8 卷，陕西人民出版社，2013，第 282 页。

④ 同 218 页注 4，第 467 页。

⑤ 式微：《访马杏儿》，《解放日报》1943 年 10 月 5 日，第 4 版。

⑥ 《马杏儿开家庭会议商讨生产卫生等问题》，《解放日报》1944 年 9 月 3 日，第 2 版。

（三）　走出家庭与巩固家庭之间：妇女解放、劳动和家庭的重塑

边区政府发现和塑造了妇女的劳动者和集体成员身份，这种重构客观上消解着妇女解放带来的性别冲突，在稳定家庭和乡村社会的同时实现了革命意志。妇女走出家庭与巩固家庭的解放路径根本上完成了抗战时期根据地对马克思主义和五四时期妇女解放经验的观照："不断地走出，不断地巩固，这就是我们的需要。所以，根本否定'五四'口号，根本反对走出家庭，是不应该也不可能的。"①

走出家庭与巩固家庭融合了现代妇女解放的理念和传统伦理道德、农民的现实需要和共产党的革命要求。它的实践逻辑是既要动员妇女劳动力、使妇女获得主体地位而解放，又要最大限度地实现统一战线和乡村稳定持续的战时政治和经济需要。走出家庭与巩固家庭，事实上提出了关于妇女解放的三个重要议题：劳动、集体化、传统伦理和革命理想的糅合。走出家庭与巩固家庭之间的统合和张力也必然围绕这三个核心议题进行。

1. 走出家庭与巩固家庭的统合

首先，二者的统合是通过劳动来实现的。劳动使妇女走出家庭，逐渐成为具有主体性的新人，进而成为改造和巩固家庭的革命力量。更为重要的是，劳动使作为情感主体的妇女通过革命政治获得了合法性地位和人格尊严。走出家庭参与劳动蕴含着极大的解放力量，是马克思主义妇女解放的逻辑化的思想延伸。"'劳动'，或者'劳动中心主义'……真正颠覆传统的贵贱等级秩序，并进而为一个真正平等的社会提供一种合法性的观念支持。"②

不同于五四时期反对家制，这一时期的"走出家庭"从政治经济立场而非文化本位实现妇女解放。共产党重塑了传统的耒耜机杼的经济自给方式。"在社会主义革命前夕，妇女的从属地位是基于生理性别差异而塑造的空间关系的文化地形学来构建的。"③ 由此，妇女走出家庭仅仅领花卖线、卖布都因突破了限定空间，打破了家庭内外的空间分隔而意义重大。同时共产党在内外有别、男女有别的基石上发掘和延伸了妇女纺织的

---

① 同 218 页注 5，第 207 页。

② 同 236 页注 1，第 238 页。

③ Lisa Rofel, *OtherModernities*: *Gendered Yearnings in China after Socialism*, Berkeley: University of California Press, 1999, pp. 56-57.

意义，在走出家庭获得解放的话语上重构了妇女传统的家内劳动、家庭副业的政治和经济价值。共产党还通过识字班、投票参政等打破这种内外有别、男女有别的传统，树立妇女模范更挑战了传统经济形式的文化逻辑。尽管共产党对于马克思主义的追随使其坚信走出家庭才是妇女获得解放的最终道路指向，但在抗战时期创新地探索了适宜的妇女劳动形式和意义。延安时期农村手工业受到的重视和给农民特别是妇女带来的地位提升，对新中国成立后农村手工业的冷遇和对农民的危害值得反思。①

其次，统合是通过组织起来的集体化方式特别是合作社实现的。妇女纺织不仅是满足家计的家庭劳动，更是可以入股合作社、获得报酬和分红，以及被表彰的集体政治身份的劳动。一方面，合作社使妇女在进入社会公共空间的同时不脱离家庭和乡村社区并创造性地使妇女的纺织劳动获得了可见的经济承认和政治承认。另一方面，对于家庭的改造和妇女参加生产又不完全是在家庭内部完成的，合作社将新式民主家庭"组织起来"实现集体化。"在群众自愿与需要的原则下，在保持家庭生产单位的基础上，适当地组织生产还是需要的。首先从组织家庭生产着手，开家庭会议，组织家务，合理分工，实行多劳多得、公私兼顾的分红奖励制，以提高生产的积极性，加强生产效率。在组织家庭生产的基础上，再适当地组织小型的生产互助团体——如纺织小组，纺织合作社等，更可以大规模推进生产。"② 1944 年《解放日报》对根据地新式民主家庭的系列报道都表明艾思奇等党内思想家以家庭为中心的理论逻辑，但毛泽东认为家庭内部的改造和家庭关系的变革无法从根本上满足革命诉求。家庭改造需要与群众运动联系起来③，包括不脱离家庭和脱离家庭的群众运动。"我们必须进一步起来指导人民改造他们的家庭"。④ 这一改造以共产党的革命理想为原则，将妇女和家庭组织起来熔炼成新的主体。共产党巩固的并非是五四话语中的"封建家庭"，也非斯泰西断言的牺牲妇女的新民主主义父权制家庭，而是以合作化和集体化为目标、经过改造的民主平等的新式

---

① 李金铮：《毁灭与重生的纠结：20 世纪三四十年代中国农村手工业前途之争》，《江海学刊》2015 年第 1 期。
② 中共中央妇委：《抗日战争时期中国妇女运动的初步总结和今后妇女工作的意见》，载中华全国妇女联合会妇女运动历史研究室主编《中国妇女运动历史资料（1937～1945）》，中国妇女出版社，1991，第 767～768 页。
③ 同 218 页注 5，第 206 页。
④ 同 218 页注 4，第 465 页。

家庭。

最后，共产党以革命诉求为旨归借用和重塑传统伦理道德，实现走出家庭与巩固家庭的结合。共产党的探索之路彰显"启蒙实践可以由本国的文化习惯（即革命现代性可以从封建主义中脱颖而出，没有必要抹煞所有'中国'的特点）发展而出。"① 在动员生产、改造"二流子"、改造旧式家庭等过程中实现着传统伦理和革命理念的结合。如采用变工、札工、唐将班子的形式而非合耕队、互助社来组织劳动，由劳动英雄发起、组织竞赛，用老百姓熟悉的"劳动英雄顶秀才"的口号，② 这种"文化置位"③ 是一种宝贵的革命传统和遗产。当妇女解放理想面对农村现实，对乡村伦理的借用并非共产党对传统的妥协，而是通过合作、为公等革命话语和实践将革命理想纳入乡村生产和家庭生活，并重建乡村的社会关系和革命主体的道德规范。

2. 走出家庭与巩固家庭的张力

首先，张力来源于参加劳动获得解放。劳动所巩固的耕织体系一定程度而言仍旧依循着传统的男女有别和内外有别。"由于纺织劳动适合于妇女的体力，妇女们可以在炕上纺纱，不用走路，比种地要好得多"，④ 革命初期在强调纺织是如何"适应妇女特点"的话语中，妇女的身体又悖论性地困顿于家庭空间中。随后共产党逐渐赋予了纺织劳动经济和政治价值。但家庭纺织在新中国成立后随着统购统销政策被结构性地减弱，这种断裂使妇女纺织的意义被隐蔽，妇女纺织在小农经济中价值的讨论也沉于地表。

尽管纺织小组、合作社使妇女在不脱离家庭的同时走出家庭，但"经济结构的转变和妇女走出传统性别分工、参加社会大生产并不一定自然而然地摧毁父权价值观或摒除新的男性中心话语的产生"。⑤ 观照同一时期的知识分子女性，尽管她们获得了经济独立和婚姻自由，但母职作为

① 汤尼·白露：《中国女性主义思想史中的妇女问题》，沈齐齐译，上海人民出版社，2012，第 278 页。
② 艾思奇：《新办法》，载艾思奇主编《艾思奇全书》第 3 卷，人民出版社，2007，第 451 页。
③ Elizabeth J. Perry, *Anyuan: Mining China's Revolutionary Tradition*, Berkeley: University of California Press, 2012, p. 17.
④ 同 231 页注 4，第 214 页。
⑤ 同 226 页注 2。

妇女的革命义务却带来了解放困境。[1]

其次，张力来源于组织化和集体化。合作运动本身的内在矛盾，一是政府控制的意志主义和独立性议题，这种自上而下的压力与村庄内自生的领导相对立；二是合作社的冲突目标，它既要确保成员受益、增加生产，又要为社区或政府提供服务。[2] 新中国成立后互助合作实践和劳动内部的冲突，[3] 特别是合作化时期妇女的食物短缺、身体的疲劳和病痛、统一管理的不自由和心灵的集体化带来的精神振奋的矛盾悖论，[4] 展演着走出与巩固家庭的张力。对于妇女而言，张力还体现于集体的政治教育和劳动实践激发的妇女个体的自我解放意识所遭遇到的传统父权和集体主义的双重挑战。金沟官庄识字班发生的妇女出走便是这一冲突最直白的展现。共产党将其定义为需要摒弃的个体主义和集体道德的缺乏以及功利的诉求："她们学习的目标是要脱离围着锅台转的家庭生活做干部去"，"学习是为了个人解放，如果得不到，就灰心"。[5] 共产党对单一诉求离开家庭、脱离生产的小资产阶级的新娜拉观点进行批评：农村妇女"一旦'觉醒'（？）必以离开家庭为进步，以脱离生产为荣耀，仿佛留在家庭便是落后，不脱离生产不足为'干部'"。[6] 共产党对五四时期纯粹个性解放的道路有所扬弃，但强调并非在集体中抹杀个体人格，"解放个性，这也是民主对封建革命必然包括的"。[7] 共产党通过劳动和改造家庭来安置妇女个体的革命人格。被动员的妇女不是作为集体主义对立面的具有自由意识的个人，而是归属于摒弃了个体、具有已设定的更高的意志诉求的革命事业。妇女"现实的真实情感和劳动价值只能以与革命国家有关的现代主义形式结合起来。"[8]

---

① 草明：《创造自己的命运》，《解放日报》1942 年 3 月 8 日，第 4 版；曾克：《救救母亲》，《解放日报》1942 年 3 月 8 日，第 4 版；丁玲：《三八节有感》，《解放日报》1942 年 3 月 9 日，第 4 版。

② 同 218 页注 1，第 194 页。

③ 罗琳：《互助合作实践的理想建构：柳青小说〈种谷记〉的社会学解读》，《社会》2013 年第 6 期。

④ 同 229 页注 6，第 127~137，154~165 页。

⑤ 黄祖英、黄河：《识字班与妇女前途》，载白桃主编《从一个村看解放区的文化建设》，新民主出版社，1949，第 52~57 页。

⑥ 《边区妇女工作的新认识》，《晋察冀日报》1943 年 3 月 7 日，第 1 版。

⑦ 同 218 页注 5，第 208 页。

⑧ 同 245 注 1，第 286 页。

最后，张力也体现在革命理想的旨归下借用传统伦理所未能彻底消除的父权制。被改造的民主家庭仍旧生产着不平等的性别关系。如蔡德旺家庭在纺织方面负主要责任的仍是蔡德旺的父亲和母亲，"那一门子的线纺不够，布织不成，不但穿戴不上，还要受到老人们的批评。"① 共产党在维系传统家庭权利义务关系和革新传统父权制的革命实践中曲折行走。

被表彰的妇纺劳动英雄作为走出家门、掌握家庭权力和改造家庭的革命力量的代表出场，如罗琼分析的七位女劳动英雄"其中两位是抗属，两位是寡妇，两位的丈夫是懦弱无能的人，还有一位的丈夫是二流子，因此，这七位女劳动英雄都肩负着家庭生活重担，要用自己的劳动获取生活必需品，同时她们自己又有权支配自己的生产成果。"② 但这些特殊的家庭模式彰显出普通妇女日常解放的困难。在没有真正起底的性别秩序和家户秩序下，民主家庭作为承载妇女解放的基础是有限度的。

对传统伦理的借用和妥协也体现在对待"破鞋""皮伴"问题上。抗战初期对共产党早期进入乡村开展妇女工作依靠过的被称为"破鞋""皮伴"的妇女应同情并说服教育，③ 但1940年后对于某些生活作风上有问题而在妇女工作上积极有贡献的村干部大量洗刷，④ 一定程度上削弱了妇女的内部团结和整体解放。

这些张力在具体的实践中不可避免地造成了妇女解放进程的曲折。在实践中，妇女解放无法完全改变乡村社会沉郁的性别伦理秩序和制度中隐含的性别压迫。尽管走出家庭与巩固家庭存在着不可避免的悖论和张力，但"延安模式"尤为重要的一点是共产党对这种冲突和矛盾有着敏感的自觉，在坚持革命理想的同时不断地对妇女解放的路线进行调整以在具体的历史处境中选择可能的出路。这种探索本身就是最为可贵的马克思主义妇女解放理论本土化的实践过程。

四　结论

抗日战争时期陕甘宁边区的妇女解放，从五四时期的走出家庭、彻底

---

① 《一个幸福的大家庭 庆阳蔡德旺家团结和谐勤劳生产》，《解放日报》1944年8月9日，第2版。
② 同228页注1，第26页。
③ 同237页注7，第529页。
④ 同222页注1，第796页。

反对家制转变为走出家庭与巩固家庭的结合，实现了启蒙和救亡话语的双重变奏，处理了共产主义、民族主义和妇女解放的关系。延安时期的妇女解放，延续着五四时期现代妇女解放走出家庭追求的启蒙和保有一定传统的巩固家庭的民族话语下的救亡，成为具有双重性的、适应中国情况的现代性话语和实践。

中共妇女解放的理论和实践在抗战期间得以发展，它成功应对了两大挑战：处理共产主义、民族解放与妇女解放的关系，以及应对缺少现代妇女解放要素的中国传统文化和社会现实。理论上它在保留共产主义理想的前提下将民族独立作为实现共产主义和妇女解放的前提，在原有的马克思主义框架内为妇女解放开辟了充足空间，通过对妇女的动员将妇女、家庭和国家维系到一起；还对家庭本位的传统道德和家内秩序进行了革命和性别意涵的改造。这一系列的实践通过对乡村传统伦理秩序的勤劳、互助、家庭本位等的借用与革命理想实现了整合。同时这些具体的实践又改变着传统的伦理秩序，进行着集体主义的重塑。

在家本位的乡村社会中，共产党试图通过组织化、集体化的方式扩充出区别于传统儒家私领域的、国家可进入和控制的"公"的空间以安置解放了的妇女的心灵和身体，同时保证家庭作为生产和治理单位的稳定和团结。通过生产关系的变革逐步实现的组织化和集体化，奠定了共产主义的思想和物质基础，成为妇女走出家庭实现解放的根基和保证。从强调自由到强调参加生产，妇女解放与家庭的联结也自然而然地发生。在尝试构建生产小组、合作社等家庭之外的社会组织的可能形态的同时，又在新的社会结构中将家庭放置于合理恰当的位置，重塑了家庭的意涵。

更为重要的是，在这一过程中妇女解放不是虚幻存在和宣称的，而是通过共产党在根据地实行的一系列政治经济改革以及抗战动员来完成的。延安时期共产党将口号式的妇女解放发展为与个人和家庭生活经验关联的日常真实。这一革命过程更重要的是对政治、经济和社会各方面的触动和改变，使妇女解放与社会革命有机融合。如果把妇女解放和这一系列的政治和经济实践剥离开来，我们将会得出妇女解放让位于民族解放的结论。如果把走出家庭与巩固家庭剥离开来，我们也将看不到共产党对马克思主义妇女理论本土化的实践和价值。对抗战时期的妇女解放的讨论，不应置于妇女与民族国家的二元对立框架中进行。在启蒙和救亡话语共存的妇女解放运动中，共产党通过整体性的经济、政治和妇女政策的融合形成了基于救亡、呼唤启蒙的中国妇女解放话语和实践。陕甘宁边区妇女解放的道路得益于共产党对于妇女、家庭和乡村社会敏锐的日常感和政治感，以及既坚持原则又有效灵活的调试。

这一时期共产党把妇女解放的革命理想和旨归从妇女的主体性转换到民族和历史的框架中，延续着苏区的模式将妇女解放的重点从城市女工转向农妇。通过走出家庭与巩固家庭，妇女成为通过政党与农妇的结合而产生的新的政治主体和经济主体。同时共产党不仅是通过宣传启蒙农妇，更是通过纺织生产、小组、合作社、民主家庭等具有吸引力的生产方式、组织方式和社会生活方式发掘其革命性，将其组织为中国共产革命的有机部分。

与其说"延安模式"是共产党走出家庭与巩固家庭的妇女解放路径的经验总结，毋宁说这个时期提出了关于妇女解放的劳动、集体化、传统伦理与革命理想的糅合等一系列重要议题，并给予了尝试性回答。延安时期的妇女解放是一个具有内在层次的、谱序性的国家制度规划的理想图景，并非如斯塔纳罕所言"关注的不是长远而模糊的与男性平等的目标，而是短期而可实现的活得更好的目标"。[①] 新中国成立后不同时期共产党的妇女解放实践呈现出对于这一系列有张力问题的历史性回答。走出家庭与巩固家庭的论断不但指出了战争时期在小农经济的生产方式下妇女解放与劳动、家庭的联结和重构，也指出了在战后以集体劳动为基础的新民主主义社会中，"农民的家庭是必然要破坏的，进军队、进工厂就是一个大破坏，就是纷纷'走出家庭'。……现在的农村是暂时的根据地，不是也不能是整个中国民主社会的主要基础。"[②] 以家庭为单位的个体劳动的农村经济将发生变化，这也势必将妇女解放带入新的阶段。在统一战线的根据地现实中走出家庭与巩固家庭的妇女解放路径具有阶段性、发展性的观点，为妇女解放的理论提供了时代背景的关照和发展脉络的思考。共产党将妇女解放这个具有浓厚的外来性质的革命放在中国历史和实践情境中予以具体化，走出了跳脱于国际共产主义和五四妇女观的妇女解放道路。但我们同样应该看到，在妇女解放的道路中妇女并不是被动的个体，解放是党和妇女双向互动和形塑的过程。走出家庭与巩固家庭间政策的摇摆、回

---

① 同 224 页注 4，第 78 页。
② 同 218 页注 5，第 206～207 页。

折是妇女与传统性别结构和伦理结构主动抗争下共产党政策的回应和调整。

这一时期的妇女运动并非如西方学者所言的那样，是国家对妇女解放的搁置和妥协，也不意味着国家对乡村社会控制和改造意图的削减和放弃。从早期的让妇女走出家庭、将妇女问题与其他问题割裂，到后期的动员妇女参加生产并将其组织化、建设新家庭以改造和巩固家庭，体现了共产党站在历史和现实的妇女处境和立场的考量与选择，也彰显着性别因素对中国革命进程的影响。五四新女性走向哪里，"文化大革命"时期的"铁姑娘"从何而来，在抗战时期陕甘宁边区的"延安模式"中都给出了映照性的答案。更为重要的是如何处理妇女解放与劳动、家庭和集体的关系，亦为我们今天的现实提供着参考和启示。

（原载于《开放时代》2018 年第 4 期）

《家庭与性别评论》第 11 辑

第 251~279 页

© SSAP，2021

家的执着与社会身份的建构[*]

——云南麻风患者的主体性研究

齐腾飞　高良敏　景　军

摘　要　主流叙事中，麻风患者被视作干预帮扶的对象和被动的客体，其主体行动历来缺乏关照。研究挖掘云南五个麻风院内麻风患者的生命历程，从非常态的视角审视家庭制度和实践，通过原有家庭、拟制家庭和组建家庭三个维度，分析他们如何利用家庭文化策略，构筑自身秩序。研究发现，麻风患者从未放弃对"正常人"社会身份的追求。在社会结构创设有限的背景下，麻风患者将嵌入社会结构、建构社会身份纳入家庭策略运用的主体行动当中。在结构与主体的纠葛之中，麻风患者在获取生而为人的尊严的同时，也推动着结构的改变。另外，麻风患者的主体行动，也为更广泛人群抵御结构性无助提供了蓝本。

关键词　原有家庭　拟制家庭　组建家庭　社会身份　主体性

---

* 调查受 2019 年广州泰和医学人文研究教育基金和国家社科基金项目"互助养老研究"（16ASH012）资助。刘明老师、韩俊红老师、谭同学老师、袁兆宇同学、方静文老师、潘天舒老师、王程韡老师为文章提出建设性意见，特此感谢。感谢编辑老师和匿名评审老师给予的修改建议。

一 田野调查背景

关于麻风①研究，国内存在两种范式，一者为医学研究范式，二者为文化研究范式。医学研究范式致力于改善麻风患者的生命质量，将麻风患者视作医学干预的客体，进行躯体研究和治疗，并不涉及麻风患者的生活体验。与生物医学研究的汗牛充栋相比，文化研究屈指可数。民国时期，郁章医师（1935）在《麻疯季刊》撰文，探讨麻风防治与医患文化认知的联系，发出了麻风文化研究的先声。中华人民共和国成立之后，国家通过群众运动控制麻风，科学界研制药物以治疗麻风，麻风文化研究相对滞后。直到 2010 年代，学术界开始重视麻风文化研究。研究主题主要涉及麻风防治与社会文化因素（科技因素、经济因素、地方性知识、国家政治、公共卫生政策、麻风医生）之间的关系（董国强，2014；董国强、邵京等，2013；雷亮中，2017；刘绍华，2018），污名化与歧视（周东华，2012；卓彩琴，2014；雷亮中，2014；岳小国、英珍，2011），基督教福音、"过癞"、民族信仰、社会工作等救赎方式（刘家峰，2008；周东华，2010；蒋竹山，1995；雷亮中，2017；卓彩琴、张慧，2011；卓彩琴，2014）。

在麻风文化研究方面称得上皇皇巨著的是梁其姿（Argela Ki che Leung）的 *Leprosy in China：A History*。此书一出，引起医疗社会史领域的诸多关注。凯博文（Arthur Kleinman）、莱因（Grace Ryan）等人撰写书评，肯定其对中国医疗文化史研究的贡献（Kleinman & Ryan，2010；Burns，2010；Benedict，2011）。杨璐玮、余新忠已撰写精彩书评，陈述梁其姿研究的来龙去脉和利弊得失，此不赘言（杨璐玮、余新忠，2012）。在众多学术评议中，梁其姿最为重视凯博文和莱因的评论，在序言中直言：

> 哈佛大学 Arthur Kleinman 和 Grace Ryan 的评论切中肯綮。本书作为历史学著作，始终无法直接处理病患如何感受污名与苦痛的一面。我所利用的历史文献，只允许研究者间接分析这一问题。虽然在

---

① 此疾病，中医学名为麻风，西医学名为麻风病，为行文一致，后文以麻风统称。

明清一章，我描述了麻风患者利用其躯体残障丑陋在社会中寻觅到一席之地，并非只是被动的可怜虫。但始终是文人笔下的描述，不是出自病患之口的话语。有关疾病史的研究的确需要更多历史人类学的研究与理论分析。

为弥补缺憾，2005 年和 2009 年，梁其姿与江澄等人前往杭州、江门等地的麻风院实地采访麻风患者，由于主客观条件的限制，关于麻风患者主体性的研究迟迟没有开展。梁其姿反思若重写麻风史书，必注重患者口述史，包括患者对麻风的解释、发病到被隔离的遭遇与心路历程（梁其姿，2013）。

与医学研究类似，麻风文化研究同样将麻风患者当作被动的客体和被干预的对象，忽视麻风患者作为行动的主体。研究材料除了少数基于田野调查外，基本借助文史档案。正如梁其姿反思的那样，"研究始终是文人笔下的描述，而非病患口中的话语"。由于缺乏"病患口中的话语"，麻风患者为生存所做的主体性努力，以及麻风院内部的生活逻辑都被忽视。基于此，本研究旨在挖掘麻风患者的话语和行动，发出主体的声音。2018 年 7~8 月和 2019 年 7 月，在云南石泉疾控中心的协助下，我们爬土山、走泥泞、搭水路、绕盘山，走访了赤寺区、河畔区、夏安县、清川县、洱源县的五个麻风院，[①] 观察麻风患者日常生活，并采访麻风患者 34 人（共 49 人）、各区县疾控中心工作人员 10 人、原驻村村主任和会计各 1 人。

我们的访谈着重关注麻风患者在不同历史时期和生命阶段的生活实践，以期探索麻风患者的主体行动。对麻风患者的生活实践进行传记式记录，能够规避研究者超然的"上帝视角"，展示其作为人的主体性和能动性（鲍磊，2014）。一个个麻风患者的传记记录，实际就是一个个个案，其科学性和代表性，更多体现为一种社会全体的可能性解释。这类研究，不同于以代表性为基础的假设检验，也不等于社会生活的单纯描述和记述，而是从具有典型性的案例出发，发现由具体社会生发的运行机制，在广度和深度上尽可能扩充、延展和融合，并与外部各种政治、社会、文化

---

① 文中市县区和人名皆为化名；麻风未治愈者为麻风患者，治愈者则为麻风康复者，为了行文一致，统称麻风患者。

因素的相关联（渠敬东，2019）。在这个意义上，麻风患者的个体生活体验，在一定的时空范围内，也承载了一个社会的生命历程。

二　历史、理论与问题

社会是由一个个的人组成的，是一套社会身份如父亲、母亲、女儿、儿子、教员、学生等组成的。作为个体的社会成员没有不死的，但社会不会因成员的死亡而消亡。当旧的社会成员死亡时，新的社会成员便会继替，如此新陈代谢，维持社会的延续。社会继替的任务往往由家庭来承担（费孝通，2013；麻国庆，1999）。理论意义上，每个成员都拥有一定的社会身份，都有被家庭养育并养育下一代人的权利和义务。然而，曾经有些群体，因身患"恶疾"，被家庭和社会抛弃，既丧失了因家庭而延伸的亲属网络，也被剥夺了融入社会的机会。这类群体，包括精神病患者、艾滋病患者和麻风患者。

麻风之疾，存世久矣，在世界诸多古老文明中都发现过麻风的痕迹（Browne，1970）。因为社会相信麻风会传染，相信麻风是对罪人"天罚"的一种手段，麻风患者的处境历来堪忧。民间诸多坑杀、烧杀麻风患者的故事，即对此悲惨处境的映射。尽管如此，戕害麻风患者都只是个体或者民间集体行为，而非政权行为。对政权而言，维持基本的人道主义为必需，除纳粹一类癫狂政府外，尚未阅读到通过国家意志杀害麻风患者的法令和行动。①作为政权，所能采取的政策下限则为放逐和隔离。放逐和隔离，就是任其自生自灭。"任其自生自灭"就是权力渗入疾病，为麻风患者所创设的结构性限制。

《圣经·利未记》中记载了处理麻风的放逐和隔绝措施，如判定有麻风，就宣布此人为"不洁净"，要迁出营房，独居营外；若从隔离点外出，则要撕裂衣服，蓬头垢面，高声喊叫"我是不洁净的"（卢健民，1992）。在西欧，麻风被认为是黑暗中世纪的特有疾病，受到粗暴地驱逐和严格地隔离（福柯，2012；谷操，2016；陈建军，2014）。在澳洲，政府采取激进政策驱除麻风患者，1880 年到 1950 年间，几乎所有的麻风患

---

① 国家行为，指国家机关基于国家意志，即宪法和法律实施的统治行为。若无国家意志，国家机关及其公职人员实施的行为，并不属于国家行为，如地方军阀或者军警杀害麻风患者的行为，并不代表国家意志，不是国家行为。

者被放逐或羁押在澳洲北部（梁其姿，2013）。在美国，政府设置麻风孤岛，制定法令隔离麻风患者，并对麻风患者终止妊娠。在日本，麻风被认为是国家未开化的标识，将限制麻风患者合法化，强制堕胎和隔离（Sato，2005；梁其姿，2013）。日本将民族主义、现代化与麻风疾病联系在一起的观念深深影响了近代中国。虽然收容麻风患者的机构在明清时期就存在，然而以政权力量为后盾，对麻风患者实施驱逐和隔离却肇始于中华民国时期。1928年，中华麻风救济会提出"厘定严律实行隔离"的建议，同年12月卫生部通过了"取缔癞病病人"和"规定设立麻风院办法"两项议案（范铁权，2014）。1934年，为规训国民日常生活，推进军事化和现代化的进程，蒋中正发起"新生活运动"，① 并在诸省实施。麻风患者因其疾病属性，被视作国民羸弱的象征符号，严重影响国家现代化和国际观瞻。各省陆续出台禁止麻风患者行乞、禁锢麻风患者的措施。龙云主政的云南省政府视麻风为"洪水猛兽"，将铲除麻风列为四大要政之一（其他三大要政是修路、足兵、禁烟）。1934年，云南省民政厅拟定《取缔麻风办法及补充简则》，要求各县于1935年底一律完成麻风隔离所调查，隔离麻风患者，并派出特派员督促各县实施。据各属县汇报，云南130个属县区，共有98属县区存在麻风病例，计6516例。其中，只有60个属县区有隔离所，收容隔离患者2106人，未收容者4410人。1937年，云南省民政厅厅长视察各属麻风隔离所，得出"云南取缔麻风工作虎头蛇尾"的结论："有将全县麻风患者收容入所，而又听其自由出入者"，"有仅收容少数入所，而任多数散步四方者"。考察其原因，一是地方官不切实监督调查，二是经费左支右绌，口粮匮乏，"虽有隔离所之名，实则虚设"。抗战之后，卢汉主政云南，于1947年颁布《修正云南各属麻风隔离所给养管理暂行办法》，内容涉及管理、医疗、建设、衣食补贴、埋葬、婚育、活动范围，在规则设置上颇为完备。因国家内战、法币贬值、缺医无药、管理松懈，麻风隔离患者或死或逃，《修正办法》无异于一纸空文。至云南解放，各地麻风隔离所大多仅剩一址废墟。

新中国成立后，取代中华民国政府的中华人民共和国政府面对麻风这一棘手的医疗和社会问题，纠正了民国时期很多颟顸的做法。虽然两任政权的举措基本都是调查、隔离和治疗，但落实方式大不相同。以云南为

---

① 参见南昌1934年创办的《新生活运动促进会会刊》第1期。

例，民国之调查为特派员督导，地方县属报告，隐匿者有之，虚报者有之；隔离，为警察肃清市面上的麻风患者，于深山老林之中画地为牢，强行迁入，大兵持枪，严防外出，而后管制松懈，放任而行，虎头蛇尾；治疗，虽有万国麻风协会及教会传递治疗信息，然受制于药物匮乏，无药可治，虽号称为医院，实则宽敞牢狱尔。云南解放之后，人民政府依靠群众路线调查麻风患者数据，挖掘出大量隐秘数据。1956~1958年，云南省卫生厅与各个地区合作，派出麻风防治队，深入81个县市，以群众线索为主，走村串寨，查出麻风患者13105人。与此同时，云南省政府拨款整顿和修复民国遗留的麻风隔离所和麻风医院，并根据上报数字兴建收容隔离机构。随着农业集体化以及"大食堂"的兴起，在群众压力之下，医生劝导麻风患者入住麻风院。1959年初，云南省共建麻风隔离所272个，收容患者10708人。① 麻风隔离所设置的初衷是控制麻风，收容治疗，除了西药氨苯砜（DDS）试验及中医药研究外，省地州市培训麻风防治卫生人员，或在麻风隔离所设置门诊，或派定期医疗队巡诊，进行积极干预。在群众运动的有效配合和各级卫生部门及人员的积极干预下，共和国一举实现了对麻风的控制（江澄，1999）。

20世纪80年代，随着麻风联合化疗（MDT）方案（WHO，2015）的成熟，消灭麻风成为切实可行的目标。90年代，云南基本消灭了麻风，虽然每年都会出现几例新发病例，但是都能得到及时治疗。1988年，卫生部印发《1985至2000年全国麻风病防治工作试行规划》，所有现症麻风患者实行"联合化疗"，不再收入麻风院治疗。自此，麻风在制度上告别隔离时代。与此同时，诸多麻风患者继续留在麻风院生活，但一部分麻风患者选择离开麻风院，返回家乡。30多年来，因麻风患者死亡和返乡，麻风院的规模越来越小。2018年，我们前往云南调查的五个麻风院，成员在4~20人不等，且这些人都已年过古稀，有的甚至已届耄耋之年。按照目前身体状况，10年，或者20年之后，麻风院将永远成为历史的余烬。从学术研究角度而言，若不及时挖掘麻风院的日常生活和麻风患者的心路历程，恐成遗憾。

主体性是非常宏观的概念，"Agency"和"Subjectivity"都有此意，区别在于，"Agency"代表一种"能动"，强调个体或群体行动自由，

① 关于云南麻风防控历史，见《云南省志 卷六十九 卫生志》。

"Subjectivity" 则更为关注一般主体的建构过程。主体性与结构成对出现，成为解释社会事实二元对立的概念。在人类学领域，主体性仿佛是贯穿学科阐释的一条线索，不过常常被结构所压制。涂尔干的社会决定论、结构功能主义、结构主义皆将主体性置于社会结构的重压之下。后来的民族志及一些启示性的思考，尤其是实践理论（代表人物有布迪厄、萨林斯、吉登斯）的兴起，或者彰显主体对社会结构的改造，或者调和主体与结构之间的二元对立，但都承认主体所具有的行动驱动力能够构成对人类本质的修正（Ortner，1984；Rapport & Overing，2014）。主体性实践的内容极广，涉及知识、信仰、仪式、道德、法律、政治、亲属关系等各个领域。生存为第一法则，主体性实践要建立在生存基础之上，这构成了主体性实践的第一面向。而生存基础上的发展，则构成主体性实践的第二面向。人在社会生存和发展，所能依仗的文化资源则成为探究主体性实践的经验材料。这些文化资源，可化约为个体主义、家庭主义和集体主义。个体主义意味着独立自主和自力更生（阎云翔，2016），而麻风患者的食物生产能力尚不能果腹，更别谈个体发展，故个体主义无法完全承载麻风患者的生存和发展；集体主义指的是个体借助集体或组织资源，如帮会、协会、单位、公司等，达到生存和发展的目的，由于缺乏共识、资源和组织协调，麻风院内缺乏具有凝聚力的集体组织，不能为麻风患者提供依托。在此情况下，家庭主义则成了麻风患者既主动又无奈的选择，之所以"主动"，是因为个体对家庭的依恋近乎本能；之所以"无奈"，是因为除了家庭主义，几无凭借。

进入麻风院之前，家庭和社会虽对麻风患者施加压力，但同时赋予其社会身份，并将其嵌入社会结构之中。进入麻风院，麻风患者从以前的家庭和社会中被剥离出来，其附着的社会结构瓦解，个体以原子化的形态被投入到另外一个空间。在麻风院生活，麻风患者一方面通过结盟方式，模拟家庭；另一方面通过婚育、搭伙等方式，组建家庭。在个体生命中，麻风患者从"人"到"非人"的坠落，是从离开家庭开始的，而从"非人"到"人"的主体性努力，又是围绕家庭行动的。可见，作为策略、工具或手段的家庭，在麻风患者的生命中发挥着主导作用。

谈到家庭主义，不能忽视人类学家关于家庭亲属制度的讨论。人类学关于家庭制度的讨论从学科伊始就开始了，古典进化论学者将家庭制度研究的重点放在母权制（巴霍芬）、内婚制与外婚制（恩格斯）、亲属称谓

（摩尔根）、家庭法（梅因）等议题。随着科学民族志的兴起，人类学家走出书斋前往海外从事田野调查，将研究向亲属和社会组织扩展。之后，拉德克利夫·布朗的"单系血统理论"和列维·斯特劳斯的"集团联姻理论"成为家庭亲属制度研究两种重要且对立的理论（Radcliffe-Brown，1952；Le'vi-Strauss，1969；蔡华，2003）。二战之后，政治经济因素的介入拓展了家庭亲属制度研究的视野（利奇，2010）。在后现代主义思潮的冲击下，家庭亲属制度研究进入了批判反思期（Schneider，1984；Peletz，1995）。尽管关于家庭亲属制度的学说林林总总，但绝大多数以常态的家庭亲属关系作为透镜，将常态之违背视为对家庭亲属制度的威胁或危机。常态的家庭亲属关系指的是基于婚姻和生育而形成的关系网络，成员嵌合于整体社会，且在生活空间内行动自由。患有麻风属于一个违背常态的生物性事实，而这一生物性事实具有强大的文化想象力和创造力，除了能够进入身体，还能够干预家庭、影响社会。这导致麻风患者所依附的家庭与常态家庭存在诸多差异。研究从非常态的视角去讨论家庭制度，便构成了一次从边缘反思家庭亲属制度的尝试。

麻风患者发挥主体能动性，并非仅仅为了求生，其更深层的目的在于建构自身的社会身份，融入整体社会，延展生命的可能性。本文的研究问题就是麻风患者如何利用家庭文化资源，建构社会身份。麻风患者如何利用家庭文化资源，涉及麻风患者在不同生命阶段采取行动所利用的策略、知识和关系网络。为了更有条理地阐释麻风患者的主体行动，研究根据麻风患者依附家庭类型的不同，将家庭资源划分为原有家庭、拟制家庭和组建家庭。

三 原有家庭——藕断丝连的"他山之石"

原有家庭，是麻风患者被赋予初始亲属关系和社会身份的空间。之所以称之为原有家庭，不称原生家庭的原因在于：原生家庭主要指儿女未成婚，与父母生活在一起的情况；而麻风患者的家庭情况复杂，或来自核心家庭，或来自新生家庭，或来自兄弟姊妹联合之家，笼统称之为原有家庭，以示麻风患者进入麻风院前后所依托家庭的区别。

郭金华在比较艾滋病人和精神病人时，认为两种病人经历了不同的抛弃路径。艾滋病人经历的是从家庭抛弃到社会抛弃的过程，而精神病人则是首先被社会抛弃，而后被家庭抛弃（Jinhua Guo，2016；郭金华，2015；Jun Jing，2017）。麻风患者的境遇类似精神病人，正所谓"患麻风，断六亲"，人一旦患麻风，因其外显的样貌和被附加的道德污名，被其他社会成员所厌恶、排斥，乃至敌视。在社会舆论之下，原有家庭承受的压力之重不言而喻，而家庭采取的应对措施极为有限，或锁于家中，或抛弃乡野。集体化时期之前，家庭尚可将麻风患者养于家中，而大集体时代的来临无疑撕去了家庭最后那点温存的面纱。无论是消极被动，还是经劝服之后转为主动，麻风患者被陆陆续续送到麻风院。麻风患者离开原有生活场域，相应的身份权、继承权、婚育权和埋葬选择权被统统剥离，造成了从"人"到"非人"的坠落。

麻风患者被隔离，对家庭而言，无论是主动还是被动，都意味着空间抛弃。但空间抛弃并不等同于关系抛弃。以田野材料而论，麻风患者与原有家庭之间既有断绝联系的，也有长效支持的。断绝联系的情况在核心家庭中较少发生，而主要发生在新生家庭和兄弟姊妹联合家庭。新生家庭断绝联系的方式就是离婚，解除法定关系。

> 20世纪50年代，麻风患者被集中到麻风院，人数最多时达四百多人。大部分没有结婚，只有十几个结婚的。那个时候，大家都害怕麻风，在进麻风院前后，陆陆续续就离婚了。（普伯，原赤寺区麻风院会计）①

> 年轻时候，我当过兵，还在天安门照过相，这些经历在农村婚恋市场是"硬通货"。回乡之后，我很快就找到对象，成了家。然而，集体生产开始的时候，手脚开始溃疡，有点像麻风症状，被卫生站确诊，接着就被送到了赤寺麻风院。妻子回了娘家，她娘家又操办了一下，又嫁给别人了。（钱伯，赤寺区麻风院现任村主任）

> 年轻时候，咱是"十里八乡一枝花"，追求的小伙多了去了。精挑细选之后，就嫁给了隔壁村的一个木匠。婚后不久，自己手指开始溃烂，眼角有些歪斜，就去卫生院一查，被确诊为麻风。丈夫看到我从美人变成了"丑八怪"，心里既嫌弃，又害怕，听说麻风院收容，

---

① 本文涉及的访谈对象匿名处理，五个麻风村内麻风患者和各区县疾控中心工作人员的访谈时间的范围为2018年7月25日到2018年8月15日。原驻村村主任（原赤寺皮防站站长李伯）和会计（原赤寺麻风院会计普伯）的访谈时间为2019年7月2~5日。

就哄我去麻风院治疗，说等我回来。可不久之后，他就娶了新媳妇。我大哭了一场，对男人彻底死了心。可以自由进出之后，我去赶集碰到了这个男人，就用眼睛直勾勾地盯着他，也没啥想说的。（凤芬阿姨，清川县麻风院）

俗话说，"夫妻本是同林鸟，大难临头各自飞"，那么现实中有没有爱情至上，不抛弃、不放弃的案例呢？访谈过程中，我们从原驻村会计普伯口中得知两个未曾因麻风病离婚的案例。

赤寺区有个女人结婚多年，有丈夫，有儿女，20世纪80年代初被诊断出麻风，之后被送到麻风院隔离医治。两年后，痊愈，回家跟老公和儿女团圆，继续过日子。

20世纪80年代，赤寺区春和镇有个白族男青年，在石泉银行工作，为人精明能干，单位还派他去省财经学院培训，为晋升铺路。小伙年轻有为，20多岁就讨到老婆，并生了孩子。有一年，他回农村杀狗烧狗肉，不小心被火烫到，一直好不了。最后银行将其送到皮肤站检查，被诊断为麻风。妻子等了他三年，之后继续过日子。

但我们不认为这两个案例能够证明爱情至上，一者是因为故事发生在20世纪80年代，其时氨苯砜加利福平联合化疗渐臻成熟，配偶对麻风的恐惧不似五六十年代畏之如洪水猛兽，相守之情可期；二者是两个案例都有儿女因素牵涉其中，情感和关系难以割舍。夫妻之情脆弱，兄弟姊妹之情亦非坚如磐石。据地方志记录，1950年和1964年，就分别发生过弟弟为娶媳妇烧死哥哥，哥哥为摆脱负担活埋妹妹的故事。[①] 抛弃的故事一直在发生，只是大多没有那么惨烈。

幼时父母双亡，我跟兄长相依为命。1958年，自己被确诊麻风，正值兄长找对象的时候。女方声称"如果不将弟弟送走，就不会过门"。为了娶媳妇，兄长把我送到了麻风院隔离。还是没法原谅兄长的绝情，有一次我去镇上卖鸡蛋，碰到他，怒目相视，就跟盯着仇人似的。（昌林叔，浉源县麻风院）

---

① 《夏安卫生志》中"医事杂记"中的记载。

兄弟之情，虽不及"棠棣之华"描述得那么亲昵，但其中除了利益的纠葛，也有温情的萦绕。80年代，麻风院解除隔离，一多半麻风患者返乡。其时，父母大多离世，就是麻风患者的兄弟接纳了他们的归来。

维系长效联系的情况主要发生在父母健在的家庭。50年代，麻风患者进入麻风院被隔离治疗，但并非完全与世隔绝，是允许家属探视的。不过我们所调查的5个麻风院皆离市中心直线距离15公里以外，且被河流、高山所阻隔。在当时交通不便的情况下，探视一次至少要走半天。家人探视频率一般几个月一次，或者有急事才探视。虽然探视频次稀少，但是探视权的保障为麻风患者能动地构筑与原有家庭的联系创造了条件。日常生活中，寻求家庭的衣食周济自不待言，而遇到生育、抚养、接纳、患病、死亡诸事之时，麻风患者更将原有家庭视作后盾。1950年公布实施的《中华人民共和国婚姻法》（以下简称《婚姻法》）规定，禁止"患麻风病或其他在医学上认为不应当结婚的疾病者"结婚。然而，人的情感的迸发和荷尔蒙的泛滥，并非法律条文所能阻拦。我们所调研的五个麻风院都出现过怀孕、生育事件。其时，怀孕的麻风女患者会被要求强制堕胎，即便没被逮到，麻风院的环境也难以养育婴儿，求助原有家庭是必然的选择。

> 1964年我在麻风院搞对象时怀孕，也不知道是我隐藏的好，还是管理人员疏忽，反正"成功"躲过管理人员的眼睛。快生孩子的时候，一想麻风院这边没法接生，生出来也没法照料孩子，就找人捎信给娘家，让其早点来麻风院附近住下接应，等孩子出生后便抱回老家照料。当时，我娘带着村里的稳婆一起过来，土法接生之后，她们就带着孩子回家抚养了。有了孩子之后，家里人来探视的次数比以前多了，生活有了盼头。（善兰大妈，夏安县麻风院）

人的生产，稳固了麻风患者与原有家庭之间的联系。因为生育，麻风患者可以从原有家庭获取持续的关注和资源，为个体生存、改善生活和返乡创造了条件。20世纪80年代，麻风院解禁，麻风患者可以自由回家，家乡有孩子的麻风患者无一例外地返乡生活。不过，解禁之后，很多家庭将麻风患者视作家庭负担，对接受之事颇为踟蹰。对此，麻风院组织原有家庭代表聚会，鼓励其帮助麻风患者返乡。

　　麻风院解禁之后，赤寺还有一百多个麻风患者。通知家属来领人，可是大多数家属担心成为生活负担，不愿意领回家。一方面，我们召开家属代表会，给家属做思想工作；另一方面，有些麻风患者就主动在家里人面前"表演"洗碗、扫地、种植、做木工活，展示自己还身强力壮，能劳动，不会成为家庭的累赘。有的家庭觉着，既然麻风患者病也好了，不会传染，还有生活能力，就出点钱，捯饬一下原来的房子，让他们回家，也别让人家说咱薄情。陆陆续续，50 多人返乡，到 1988 年，赤寺麻风院剩下 47 人。（李伯，原赤寺区皮防站站长）

　　近一半麻风患者不能返乡，或因明显残疾容易引起社会歧视而得不到家庭认领，或因身体残疾而给原有家庭带来经济负担，或因与原有家庭感情淡薄而不愿返乡。另外，有的麻风患者选择留在麻风院还有部分经济考量，生活在此能够领取国家补贴，享受城镇低保，而返乡则会丧失福利。地方政府在为麻风患者提供福利的同时，忽视了享受福利的地域通用性，在一定程度上迟滞了麻风患者的返乡之路。四十多人留守麻风院体现了社会结构的冷漠，但也需承认五十多人为达成返乡愿望而做出的反抗"廉颇老矣，尚能饭否"的主体努力。

　　麻风院解禁之前，麻风患者患病由卫生站负责，很少求助原有家庭；解禁之后，麻风患者会根据与原有家庭的情感关系而选择是否寻求帮助。涉及死亡和丧葬，麻风患者与整个社会一样，都将其视为人生中的一件大事。中国人讲究落叶归根，渴望去世后葬入祖坟。但是"有恶疾者，不得入祖坟"的习惯法根深蒂固，阻碍了麻风患者的埋葬意愿。尽管很多麻风患者梦想埋骨于桑梓之地，可事实上不得不埋葬于附近的荒山。但火葬的推行给麻风患者发挥主体性提供了机会。在乡下，虽然国家推行火葬，但是受传统习俗影响，土葬盛行，很少有人选择火葬。而麻风患者却积极要求死后火葬，这一反常现象的背后是麻风患者利用火葬的象征意义，获取自身埋葬选择权的合法性努力。如玛丽·道格拉斯（Mary Douglas，2003）所言，污秽是对社会规范和秩序的违背，意味着危险，而通过危险的清除，如禁忌的产生、仪式的举行等，方能重新确立原有秩序，维系社会规范。火葬，正如一场仪式，象征着一切归于尘埃，象征着灵魂的浴火重生，在熊熊烈火之中，外界的一切病菌、身体的一切残缺、世间的一切污名统统归于沉寂。麻风患者选择火葬，抛弃了土葬的秩序观，通过一场洁净仪式，皈依了火葬的秩序观。这场洁净仪式将危险清除，回到正轨，并为集体所容纳，如赤寺皮防站站长李伯所言，"烧了，就干净了，就没人阻碍回家埋葬了。"

不管麻风患者与原有家庭之间的关系是断绝联系的，还是长效支持的，其家庭的知识，诸如家庭组建目的、家庭类型、家庭功能、家庭角色、禁忌等皆因家庭濡化而获得，皆因集体记忆而传承。关于家庭的知识，可能因为我们过于习以为常而忽视其价值。实际上，正是这些常识性知识构造出了所有社会赖以维系的意义之网（彼得·伯格、托马斯·卢克曼，2019）。对麻风患者而言，家庭的常识性知识就是其发挥主体性的智力资源。

在原有家庭生活时，麻风患者通过言传身受、耳濡目染，经历了濡化的过程。濡化，作为知识和价值准则被传递和被习得的过程，使麻风患者像其他人一样，获得了适应文化的能力。在待人接物和迎来送往中，麻风患者懂得家庭是社会行动的单元，个体力量微弱，需要依附家庭才能获得价值和认同。在乡土社会，称谓被嵌套于家庭，成为户主之附庸，而只有在成家之后，个体才能获取独立的名字。

> 我们在家的时候，旁人叫我们老是"谁谁家的娃子""谁谁家的姑娘"，仿佛我们没名字似的。即便跟人家说自己的姓名，也叫不开。只有等成家了，人家才能正经叫我们名字。（善兰大妈老伴，夏安县麻风院）

家庭组织存在不同的类型，在麻风患者以前生活的聚落，无非核心家庭、联合家庭和主干家庭三种。生活在麻风院，可供选择的家庭类型有限，无非是搭伙过日子，可能的话，生育或收养孩子，组成核心家庭。产生了家庭，就有了结构和分工，就要扮演不同的家庭角色。

> 家里面有爹、有娘、有娃，每个人的角色不一样。在老家的时候，爹就跟头老黄牛似的，整天在地里干活，种庄稼，打粮食。爹很少笑，脾气老是不太好，有时还打我们。娘有时候也下地里干活，在家的时候，就缝缝补补，烧水做饭，伺候一家人吃喝拉撒。我们兄弟

姊妹几个，小时候围着娘转。娘没上过学，没啥文化，但总会给我们讲些不知哪儿听来的民间爱情、鬼怪故事。大一点我们分担一些家务，捡柴火、烧水、做饭、刷碗，还有到地里干活。（常保叔，洺源县麻风院）

洺源县麻风院常保叔对家庭内部的性别和年龄分工、严父慈母的传统定位的认识即来自原有家庭的耳濡目染。在耳濡目染之中，麻风患者理解了家庭作为生育合作社和经济共同体的功能。家庭还存在诸多禁忌，其中性禁忌最为严格。见识了诸多婚丧嫁娶，受到了亲族的教导，"五服之内不得婚配"的观念根深蒂固。在麻风院也有血缘关系较近的男女，有的在一起搭伙做饭，但未听说过有事实婚配的例子。这些关于家庭的知识和规则并没有因为隔离而从麻风患者的记忆中剔除，而是通过两种形式不停地浮现：一是，原有家庭成员的探视，强化了麻风患者对家文化的认同；二是，麻风患者彼此之间"瓜田李下""闲言碎语""相互开导"等日常交流将家的知识和规则潜移默化地融入彼此的记忆。

由此可见，在很大程度上，麻风患者的主体行动建立在原有家庭支持的基础之上，一方面麻风患者主动与家庭成员维系关系，获取物质资源；另一方面麻风患者学习家庭知识，为以后构建拟制家庭和组建家庭奠定了知识储备。

四 拟制家庭——守望相助的"义结金兰"

尽管原有家庭能够提供部分支持，但是在麻风院生活，麻风患者还是要面对惨淡的现实环境。麻风患者虽然不是来自五湖四海，但也来自七里八乡。此前麻风患者被限制在家中行动，来麻风院之前，彼此不熟悉。进入麻风院，麻风患者看似进入自然法学派想象中的"自然状态"，实则不然，他们的行为受到一系列约束，一方面麻风患者被纳入生产队，参加生产；另一方面，麻风患者彼此的关系要被人类最原始的年龄和性别规则所行塑（Linton，1942）。如此，麻风院内的生活就如同一场社会学实验，观察一群陌生人集聚何以形成一个社会。

漫步麻风院，经常听到麻风患者彼此以兄弟姐妹相称，仿佛彼此存在亲属关系。在血缘上，他们很少存在亲属关系。"亲属制度是什么？"是人类学领域的一个经典问题，涂尔干、拉德克利夫·布朗、列维·斯特劳斯、施耐德、萨林斯、蔡华等都为"亲属制度是生物性，还是文化性"而反复求索和隔空辩论。尽管他们观点各异，但通过民族志材料，承认亲属关系在一定程度上可以通过社会文化行动创建（刘宏涛，2016；Sahlins，2013；蔡华，2009）。对麻风患者而言，社会文化行动指的是拟制、构建类家庭关系。拟制亲属，与自然亲属相对，其表现形式为继亲、收养、结义等。既然是拟制，那就是"视为"，将不符合规定的行为或状态也按照该规定处理。在此使用拟制一词，而不用年龄组的原因在于：麻风患者是通过结义的方式拟制亲属关系，形成诸多类家庭小组；年龄组则更强调因年龄差异而形成的共同体。

麻风院的社会结构与常态社会不同，常态社会是依据生育和婚姻自然形成的社会形态，而麻风院社区则是由于隔离治疗人工形成的社会样貌。常态社会的家庭，父母、兄弟姐妹、子女及其他亲属角色齐全，而麻风院内虽然初始麻风患者从十几岁到四十几岁不等，但基本属于同一代际，这意味着麻风患者的拟制家庭是单代际的。虽然家庭是拟制的，但并不是彼此兄弟姐妹相称就形成了拟制家庭，而是需要一定的仪式，需要承担一定的道德义务和互助责任。

麻风院内"三哥""七妹"的称呼，到底是基于礼貌的社交礼仪，还是有过结拜的仪式？"桃园结义"的故事将结盟兄弟的情义推到了极致，而其所塑造的结拜范式也构成了中国社会对平辈拟制亲属的文化想象。尽管大多数麻风患者没有读过书，不识字，但因《三国演义》故事的传播，"桃园结义"如同灵动的画面镌刻于记忆深处。

> 刚到沪源麻风院，人生地不熟，那时候我才14岁，就觉着瘆得慌。心想着抱个团，日子好过点，就跟同乡年龄差不多的三个人，朝着对面那个山，模仿桃园结义的样子跪下，有样学样地说着"有福同享、有难同当"。那些年，麻风院人特别多，像我们这样子，结拜兄弟的情况还挺多。不光我们男人，那些女人也三五成群地认干姊妹。也有男女之间认兄妹、认姐弟的，当然，很多想法就没那么单纯咯。是不是都搞过结拜仪式？那也不是，大多数称兄道弟、呼姐叫妹的结拜过，有些人缘差的，没人愿意跟他结拜。那个时候，结拜了，就抱团了，别人就不敢随意欺负你。没结拜的，经常会被嘲笑和欺

负。上面发东西的时候，我们就能抢到好的，而没结拜的那些就只能捡剩下的。（常保叔，沔源县麻风院）

麻风患者结拜，除了抱团取暖外，还模拟家庭一体典范，谋求在麻风院社区内的名誉和优势地位。梅因（Maine，2009）在《早期契约史》中写道：旧的法律在人出生时就为个人确定了无法改变的社会地位，而现代法律则准许用协议的方式为自己创设社会地位。结拜，如同一纸协议，重新为自己创设了社会地位。麻风患者通过结拜，创设社会地位，获得社会身份，自然也附带着一系列的责任和权利。责任和权利都统一于互惠之中，既享受结盟兄弟姊妹的照顾，又要接受结盟兄弟姊妹的求助。日常生活中，互惠主要体现在劳动、政治斗争、侍疾、养老、丧葬等方面。社会大生产时期，初来乍到的麻风患者也要投入集体生产。其时，政府在麻风院周边划拨了土地，用于组织麻风患者生产。外派的村主任和会计按照麻风患者的性别、年龄和健康程度设定工分登记标准。除了国家每月补贴的大米、食用油外，麻风患者也要出工赚取工分。由于是集体生产，就会涉及劳动分工和协作的问题。麻风患者虽然不能主导分组，但经常通过事先提出诉求，或向村主任和会计"示好"（如送大米、蔬菜），影响分组结果，以便与结盟兄弟姐妹划分到一起。麻风患者之所以热衷于分组，或为了在劳作之时互相帮衬，或为了规避打小报告事件，或为了缓解生活的乏味与冷漠，或兼而有之。事隔多年，依在石碾上的常保叔依然记得1959年在采石场劳动的场景。

村主任组织我们到采石场抬石头。两人一组，把石头装进竹筐，再抬到工地上去。那时候我年龄小，力气也小，抬筐晃晃悠悠的。跟我一组的那个人就开始抱怨，阴阳怪气的。说什么我害他浪费力气，耽误他赚工分，我没劲就别来充能，装什么好汉。我有些生气，一甩竹筐，看他怎么办。他马上就去跟村主任打小报告去了，说我消极怠工，说没人愿意跟我这种人一组。村主任也认为是我不好，还当众批评我，其他人也跟着指指点点。盟兄看到这一幕，走过来说，"常保今天身体不舒服，给他分配的活，我帮他干"。听到这话，真暖心窝子，觉着没白结拜。（常保叔，沔源县麻风院）

有人的地方就有江湖。在争夺有限资源的场景下，江湖意味着对内联合和对外斗争。据 1974 年就在赤寺区麻风院做会计的普伯所述，麻风院解禁之前，麻风院的村政由公社派人管理，麻风患者属于被管理者，虽有些小冲突和小摩擦，但基本上懂政策，能和平相处。麻风院解禁后，村务由麻风患者自主管理，便产生了村主任职位的争夺。村主任的产生实行推举制，一般选择相对年轻、强壮和身体健康的男性。之所以实行这样的推举标准，是因为村主任要承担与民政部门和疾控中心联络、购买和分配物资、安排照料任务等责任，需要体力和精力的保障。20 世纪 80 年代，住在麻风院的老人尚属年轻力壮，争夺村主任职位自在情理之中。采访得知，五个麻风院都出现过争夺村主任职位的故事。有意竞争村主任者，其最稳定的同盟就是盟兄弟姐妹。推举之时，竞争村主任者相互比拼声望，声望高者，被疾控中心指定为村主任。如果竞争成功，村务就由村主任及其盟兄弟一起把持。而今，麻风患者垂垂老矣，大都已无争强好胜之心，村主任一职往往由疾控中心指定行动方便、年纪轻者担任。在调查的五家麻风院中，除了赤寺区麻风院尚有"权力的游戏"外，其余都甘于恬淡。

赤寺区麻风院的厉海星（已瘫痪，行动不便，丧失竞争村主任资格）怀疑村主任分配物资时中饱私囊，联合盟兄弟杨保林一起与之斗争。等疾控中心的人来探视的时候，两人以查账为名向村主任发难。查账无果，厉海星又提出带有"权力制衡"和"民主"色彩的"共同管理和监督"方案，要求自己担任村委会副主任，杨保林充当会计。疾控中心本着息事宁人的态度，同意了这一方案。而今，虽然闲言碎语不时充当权力游戏的工具，但是整体相安无事。（李主任，赤寺区疾控中心）

在民间，老有所依和病有所依的期待蕴含于孝道逻辑之上，即以家庭为轴心，每一代人在抚育下一代人的同时，还要承担起赡养上一代人的义务（费孝通，1998）。当衰老降临，麻风患者或无子女，或子女不在身旁，孝道逻辑无法运作。而侍疾和养老的需求又不能因孝道逻辑缺乏可行性而中止，这就需要超越家庭的文化因素介入。方静文（2015）在研究超越家庭养老时，将目光专注于太监和自梳女。太监和自梳女没有婚姻，没有子嗣，其养老或依靠过继子嗣或徒弟，或依靠义结金兰的兄弟姐妹。

麻风患者的境遇与太监和自梳女相似，但是他们无过继子嗣或徒弟，当有病有灾之时，依靠的是义结金兰的兄弟姐妹。

> 我今年76岁，已经送走了两个姐妹。1968年的时候，我眼角有些歪斜，去医院看，查出患了麻风，就被送到河畔麻风院了。来到这之后，跟几个小姐妹玩得挺好的，就结拜了。当时就想着，不管怎么样，人吃五谷杂粮，哪有不生病的，结个伴帮衬着也好。说到侍疾和养老，我们这就是"年轻的照顾年长的，健康的照顾不健康的"，跟接力棒似的。我年纪最轻，伺候走了两个姐妹。一个是2007年走的，另一个是2011年走的。她们走之前，我就隔三岔五地去她们屋端茶倒水，照料一下生活起居，陪着说说话，开解一下。死也是种解脱，咱们下辈子投胎都健健康康的。现在院子里没比我更年轻的，我身体还行，跟村主任搭伙过日子，相互照料着，也没那么无助。（黄一琼阿姨，河畔麻风院）

盟兄弟姐妹之间可以相互照顾，那丧失或没有盟兄弟姐妹的麻风患者又该如何应对呢？除接力式外，麻风院还存在着排班式、遗赠式和市场式三种照料模式。排班式照料，指的是遇到有病有灾时，由村主任组织排班，身体健康的人分时段照料。排班式照料之运作，缘于人对未来不确定性的恐惧而产生的互惠。遗赠式照料，类似《民法典》中的遗赠扶养协议，扶养人承担遗赠人生养死葬的义务，遗赠人的财产在其死后转归扶养人。市场逻辑也进入了大集体时代设立的麻风院，麻风患者拿出政府给予的补助，与身体相对健康的人协商，花钱购买照料服务。在实践中，麻风院的照料模式以前主要是盟兄弟姐妹的接力式照料，而今人员凋零，转变为排班式照料。衰老涉及死亡，死亡涉及丧事和财产继承。麻风患者视死亡为人生大事，未雨绸缪，用国家的补贴提前买好"大板"（棺材），并与盟兄弟姐妹约好，谁后走，就给前面走的人筹划一下丧事。丧事一切从简，埋葬之后，烧烧纸钱，祭拜一下。死者的财产继承与其生前照料挂钩，盟兄弟姐妹照料的，财产就留给盟兄弟姐妹，村里组织轮班照料的，财产就归村集体所有。

在麻风院，麻风患者仍然希望并且十分努力地保持与家人的联系，然而麻风院偏远的设置必然意味着家庭亲属关系的疏远。即便是家人到麻风院探望，麻风患者与亲属的交往频率也受到极大限制。此时，基于结拜仪式创建的拟制家庭，展示出麻风患者构建社会关系，应对结构性无助的主体性努力。家庭，这个习以为常的概念，在麻风院的生活实践中，超越了生物性枷锁，更多地接受了社会行动所赋予的文化意义。未必在同一屋檐下生活，未必完整地履行了传统家庭的功能，义结金兰的文化实践，为麻风患者嵌入麻风院的社会结构创造了条件。在麻风院这个微型社会中，三五成群的麻风患者在劳动、政治斗争、侍疾、养老、丧葬等方面彼此互惠，构筑了一道基于生存逻辑的关系网络。

五　组建家庭——正常家庭的"玉汝于成"

1980 年，鉴于麻风已非不治之症，国家修改《婚姻法》，规定"患麻风病未经治愈或患其他在医学上认为不应当结婚的疾病"的人禁止结婚，即已治愈者可以结婚，从制度上将麻风患者的身份转换为正常人。之前，1950 年《婚姻法》通行大陆，禁止麻风患者结婚。以长时段而言，在古代社会，虽然法律未明确禁止麻风患者结婚，但是解除婚姻的理由从侧面表明了社会对麻风患者婚姻的态度。解除婚姻依据的是"七出"①。麻风属于恶疾，患麻风者"不可共粢盛"（不能参加祭祀），即便有"三不去"的条件，也可径行休妻，不受限制。"七出""三不去"是礼制上的规定，法律儒家化之后，其在法律层面也是如此。作为中华法系代表的《唐律疏议》，在"户婚"一章中就明确规定，"有三不去而出之者，杖一百，追还合。若犯恶疾及奸者不用此律。"之后的宋辽夏金元明清亦沿用此精神。民国时期，《中华民国民法典·亲属编》因循旧制，规定：婚姻当事人一方"有重大不治之病者""有花柳病或其他恶疾者"，他方可解除婚姻。

规则和制度这些结构性限制，或积极限制，或消极限制，既不能遏制麻风患者自然迸发的荷尔蒙，也不能消解麻风患者组建家庭的热忱。如果不考虑性少数群体，要组建一个家庭，需要有一个丈夫，一个妻子，若要完成代际继替，还需要一个或数个孩子。集体化时期，麻风患者大多年轻，尚未婚配；即便婚配者，也因病离婚，正处性活跃期，存在自然的生

---

① 《大戴礼记》中载，"七出"指的是不顺父母去，无子去，淫去，妒去，有恶疾去，多言去，窃盗去；"三不去"指的是有所娶无所归，不去；与更三年丧，不去；前贫贱后富贵，不去。孔广森：《大戴礼记补注》，中华书局，2013，第 247 页。

理欲望。两性相吸、暗自爱慕、偷情热恋、非正式的家庭组合乃外部世界人间情感在麻风院的重现和浓缩，即便受到禁锢，仍然顽强持续，甚至一部分负责管理麻风院的皮防站人员也都私下默许了偷偷发生在麻风院比较固定的两性关系和非正式组合的婚姻。尽管爱恋可以睁一只眼闭一只眼，但是生育则受到重重限制，被强制堕胎者，不乏其人。

> 我们当时搞对象，都偷偷摸摸的，被抓到是要被批斗的。有一次我和对象偷偷去后山约会被村主任抓到了。那个村主任挺可恶的，把我捆在树上，然后组织其他人一块批斗我。他说我们不遵守政策，不守规矩。我就反唇相讥他是"饱汉子不知饿汉子饥"，大家哄堂大笑，跟着起哄，批斗会就不了了之了。其实当时很多人都偷偷搞对象，村里虽然禁止搞对象，但是哪管得过来呀！他禁他的，我谈我的。（常保叔，浒源县麻风院）

恋爱事件频繁发生，麻风院干部干脆持放任态度，睁一只眼，闭一只眼。不管怎么说，搞对象都是较为平和的行为，当时麻风院在两性关系上最大的问题是因男多女少而产生的争夺女人的矛盾。一旦产生争斗，村主任就要居中调解，矛盾暂时被压制，过段时间又会借助别的事情继续争斗、宣泄。麻风院男多女少，经常传出一些桃色事件，如女人跟很多男人睡觉，排班发生性关系之类，外界以为麻风院处于巴霍芬笔下的"杂交时代"。我们为此事求证过以前的村主任和会计，事实并非如此。麻风院的确发生过一个女麻风患者跟很多男人睡觉的故事，但并不是同时进行的，而是在不同的时间段谈不同的对象。男多女少，以及女性普遍比男性寿命长的事实，还促成了一种婚姻现象，就是女性普遍拥有多次婚姻，如上文提及的善兰大妈就在麻风院里结婚四次。

对爱情和婚姻的渴求，并非仅仅源于生理的冲动和欲望，更源于"在一起"对抵御结构性无助的功能。田汝康（2008）在《芒市边民的摆》中陈述：婚姻，是一道分水岭，意味着一个生命阶段的结束，另一个生命阶段的开始；新的生命阶段，夫妻自立门户，构成社区中独立的生活单位，并对外承担公共事务，成为彻彻底底的社会人。结婚，对麻风患者，尤其是男性而言，意义更为重大，不仅意味着在麻风院女人争夺战中大获全胜，也意味着抱团取暖组织的建立，为更好地嵌入整体社会结构创造了可能。关于对婚姻的渴求，皮防站工作人员讲述了一件啼笑皆非的故事，凸显了麻风患者对婚姻的执着。

> 1980 年左右，一个三十岁出头的小伙子跑到皮防站，要求组织给安排媳妇。此人曾经作为军转警干部，在赤寺公安局工作。四年前，患了麻风，他被送到赤寺麻风院隔离了三年多。病愈出来，找对象不是很顺利，就要求皮防站给解决个人问题。我们回复他，"天底下哪有这样的好事呀！还给安排老婆！" "电影上不是经常出现组织出面给找老婆，解决个人问题的场景吗？" 他反驳道。"人家那是对革命有贡献的，人家是高干，跟咱平头百姓没啥关系。" 带着失望的答复，小伙铩羽而归。

目前五个麻风院中，赤寺区麻风院已无女人，清川麻风院没有夫妻对，虽有两男两女，村主任跟其远房表姐搭伙做饭，另外两人各自过日子；河畔区、夏安县、洢源县三个麻风院尚有夫妻对。谈到麻风院找对象这事，洢源麻风院的常保叔给了一个"竞争激烈"的评语。

> 20 世纪 60 年代，洢源麻风院有两百人，而女性不到三十人，咱找对象还要找看得过眼的，就更少了。僧多粥少，竞争就激烈。再说，咱又不是潘安，姑娘凭啥喜欢咱。为了引起姑娘的注意和好感，在她面前劳动的时候显得自己很麻利，很能干，平常有事没事给姑娘干点活，显得体贴点。麻风院成了十来对，也没办婚礼，那时候房子少，男女分开，也没法住在一块，但大家都知道谁跟谁是一对。当时，大家都挺羡慕我们这些成双成对的。80 年代，麻风院解禁，我们回老家，补办了结婚证。在老家，咱跟其他人一样，有家有室的，生儿育女，别人也不敢太欺负咱，最多背后说咱得过麻风，不会骂咱光棍，骂咱绝户。当时回老家的有六七十人，除了以前在麻风院谈对象的，两三个老家富裕的给张罗个对象的，其余的都光棍了一辈子。（常保叔，洢源县麻风院）

麻风患者跟健康人结婚的案例虽然少，但是在五个麻风院都听说过，除了依靠原有家庭帮衬之外，也有完全依靠个体行动的。

我是 1960 年生人，1975 年被查出患麻风，好在发现及时，除了脚部有些溃烂外，其余无碍，不影响正常行动。祖父是老木匠，我从小跟着他学了个七七八八。在麻风院，闲来无事，就找找木头，做做桌椅板凳，有时送给麻风院里关系好的人，有时拿到集市上去卖，赚点小钱。组建麻风院时，公社划分了一块地，90 年代近一半麻风患者回家，大家种不过来，就对外承包一些，渐渐地跟附近的村民熟络起来，我跟山岐村的刘老汉成了朋友。得知刘老汉家的三姑娘养成了老姑娘，我就想把她娶过来做媳妇。之后，我就有空没空帮刘老汉干些农活，过年过节送点桌椅板凳，酒前酒后谈谈自己麻风已愈、身强力壮。准备工作做足之后，就跟刘老汉提亲。到现在，三姑娘跟我在麻风院一起生活了 25 年。（普才叔，夏安县麻风院）

《礼记·婚义》言："婚姻，合二姓之好，上以事宗庙，下以继后世"。传宗接代、祭祀祖先，是传统文化赋予婚姻的使命，麻风患者虽然不会如此简洁文雅地表述婚姻的生育职责，但视生育孩子为婚姻之后的应然结果。早在麻风院解禁之前，搞对象者就偷偷生育孩子。麻风院内禁止生育，未分娩者会被要求堕胎。怀孕的麻风女患者意欲生下孩子，不得不积极掩饰，与管理人员"躲猫猫"。运气好者，能够诞下婴儿。那时，法律对分娩的婴儿没有规定，但是活埋麻风患者新生儿的流言在私下传播。麻风患者不得不求助于原有家庭前来接应，并代为养育。麻风院解禁之后，生育子女的麻风患者或回家照料，或者接孩子回麻风院抚养。麻风院解禁时，有的麻风患者夫妇已过黄金生育年龄，可拥有孩子的愿望依旧根深蒂固，总觉着缺少孩子，家庭不完整。收养弃婴成为麻风患者夫妇构建核心家庭的一种选择。

跟村主任搭伙过日子时，我已四十多岁，怀不上孩子。可总觉着没有孩子，不像家的样子。村主任虽然不说，但是心里还是想要孩子。1985 年，他骑着果下马下山运东西的时候，听到在山坡上有婴儿哭，判断是弃婴，觉着可怜，就抱回来。我觉着正好我们抚养，家也就完整了。（黄一琼阿姨，河畔区麻风院）

生育或收养之后，涉及养育问题。对子女养育而言，除温饱以外，最重要的是进入国家教育计划。进入国家教育计划的前提是拥有合法户口。对生育的儿女，只要麻风患者夫妇办理结婚证、出生证，户口自然无碍；但对收养子女而言，办理户口颇为不易。为了给子女搏一个未来，麻风患者不得不与户籍警察斗智斗勇。

> 孩子长到七八岁时，面临着上学读书的问题。我就去派出所户籍科给孩子上户口。可是办理户籍的警察回应，"只要你拿出生证明来，我就帮你入户口。不然，别人跟你有样学样，我这工作咋做？""孩子是捡来的，我去哪儿给你找出生证明去！这不是特殊情况嘛，你就特殊对待吧。"户籍警察充耳不闻。前前后后去了三次，结果还是那样。第四次去的时候，我火气有些大，直接跟户籍警察说，"我这是最后一次来找你，你要是不给孩子上户口，我就天天带着孩子去你家门口静坐。你走到哪，我们就跟到哪。实在不行，我把孩子弄你家，让你给养。我知道这不对，但这是你逼我这么做的。"之后，我带着孩子有空没空在那个户籍警察家出没，他老婆害怕出事，最后催着户籍警察想办法帮忙登记了户口。（村主任，河畔区麻风院）

教育有赖于家庭的经济支持，年级越高，经济投入越大。对普通家庭而言，维持子女教育都颇为不易，更何况麻风患者家庭。为了维持子女的教育，麻风患者除了申请贫困补助外，还要积极地投入到生产当中，辛勤种植、捕鱼逮虾、骡马运输、饲鸡养鸭、外出打工，维持家庭生计。据附近村庄的人言，附近村民存在隐性歧视心理，麻风患者生产的农副产品基本滞销。麻风患者不得不委托麻风症状不明显的同伴起早贪黑去远一点的集镇销售。

在家乡接受教育期间，由于其他家长的闲言碎语，麻风患者的子女在学校受到歧视。歧视呈现方式一般为隐性，极少出现公开抵制麻风患者子女的情况，但麻风患者子女很难与健康人家的同学做朋友，更多的是同病相怜者的抱团取暖。待婚配之年，麻风患者子女的婚配对象主要有两类人，一种是"同病相怜"者，与其他麻风患者子女结合，彼此知根知底，容易形成身份认同意识，"相看两不厌"；另一种是异地者，社会空间流动在一定程度上创造了不完全信息环境，麻风患者子女外出工作，两情相悦，自由结合，即使以后知道麻风之事，因是可愈之症，也多半会谅解。麻风患者后代的社会融入就在代际繁衍对麻风污名的消化，以及人口流动带来社会身份流动的过程中完成了。而今，麻风院里的老人都过古稀之年，有子女的也基本有了后代，已是"三世异堂"，甚至"四世异堂"。逢年过节，子孙探望，多少能够享受一些天伦之乐。虽然从孙辈的距离和表情中，麻风康复老人能够读出嫌弃，但看到自己的血脉在延续，心中的不快也多半释怀。之所以能够释怀，原因在于中国文化对个体生命价值的界定。中国人的人生意义和价值不在于自身，而在于代际，要紧的是光宗耀祖，传宗接代，养育出色的孩子（费孝通、李亦园，1998）。当意识到血脉在延续，麻风患者也就意识到像健康人一样完成了生命任务，融入了整体社会。

"寻找配偶、组建家庭、生儿育女"是社会对健康人群的期待，对非健康人群，尤其像麻风患者，社会不仅不抱期待，甚至会设置制度障碍。随着医学科学的突破，麻风可被治愈，限制疾病患者行为能力的法律条文因而被修改和废除。这是医学科学对社会结构的修正，尽管这种修正及时迅速，但是制度所形成的惯性却拉长了整个社会的适应时间。这种惯性，或者是与之前法律条文捆绑在一起的规则条例，或者是法律对社会认知和社会评价的形塑，都为麻风患者及其子女在择偶、生产、生育、收养、养育、教育、就业等方面的生活制造了障碍。尽管社会结构给麻风患者的创造性行动留下的空间太小，但是麻风患者还是费尽心思地组建家庭，维持家庭的完整，应对生活的无常。

尽管麻风患者组建核心家庭在理论和实践上能够"玉汝于成"，但不能忽视的是，结构的力量依旧强大，麻风院内依旧光棍居多。目前生活在五个麻风院的麻风患者近五十人，即便算上搭伙过日子的，只有六对"夫妻"，其余则是未能完成组建家庭任务的失败行动者。这些行动者并非是后现代主义鼓吹的"单身主义"，并不是"能达目的而不欲"，而全是"欲达目的而不能"。

六　家的交织和社会身份的建构

家庭这个概念几乎与社会的历史一样古老，因经济条件、宗教信仰、居住方式、法律制度的差异，形态各异，没有通用的模式。但提及家庭，历史记忆和社会常识往往披之以温馨的面纱，视之为避风的港湾、幸福的摇篮、意义的皈依。主流观点认为，家庭的基石是互帮互助。虽然大量的经验研究表明，家庭内部的性别不平等、代际冲突普遍存在，历史记忆和社会常识往往是一种怀旧，且大多不切实际，但是对外界而言，家庭作为社会最基本的组织，能够缓冲社会压力对个体的直接冲击。

原有家庭、拟制家庭、组建家庭是麻风患者主体行动所利用的家庭模式。这三种家庭模式并非截然分开，而是交织在一起，共同构成了麻风患者对家庭的想象和实践（见图1）。无论是主动，还是被动，麻风患者被原有家庭空间抛弃是其另一个生命阶段的起点。此后，麻风患者搭建拟制家庭，维系个人生存和获取优势地位。被原有家庭空间抛弃不等于亲缘关系的抛弃，麻风患者积极维系与原有家庭的关系，在一定程度上支援了拟制家庭。或被抛弃，或被支持，原有家庭通过濡化传递给麻风患者关于家庭的知识，诸如家庭组建目的、家庭类型、家庭结构、家庭功能、家庭角色、禁忌等，都会潜移默化地指导麻风患者的行动，既塑造拟制家庭的形态，又浸染组建家庭的样貌。除了家庭知识的传递外，原有家庭承担了部分组建家庭养育的功能，而同时组建家庭实现了原有家庭香火传递的期望。另外，在麻风院内，拟制家庭和组建家庭，因其交集成员的存在，致使彼此处于一种互惠的互动之中。

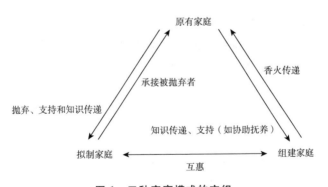

图 1　三种家庭模式的交织

无论是原有家庭藕断丝连，拟制家庭互惠相望，还是组建家庭玉汝于成，麻风患者都努力通过主体行动，使自身嵌入社会结构。麻风患者深知，只有将自己嵌入社会结构，找到自己的位置，才能像健康人一样生活。在社会学意义上，结构意味着社会对个体的影响，而能动则指的是个体的行动自由以及对社会的形塑作用（Archer，2003；吉登斯，1998）。于结构而言，社会对麻风患者的期待起初是自生自灭，随着医学科学的革新和麻风的可愈，社会更改制度、解除隔离、增加补贴、允许结婚生育，消除了麻风患者融入社会的制度障碍，但是由于前置制度和固有观念形成惯性，制度虽容纳麻风患者回归，但民众依旧畏而远之，社会期待并没太多变化。

底层所表达的物质需求，总会以某种合法的文化形式表达出来（王晓毅、渠敬东，2009）。身患麻风，被原有家庭空间抛弃，麻风患者的身份权、继承权、婚育权和埋葬选择权统统与原有家庭分离。在结构性无助的情况下，麻风患者从未放弃对正常人社会身份的追求，借着"空间抛弃不等于关系抛弃"，主动与原有家庭保持联系，获取物质及精神上的支持，甚至为了埋葬故里，主动选择火葬。身处麻风院，举目无亲，生活惨淡，麻风患者通过义结金兰，创造拟制家庭，一方面获取麻风院社区内的优势身份，另一方面在劳动、政治斗争、侍疾、养老、丧葬等方面互惠，搭建基于生存伦理的防护网络。亲密关系在麻风院生根发芽，麻风患者与管理人员斗智斗勇，勇敢地结合。基于医学科学突破和国家政策调整，麻风患者使婚姻合法化，或生育、或收养，在辛勤劳动和抚养子女中组建起完整家庭。麻风患者大费周章地利用家庭文化资源左冲右突，在于维系生存，在于排解孤独和寂寞，更在于建构自身的社会身份，获取生而为人的尊严。

麻风患者的认知逻辑具有两重性，一方面在与社会互动的过程中不得不认同自身非健康人的身份，另一方面都是"两个肩膀扛一个脑袋"的世人，凭什么注定被如此差别对待？人具有行动自由的权利，可以自由地跟家人生活在一起，自由地恋爱、自由地结婚、自由地生育和养育、自由地选择埋葬地点，为什么麻风患者的自由权利却被重重限制？麻风患者不停地编织着家庭，实质就是在编织自己的社会身份，借由为子为女、为兄为妹、为夫为妇、为父为母的家庭角色，融入整体社会，像正常人一样活着。在这场构建社会身份的斗争中，有人成功了，有人失败了。可不管怎样，利用家庭策略，建构社会身份的过程，何尝不是麻风患者主体性的一次次展演。但是不得不承认，一旦确诊，麻风患者的身份就挥之不去，不管麻风患者如何利用家庭策略，也不能消解这一身份。尽管麻风患者发挥主体性能够克服生存发展的一系列难题，但是附着于身的标签却无法撕掉，这无疑是社会身份建构的瓶颈。

简而言之，在经历过一系列的人生挫折之后，麻风患者不仅将家庭——无论是原有家庭、拟制家庭，还是组建家庭——视作身体存放和情感依托的场所，更重要的是他们将嵌入社会结构、构建社会身份、获得主体尊严纳入家庭策略运用的主体行动当中。

被迫群居的麻风患者固然可以通过家庭主义，建构社会身份，抵御结构性无助。可其他边缘群体，如性少数群体、独居群体等，又如何建构社会身份，抵御结构性无助呢？此时，家庭主义没有那么有效，无法承载其作为行动主体的建构。但是麻风患者家庭主义的策略，无疑为同性恋群体、独居群体利用个体主义或集体主义提供了取法的张本，而这也成为麻风患者主体性研究的普遍性价值之所在。

参考文献

巴霍芬，2018，《母权论》，孜子译，生活·读书·新知三联书店。

鲍磊，2014，《社会学的传记取向：当代社会学进展的一种维度》，《社会》第 5 期。

彼得·伯格、托马斯·卢克曼，2019，《现实的社会建构》，吴肃然译，北京大学出版社。

蔡华，2003，《婚姻制度是人类生存的绝对必要条件吗?》，《广西民族学院学报》（哲学社会科学版）第 1 期。

蔡华，2009，《人思之人：文化科学和自然科学的统一性》，云南人民出版社。

陈建军，2014，《中世纪英国对麻风病人的救治》，《经济社会史评论》第 7 辑。

董国强、邵京、王江南，2013，《新中国成立以来麻风病防控与救治工作的历史回顾》，《中共党史研究》第 9 期。

董国强，2014，《1950 至 1980 年中国的麻风病防治运动——以江苏省为重点的考察》，《南京社会科学》第 11 期。

范铁权，2014，《民国时期公共卫生建设中的社团与国家》，《医院领导决策参考》第 1 期。

方静文，2015，《超越家庭的可能：历史人类学视野下的互助养老——以太监、自梳女为例》，《思想战线》第 4 期。

福柯，2012，《疯癫与文明》，刘北成、杨远婴译，生活·读书·新知三联书店。

费孝通、李亦园，1998，《中国文化与新世纪的社会学人类学——费孝通、李亦园对话录》，《北京大学学报》（哲学社会科学版）第 6 期。

费孝通，2013，《乡土中国》（修订本），上海世纪出版集团。

费孝通，1998，《乡土中国 生育制度》，北京大学出版社。

谷操，2016，《驱逐与救助：中世纪西欧的麻风病》，南京大学毕业论文。

郭金华，2015，《与疾病相关的污名——以中国的精神疾病和艾滋病污名为例》，《学术月刊》第 7 期。

吉登斯，1998，《社会的构成：结构化理论大纲》，李康、李猛译，生活·读书·新知三联书店。

江澄，1999，《中国麻风防治 50 年回眸》，《中国麻风皮肤病杂志》第 3 期。

蒋竹山，1995，《明清华南地区有关麻风病的民间疗法》，《大陆杂志》（台北）第 4 期。

雷亮中，2017，《文化视野下的公共卫生：以麻风病防治的人类学研究为例》，《宗教信仰与民族文化》第 9 辑。

雷亮中，2014，《"麻风院"：社会歧视与文化认知》，《西南民族大学学报》（人文社会科学版）第 2 期。

利奇，2010，《缅甸高地诸政治体系：对克钦社会结构的一项研究》，杨春宇、周歆红译，商务印书馆。

梁其姿，2013，《麻风：一种疾病的医疗社会史》，朱慧颖译，商务印书馆。

刘宏涛，2016，《亲属关系是什么？——萨林斯与蔡华的分歧》，《西南民族大学学报》（人文社科版）第 1 期。

刘家峰，2008，《福音、医学与政治：近代中国的麻风救治》，《中山大学学报》（社会科学版）第 4 期。

刘绍华，2018，《麻风医生与巨变中国：后帝国实验下的疾病隐喻与防疫历史》，卫城出版社。

卢健民，1992，《圣经中有关麻风的记载择要及其探讨》，《中国麻风杂志》第 3 期。

麻国庆，1999，《家与中国社会结构》，文物出版社。

梅因，2009，《古代法》，高敏、瞿慧虹译，中国社会科学出版社。

渠敬东，2019，《迈向社会全体的个案研究》，《社会》第 1 期。

田汝康，2008，《芒市边民的摆》，云南人民出版社。

王晓毅、渠敬东编，2009，《斯科特与中国乡村——研究与对话》，民族出版社。

阎云翔，2016，《中国社会的个体化》，陆洋译，上海译文出版社。

杨璐玮、余新忠，2012，《评梁其姿〈从疠风到麻风：一种疾病的社会文化史〉》，《历史研究》第 4 期。

郁章，1935，《吾乡之麻风状况及应救济之方法》，《麻疯季刊》第 2 期。

岳小国、英珍，2011，《对西藏三岩麻风病患者丧葬方式的田野调查》，《新疆社会科学》第 5 期。

长孙无忌，1983，《唐律疏议》，中华书局。

中国法规刊行社编审委员会，1991，《六法全书》，上海书店。

周东华，2012，《明清中国麻风病"污名"的社会建构——东西方现代性语境中的"麻风院模式"再思》，《学术月刊》第 8 期。

周东华，2010，《公共领域中的慈善、福音与民族主义——以近代杭州麻风病救治为例》，《社会学研究》第 3 期。

卓彩琴、张慧，2011，《社会排斥视角下隔离式康复模式反思——以 T 麻风康复村为例》，《河南社会科学》第 4 期。

卓彩琴，2014，《麻风歧视文化的生产与再生产机制》，《浙江社会科学》第 5 期。

卓彩琴，2014，《重建生活世界：一种社会工作行动——基于 X 麻风院从隔离到融合的变迁研究》，《江海学刊》第 4 期。

Archer, Margaret Scotford. 2003. *Structure, Agency, and the Internal Conversation*. Cambridge

University Press.

Benedict C. . 2011. "Leprosy in China: A History by Angela Ki Che Leung," *The Journal of Asian Studies*, Vol. 70, No. 1, pp. 207-208.

Browne, Stanley G. . 1970. "How Old is Leprosy?" *British Medical Journal*, Vol. 5723, No. 3, pp. 640.

Burns S. . 2010. "Leprosy in China: A History (review)," *East Asian Science Technology & Society An International Journal*, Vol. 6, No. 2, pp. 293-295.

David M. Schneider. 1984. *A Critique of the Study of Kinship*. East Lansing: University of Michigan Press.

Douglas, M. . 2003. *Purity and Danger: An Analysis of Concepts of Pollution and Taboo*. Routledge.

Jinhua Guo. 2016. *Stigma: An Ethnography of Mental Illness and HIV/AIDS in China*. Hackensack, NJ: World Century World Century.

Jun Jing. 2017. "Stigma: An Ethnography of Mental Illness and HIV/AIDS in China (Book Review)," *The China Journal*, Vol. 78, No. 1, pp. 171-173.

Kleinman A. , Ryan G. . 2010. "Between History and Anthropology: Stigma, the Subaltern and Leprosy in China," *Culture, Medicine, and Psychiatry*, Vol. 34, No. 3, pp. 548-552.

Leung AKC. . 2009, *Leprosy in China: A History*. New York: Columbia University Press.

Le'vi-Strauss, Claude. 1969. *The Elementary Structures of Kinship*. Boston: Beacon Press.

Linton, Ralph. 1942. "Age and Sex Categories," *American Sociological Review*, Vol. 7, No. 5, pp. 589-603.

Marshall Sahlins. 2013. *What Kinship Is and Is Not*. Chicago: The University of Chicago Press.

Ortner, S. B. . 1984. "Theory in Anthropology Since the Sixties," *Comparative Studies in Society and History*, Vol. 26, No. 1, pp. 126-166.

Peletz, Michael G. . 1995. "Kinship Studies in Late Twentieth-Century Anthropology," *Annual Review of Anthropology*, Vol. 24, pp. 343-372.

Radcliffe-Brown, A. R. . 1952. *Structure and Function in Primitive Society*. Glencoe, Illinois: The Free Press.

Rapport N. , Overing J. . 2014. *Social and Cultural Anthropology: The Key Concepts*. Routledge.

Sato H. , Frantz J E. . 2005. "Termination of the Leprosy Isolation Policy in the US and Japan: Science, Policy Changes, and the Garbage Can Model," *BMC International Health and Human Rights*, Vol. 5, No. 1, pp. 3.

Sato H. . 2005. "Abolition of Leprosy Isolation Policy in Japan," *Policy Studies Journal*, Vol. 30, No. 1, pp. 29-46.

WHO. 2015. "Global Leprosy Update, 2015: Time for Action, Accountability and Inclusion," *Releve Epidemiologique Hebdomadaire*, Vol. 91, No. 35, pp. 405.

(原载《开放时代》2020 年第 5 期)

图书在版编目（CIP）数据

家庭与性别评论 . 第 11 辑，家庭社会学研究的历史视野 / 杭苏红执行主编 . --北京：社会科学文献出版社，2021.9

ISBN 978-7-5201-8744-2

Ⅰ. ①家… Ⅱ. ①杭… Ⅲ. ①家庭社会学-研究 Ⅳ. ①C913.11

中国版本图书馆 CIP 数据核字（2021）第 151692 号

家庭与性别评论（第 11 辑）
家庭社会学研究的历史视野

执行主编 / 杭苏红

出 版 人 / 王利民
责任编辑 / 孙 瑜 马云馨 姚 敏 刘 扬 刘靖悦
责任印制 / 王京美

出 版 / 社会科学文献出版社·群学出版分社 （010）59366453
　　　　地址：北京市北三环中路甲 29 号院华龙大厦 邮编：100029
　　　　网址：www.ssap.com.cn
发 行 / 市场营销中心 （010）59367081 59367083
印 装 / 三河市龙林印务有限公司

规 格 / 开 本：787mm×1092mm 1/16
　　　　印 张：17.75 字 数：295 千字
版 次 / 2021 年 9 月第 1 版 2021 年 9 月第 1 次印刷
书 号 / ISBN 978-7-5201-8744-2
定 价 / 98.00 元

本书如有印装质量问题，请与读者服务中心（010-59367028）联系